**2**

# Escales

## Méthode de français

JACQUES BLANC

JEAN-MICHEL CARTIER

PIERRE LEDERLIN

CLE
INTERNATIONAL

**Édition :** Marie-Christine Couet-Lannes

**Conception graphique :** Daniel Musch

**Adaptation conception graphique et mise en page :** Marie Linard

**Couverture :** Daniel Musch

**Illustrations :** Gilles Jouannet

**Recherche iconographique :** Nadine Gudimard

**Coordination artistique :** Catherine Tasseau

**Fabrication :** Patrice Garnier

© CLE International HER, 2001.
ISBN : 209-033156-9

# Avant-propos

Comme *Escales 1*, **ESCALES 2** s'inspire largement des propositions du Conseil de l'Europe : « *Les langues vivantes : apprendre, enseigner, évaluer. Un cadre européen commun de référence* » (Strasbourg, 1998).

● C'est une méthode **communicative** en ce qu'elle attribue un rôle central à l'apprentissage par la communication, en proposant de passer progressivement d'activités systématiques et guidées de découverte et d'apprentissage à de véritables tâches de communication dans un contexte *culturel*. Sa progression est construite autour de savoir-faire langagiers présentés clairement en début de chaque leçon et dont l'acquisition se vérifie dans les tâches de communication.

● C'est une méthode **novatrice** qui met en œuvre les principes mis au jour par les recherches sur les apprentissages : l'apprenant, *actif*, doit pouvoir accéder rapidement à une certaine *autonomie* en développant une aptitude à la découverte et en prenant en charge son propre apprentissage.

● C'est une méthode **construite et organisée** en particulier grâce à la distinction nette des activités, correspondant à *des savoirs et savoir-faire variés* : production orale, production écrite, activités interactives et activités de médiation. Elle s'attache tout particulièrement à distinguer les types de discours que les apprenants auront à savoir produire de ceux qu'ils devront essentiellement comprendre, ce qui permet de présenter une *langue authentique* appartenant à *différents registres* et pas seulement au « français standard ».

Aussi **facile à utiliser** grâce à des activités récurrentes, et aussi **rigoureuse quant à la progression** que *Escales 1*, elle poursuit le développement d'une compétence de communication permettant de se débrouiller dans les situations les plus courantes, et ajoute des savoir-faire permettant une expression plus large : récit, expression de sentiments, argumentation.

**ESCALES 2** comporte 6 groupes de 3 unités (leçons). La métaphore du voyage développée par le titre et pour dénommer les différents moments et activités a été choisie en vue de suggérer l'idée de parcours, d'exploration et de découverte.

■ Une unité est organisée en quatre temps :

● **LES BAGAGES** proposent des activités de découverte et de systématisation : ce sont des micro-tâches permettant d'acquérir des savoir-faire linguistiques et discursifs.

● Les **PARCOURS** permettent de regrouper ces savoir-faire dans des tâches guidées.

● Les **SORTIES** ont un double objectif :
  – développer des stratégies de compréhension (écoute et lecture) partielle ou globale ;
  – acquérir une compétence socioculturelle par la rencontre de documents authentiques variés, allant du quotidien au littéraire.

Ce sont des documents qui ne sont proposés qu'en compréhension : ils ne donnent pas lieu à des activités de production parce que l'éventail de ce qu'on doit être capable de comprendre dans une langue vivante est nécessairement plus large que celui de ce qu'on doit savoir produire.

● Les **AVENTURES** sont le point d'aboutissement : y sont proposées des activités uniquement communicatives, dont certaines demandent aux apprenants de réagir, sans pouvoir se préparer, à ce qu'un autre apprenant ou un enregistrement va énoncer. Il s'agit donc de situations de communication proches de l'authentique, et de ce fait très motivantes, favorisant des stratégies de communication spontanée. D'autres activités, de production écrite, permettent au contraire aux étudiants de planifier leur communication. Dans tous les cas, ces activités invitent à une autoévaluation de la compétence de communication et justifient les apprentissages qui les ont précédées.

■ Chaque groupe de 3 unités est ponctué par une **ESCALE**. C'est un moment d'évaluation de grammaire et vocabulaire, mais aussi et surtout de compréhension et d'expression, orales et écrites, à propos de lieux présentés comme pour des touristes et de manière humoristique. C'est aussi une pause : une lecture pour le plaisir d'un texte sans difficulté, parlant, métaphore du voyage oblige, de valise.

---

**ESCALES** est un ensemble de deux niveaux d'apprentissage du français destiné aux adultes et grands adolescents. Chaque niveau est prévu pour une durée d'utilisation de 120 heures environ et comprend :
  ■ un livre de l'élève
  ■ un cahier d'exercices
  ■ un livre du professeur
  ■ des cassettes pour la classe
  ■ un CD correspondant au cahier d'exercices

| OBJECTIFS D'APPRENTISSAGE | CONTENUS | |
| --- | --- | --- |
| | **Grammaire** | **Savoir-faire** |
| **1. DES GOÛTS ET DES COULEURS**<br>Donner son avis, exprimer ses goûts, parler de ses loisirs, de mode et de vêtements. | Pronoms démonstratifs : *celui, celle, ceux, celles-ci/là*<br>*celui, celle, ceux, celles qui... que... où...* | Informer/s'informer sur les goûts, préférences et loisirs, demander/donner son opinion.<br>Décrire (aspect vestimentaire) et acheter un vêtement. |
| **2. C'EST DOMMAGE !**<br>Réagir positivement ou négativement face à un fait ou un événement. Dire ses préférences et comparer. Expliquer pourquoi (1). Parler de logement et de moyens de transport. | Expliquer pourquoi (la cause, 1) : *parce que, car, à cause de, grâce à.*<br>Comparer : *même que, pareil, différent.* | Exprimer ses préférences, ses choix et les justifier.<br>Réagir positivement et négativement, protester, oralement et par écrit.<br>S'informer sur un logement, le décrire. |
| **3. ILS NE PENSENT QU'À ÇA !**<br>Exprimer le doute et la certitude, rapporter des paroles, féliciter, se féliciter/se vanter, expliquer pourquoi (2). | Expliquer pourquoi (la cause, 2) : *comme, puisque.*<br>Le discours indirect : *dire, affirmer, répondre que..., demander, ne pas savoir si, où, qui....*<br>*demander, conseiller de + infinitif.* | Exprimer une certitude, une probabilité et un doute (1).<br>Féliciter, se féliciter, se vanter.<br>Rapporter une conversation. |
| **4. ILS SE DISPUTENT MAIS C'EST LA VIE...**<br>Raconter au passé (2).<br>Exprimer sa colère. | Les pronoms possessifs.<br>Le plus-que-parfait.<br>Les doubles négations : *jamais plus, jamais rien, jamais personne, jamais nulle part, plus rien...*<br>La négation *ni... ni.* | Exprimer sa colère, menacer, répondre à une menace.<br>Raconter au passé.<br>Parler de relations sentimentales et de vie de couple. |
| **5. C'EST BON DE RÊVER UN PEU !**<br>Imaginer et supposer. | Le conditionnel (1).<br>L'hypothèse avec *si.* | Parler de ses désirs et rêves.<br>Formuler des hypothèses et des suppositions. |
| **6. ILS SE CROIENT TOUT PERMIS !**<br>Exprimer l'obligation, la volonté, l'interdiction et l'autorisation. | Le subjonctif.<br>L'expression de l'obligation.<br>La place de deux pronoms qui se suivent (1) : *me-le, la-lui...* | Exprimer l'interdiction, la volonté ou l'autorisation.<br>Parler de relations parents/enfants. |
| **7. QUELLE ÉPOQUE !**<br>Parler des événements de notre époque. Exprimer sa crainte, son espoir, rassurer. Présenter et décrire une évolution (société, environnement). | La place de deux pronoms qui se suivent (2) : *m'en, les y...* | Commenter l'actualité et faire part de ses attentes, espoirs ou craintes pour l'avenir (oralement et par écrit).<br>Rassurer quelqu'un.<br>Décrire des changements économiques ou de société. |
| **8. OÙ EST-CE QUE ÇA VA FINIR ?**<br>Expliquer une variation et exprimer des attitudes (degré d'accord et de méfiance). | Le conditionnel (2) comme futur du passé.<br>La variation proportionnelle : *d'autant plus/moins que..., de plus en plus, de moins en moins,* etc. | Exprimer prudence et méfiance vis-à-vis des faits de société et du progrès.<br>Exprimer son accord. |
| **9. ÇA NE VAUT PAS LE COUP !**<br>Poser des conditions. Marchander. | Le gérondif.<br>La condition : *si, en cas de, à condition de, sauf si, sinon, ne... que si, autrement.* | Discuter, débattre un prix...<br>Décrire une évolution : amélioration, détérioration |
| **10. NOUS AVONS PASSÉ UNE TRÈS BONNE SOIRÉE**<br>Décrire des personnes, recevoir des invités ; être reçu, situer dans le temps. | Situer dans le temps : *avant que, jusqu'à ce que, au moment où, pendant que, quand, lorsque, après que, dès que, chaque fois que...*<br>Le passif (1) pronominal : *ça se mange.* | Décrire des personnes en fonction de leur comportement, de leur caractère.<br>Accueillir quelqu'un, répondre à un accueil, se comporter en réunion conviviale, prendre congé.<br>Situer des événements ou des actions dans leur chronologie (1). |

| OBJECTIFS D'APPRENTISSAGE | CONTENUS | |
| --- | --- | --- |
| | **Grammaire** | **Savoir-faire** |
| **11. MAIS QU'EST-CE QUI LUI PREND ?**<br>Demander des raisons, donner des précisions, expliquer, parler de sa vie sentimentale et professionnelle. | Le passif (2) : *être* + participe passé.<br>Le discours indirect au passé. | Justifier, demander de justifier une opinion, présenter un raisonnement (oralement et par écrit).<br>Rapporter une conversation au passé. |
| **12. COMMENT EST-CE POSSIBLE ?**<br>Exprimer ses buts, ses intentions, montrer son étonnement, montrer son irritation et son indignation, s'excuser. | Le but : *de façon à*, *pour* + infinitif, *pour la fin que* + subjonctif.<br>Le pronom relatif *dont* et les pronoms relatifs composés : *lequel, laquelle...* | Exprimer, faire exprimer ses intentions ou ses motivations.<br>Exprimer sa surprise, son irritation ou son indignation.<br>Présenter ses excuses, excuser quelqu'un. |
| **13. CE N'EST PAS UN BRUIT QUI COURT**<br>Exprimer des hypothèses, une certitude ou un doute (2).<br>Faire connaître une information ;<br>préciser, citer ses sources.<br>Localiser dans le temps (2). | Le conditionnel (3) : présent (hypothèse ou condition de réalisation probable), passé (hypothèse ou condition de réalisation irréelle).<br>Localiser dans le temps par rapport à un moment précis : *l'année précédente / suivante, auparavant, plus tard...*<br>Douter et verbes d'opinion à la forme négative + subjonctif. | Informer en précisant ses sources d'informations et la fiabilité de l'information.<br>Exprimer une certitude, une probabilité et un doute (2).<br>Situer des événements ou des actions dans leur chronologie (2). |
| **14. IL NE FAUT PAS SE FAIRE D'ILLUSIONS...**<br>Raconter un événement.<br>Présenter des arguments. | *En train de* + infinitif.<br>La conséquence (1) : *donc, c'est pourquoi, par conséquent, si... tellement que, provoquer.*<br>Le futur antérieur : passé du futur et hypothèse explicative. | Présenter une argumentation : (par des alternatives, mises en parallèle, oppositions, additions, objections).<br>Raconter un événement (par écrit). |
| **15. L'ESPOIR FAIT VIVRE**<br>Demander, accepter de faire. S'informer de la santé de quelqu'un. Parler de son état de santé et des questions de santé dans la société. | Les factitifs : *faire* + infinitif, *laisser* + infinitif.<br>La conséquence (2) : *rendre* + adjectif.<br>Les adverbes en *-ment*.<br>Quelques nominalisations. | Parler de sa santé et de la santé d'autrui.<br>Consulter un médecin. |
| **16. LE RÈGLEMENT, C'EST LE RÈGLEMENT !**<br>Comprendre des interdictions et obligations officielles, en parler, protester par écrit. | L'opposition : *pourtant ; quand même ; contrairement à ; au lieu de...*<br>La concession : *malgré* (+ nom) ; *bien que* (+ subj.) ; *même si ; alors que...*<br>L'expression de grandes quantités : *centaines, milliers.* | Exprimer, se faire expliquer des obligations et interdictions administratives.<br>Écrire une lettre de protestation. |
| **17. ÇA N'ARRIVE QU'À MOI !**<br>Se plaindre, plaindre et rassurer quelqu'un, faire des promesses, appeler à l'aide. | | Se plaindre, plaindre et rassurer quelqu'un.<br>Faire des promesses et des demi-promesses.<br>Demander du secours. |
| **18. FÉLICITATIONS !**<br>Exprimer cause et conséquence *(suite)*, exprimer des souhaits.<br>Féliciter à l'occasion de fêtes. | Cause et conséquence (3) : *être dû à, à force de, permettre de, être de la faute de...*<br>*Ce qui, ce que, ce dont, ce à quoi.* | Exprimer ses souhaits, vœux, félicitations (2). |

# DES GOÛTS ET DES COULEURS

**OBJECTIFS :**
Donner son avis, exprimer ses goûts, parler de ses loisirs, de la mode et des vêtements.

## BAGAGES

## 1. Question de goût

Moi, quand on me demande quels sont mes goûts, je ne sais jamais que répondre. On m'a posé la question la semaine dernière.

**a. Observez :**

| Demander / Exprimer ses goûts | |
|---|---|
| Qu'est-ce que vous aimez (faire) ? | J'aime (beaucoup) marcher, nager, lire… |
| Qu'est-ce que vous préférez ? | J'aime / j'adore la marche, la danse, la lecture… |
| Qu'est-ce qui vous intéresse ? | Je m'intéresse à l'art, au cinéma, à la mode… |
| Quels sont vos goûts ? | Je déteste le jazz / j'ai horreur du jazz. |

**b.** 🎧 Tout ça, c'est des clichés.
**Écoutez, puis jouez la conversation.**
– Quels sont vos goûts ?
– Moi ? Oh ! vous savez, je suis un Français moyen, alors…
– Un Français moyen ? Et qu'est-ce qui intéresse un Français moyen ?

**c.** 💬 **Continuez la conversation.**
– Moi, j'aime…, je m'intéresse à…
– Dans mon pays, on aime…
– …

**d.** 💬 **Et eux, qu'est-ce qu'ils aiment, à votre avis ?**

*Bof ! Tout ça, c'est des clichés !

# 2. Qu'est-ce qu'ils pensent de la mode ?

La mode ? Est-ce que les Français aiment vraiment la mode ?
Pour le savoir, je leur ai posé la question.

**a. Observez :**

| Demander et donner un avis |
|---|
| Qu'est-ce que **vous pensez de** la mode ?   **Je pense que** c'est stupide / très important…<br>**À votre avis,** c'est bien de suivre la mode ?   **À mon avis,** c'est nécessaire / ça dépend des gens.<br>Il faut suivre la mode, **selon vous** ?   La mode, **pour moi,** c'est inutile. Ça **m'est égal.**<br>**Selon lui / elle,** la mode, c'est important ? |

**b.** 🗨 **Regardez les photos et interrogez les deux autres personnes.**

*Ça vous plaît, la mode ?*

*Pour moi, c'est un moyen de communiquer, c'est comme une langue internationale. S'habiller, c'est un peu comme parler.*

*\*Vachement\*! Les \*fringues, c'est \*super !*

vachement : beaucoup
fringues : vêtements.

# 3. Comment il était habillé ?

Si on croit les magazines, les vêtements, c'est important…

**a. Observez :**

## SONDAGES : LA MODE

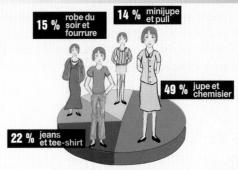

• **Qu'est-ce qui est important pour les femmes dans le look d'un homme ?**
Pour 1 %, sa montre, 3 % ses lunettes, 6 % ses chaussettes, 10 % sa cravate, 18 % sa veste, 18 % ses chaussures, 24 % son pantalon, 33 % son parfum, 35 % sa chemise.

• **Quant aux hommes,** 49 % préfèrent les femmes en jupe et chemisier, 22 % en jeans et tee-shirt, 15 % en manteau de fourrure et robe du soir, 14 % en minijupe et pull.

Mais fait-on vraiment attention à ce que les autres portent ? Pour moi, quand j'ai rencontré quelqu'un, je ne me rappelle pas souvent ses vêtements : celui-là portait-il une cravate ? Celle-ci avait-elle une robe ou une jupe ?

**b.** 🗨 **Regardez les photos de la page 7 pendant une minute seulement, puis répondez aux questions de votre voisin(e).**
– L'homme a une veste ou un pull ?
– La jeune fille porte une robe ? … De quelle couleur ?

# 4. Lequel ? Ah, celui-là !

Pour la mode comme pour les loisirs,
je crois que l'important, pour les Français, c'est de pouvoir
dire : « J'étais là, j'ai vu ça, j'ai rencontré celui-là… »

**a. Observez :**

| Celui-ci ou celui-là ? Celui de… celui qui… celui que… celui où… |
|---|
| – Vous avez aimé le film ? – Lequel ? – **Celui** avec Depardieu. |
| – Vous parlez de quelle photo ? – De **celle-là**, à droite. |
| – Tu aimes vraiment ces vêtements ? – Oui, ce sont **ceux que** je préfère. |
| – Et tu vas les mettre avec quelles chaussures ? – **Celles qui** ne te plaisent pas ! |

**b. Vérifiez que vous comprenez en complétant avec**
*celui, celle, ceux* ou *celles*.
**1.** Je préfère ce livre à … que j'ai lu la semaine dernière.
**2.** C'est l'adresse de qui ? – C'est … de Françoise. **3.** Vous avez choisi quel menu ? – … à 15 euros. **4.** Il va dans quelle école ? – … de la rue Soufflot. **5.** Tu vas mettre quels vêtements ? …-ci ? **6.** Elle a choisi quelles photos ? – … qui sont en couleurs.

**c.** 🗨 **Vous voyez ? C'est celui-là.**
– Voilà le restaurant où j'ai mangé hier.
– Pardon ? Vous parlez d'un restaurant ?
– Oui, celui où j'ai mangé hier. C'est celui-là.

**Jouez d'autres conversations sur le même modèle.**
◆ Le restaurant où j'ai mangé ➜ Le film que j'ai vu, la rue où j'habite, les chaussures que je viens d'acheter, les vêtements que j'ai essayés, le spectacle qui m'a plu…

**Les restaurants du mois**

**8ᵉ BACCHUS**

Jean Fauvet vous accueille dans son restaurant à deux pas des Champs-Élysées. Sa cuisine élaborée seulement avec des produits frais, est dans le plus pur style traditionnel. Tourtes, gratins, bourguignon, blanquette, gibelotes vous raviront les papilles. Une très jolie sélection de crus de Bourgogne à prix doux.

Formule déjeuner : 23 € - Menu-carte : 30 €. Fermé dimanche et lundi
180, rue de La Boétie - 75008 Paris - Tél : 01 02 45 22 16 - Mº Saint-Augustin

**Chez Max**

Max Divernois vous propose
sa nouvelle carte et un menu.
Déjeuner et souper :
35 € (vin et café compris)
Menu gastronomique :
48 €
230, avenue de Saint-Mandé
Tél : 01 32 48 52 22 - Parking gratuit

14ᵉ *Le souper fin*

## 1. Sondage : le réveillon de vos rêves

| Imaginez que vous n'avez aucun problème (d'argent, de santé, de famille, etc.). Qu'aimeriez-vous faire le 31 décembre ? (en %) | |
| --- | --- |
| **Faire un voyage** | **42** |
| dont : | |
| aller à l'étranger | 15 |
| faire le tour du monde | 7 |
| aller dans l'espace | 5 |
| **Être en famille ou avec des amis** | **36** |
| dont : | |
| rester avec ma famille | 26 |
| être avec des amis, des copains | 10 |

| **Faire la fête** | **17** |
| --- | --- |
| dont : | |
| faire un bon repas, bien manger | 7 |
| aller à un spectacle | 4 |
| aller danser | 1 |
| **Ne rien faire de spécial** | **15** |
| dont : | |
| c'est un réveillon comme les autres | 9 |
| rester chez moi | 3 |

*Le total des pourcentages est supérieur à 100 parce que les personnes ont pu donner 3 réponses.*
*Sondage effectué par la Sofres pour Le Nouvel Observateur, 1999.*

À partir de l'enquête ci-dessus, imaginez et jouez l'interview du Français moyen.

## 2. Comment je vous reconnaîtrai ?

**a.** Écoutez la conversation et trouvez sur le dessin la personne qui correspond.

**b.** Choisissez une autre personne du dessin et jouez une autre conversation.

**c.** Choisissez une troisième personne et continuez l'extrait de la lettre ci-dessous.

Je vous attendrai comme convenu à l'aéroport. J'aurai…

## 3. Dans un magasin

Mettez la conversation dans l'ordre, écoutez-la puis jouez-la.

– Ma taille ? Je ne sais pas…
– Vous faites quelle taille ?
– Ah ! Vous n'avez pas une idée de ce que vous voulez ?
– Ah ? Bon !
– Bon, je vais vous montrer quelques modèles…
– Ça ne fait rien, je le veux.
– Celui-ci coûte combien ?

– Euh… je ne sais pas..
– Je peux vous aider ?
– Lequel ? Celui-ci ? Mais ce n'est pas un pull, c'est un tee-shirt !
– Non, enfin… si, je veux un pull très chaud.
– Oui, je cherche un pull.
– Oui, pour moi.
– Pour vous ?
– Vous cherchez un pull comment ?

# SORTIES

## 1. Autobiographie (Extrait de *Les Ritals*, F. Cavanna, Belfond, 1978)

Un peu plus tôt, j'avais connu la bibliothèque de la classe.
[...] C'était surtout des « Bibliothèque Verte », des Jules
Verne, Molière-Corneille-Racine, *Le Livre de la jungle*,
*Le Petit Prince*, *Croc blanc*, *La Mare au diable*, *Les Lettres
de mon moulin*, *L'Iliade*, *L'Odyssée*, La Fontaine,
Shakespeare, hélas en anglais, *Alice au pays
des merveilles*, en anglais aussi. J'ai même essayé « Alice »,
je connaissais pas un mot d'anglais, mais je pensais que
la bonne volonté devait y arriver, y avait pas de raison,
je parvenais bien à déchiffrer – que je croyais ! –
« La buona parola » envoyé d'office à Papa, qui ne savait
pas lire, mais était très flatté qu'on fît comme si ça ne
se voyait pas.

*la Bibliothèque Verte : nom d'une collection de romans
pour les jeunes.*
*« La buona parola » : revue italienne (le père de l'auteur
est italien).*
*d'office : automatiquement.*

💬 Connaissez-vous ces livres et ces auteurs ? Est-ce
qu'ils sont traduits dans votre langue ? Lesquels avez-
vous lus ?
Ce texte est écrit dans un style proche de l'oral.
Trouvez, dans le texte, deux expressions qui appar-
tiennent normalement à la langue orale et non écrite.

## 2. Conversation

🎧 Dans cet extrait de conversation, celui qui parle
raconte un souvenir et ajoute des remarques. Résumez le
souvenir.

## 3. Littérature (Extrait de *Djinn*, Alain Robbe-Grillet, Éditions de Minuit, 1981)

Les Français sont comme ça...
Les Français mangent ceci, et pas cela...
Les Français s'habillent de cette façon-ci,
ils marchent de cette manière-là... Pour
manger, oui, c'est peut-être encore vrai,
mais de moins en moins. Au-dessus
du comptoir, il y a la liste des prix affichés
au mur ; – Je lis : *hot-dog, pizza,
sandwiches, rollmops, merguez...*

💬 Où se trouve le narrateur ?

## 4. Interview d'un Ivoirien

🎧 Quels sont les goûts des Ivoiriens
d'Abidjan, selon Barthélemy ?

Marché de Treichville, Abidjan.

## 1. Ils parlent de quoi ?

Vous êtes près de personnes qui parlent. Vous entendez leur conversation et vous essayez de deviner de quoi ils parlent.

Ils parlent de :...

## 2. À quoi tu penses ? (le jeu des mots et des lettres)

À plusieurs, essayez de comprendre comment on joue, puis jouez à votre tour.

- Un étudiant dit une lettre (par exemple **A**).
- L'étudiant suivant dit une 2e lettre (par exemple, il pense à **AD**orer, et il dit **D**).
- L'étudiant suivant dit une 3e lettre (par exemple, il pense à **ADR**esse et il dit **R**).
- L'étudiant suivant ne connaît pas de mot qui commence par **ADR**. Trois possibilités :
  – il ne dit rien : il a perdu (– 1 point) ;
  – il dit une lettre au hasard (par exemple **A** ou **E**…) ;
  – il demande à celui qui a dit **ADR** : « À quoi tu penses ? / À quoi vous pensez ? »
- Si celui-ci peut répondre, celui qui a demandé « À quoi tu penses ? » perd deux points. S'il ne peut pas répondre, c'est lui qui perd deux points.

## 3. Rencontres par petites annonces

# LES PETITES ANNONCES

### *DU JOUR*

| PARTICULIER FEMMES | | PARTICULIER HOMMES | |
|---|---|---|---|
| **75.** Charme, fém. fin trent. intel. cult. dyn. aim. voyage, opéra, sport, aime rire ch. seult pr. relation stable alter ego lib. et resp. **Écrire journal.** | **75.** F tr agréable charm. cultivée, vive, sens. fém. clas. 62a. souh rel. durable H chal. tb niv. libre. **Écrire journal.** | **33.** 49a. méd. sportif cultivé ch. compagne 33-43 ans jolie, cultivée, pour nouveau départ. enfants bienvenus. **Écrire journal.** | **H** 42a. libre, chef entr. ch F 35-43a pr part. w-e. sort. et + si vs belle ind. dynam. natur. tél. photo ind. **Écrire journal.** |

Imaginez que vous êtes une des personnes qui a écrit une annonce et vous écrivez à l'autre. Présentez-vous.

# C'EST DOMMAGE !

**OBJECTIFS :**
Réagir positivement ou négativement face à un fait ou un événement. Dire ses préférences et comparer. Expliquer pourquoi (1). Parler de logement et de moyens de transport.

## BAGAGES

## 1. Pourquoi habiter ici plutôt que là ?

Où habiter ? Je trouve la question difficile...
À la ville ou à la campagne ? Dans quelle région ?
Pourquoi choisit-on d'habiter ici plutôt que là ?

**a. Observez :**

| Expliquer pourquoi |
| --- |
| J'aime / je n'aime pas cette région **parce que / car** il y fait beau / il y pleut beaucoup.<br>Ils ne sont pas contents : il y a du bruit<br>**à cause de** la circulation dans la rue.<br>C'est une région agréable **grâce à** son climat. |

**b. Vérifiez que vous comprenez en complétant.**
**1.** Pourquoi vous êtes en retard ? – ... ma montre ne marche plus. **2.** À Bruxelles, les gens protestent : ils ne peuvent pas dormir ... du bruit de l'aéroport. **3.** On voudrait ouvrir les fenêtres ... il fait chaud mais on doit les fermer ... la pollution ! **4.** Vous partez ... moi ? – Mais non, pas du tout ! Pourquoi cette question ? **5.** Je l'ai rencontré ... un ami et depuis nous vivons toujours ensemble : le grand amour, quoi !

**c.** 🗨 Où aimeriez-vous et où détesteriez-vous habiter ? Discutez-en entre vous et expliquez pourquoi.

## 2. Lequel vous préférez, celui-ci ou celui-là ?

Pour trouver mon appartement, je suis allé dans une agence immobilière. J'ai regardé les petites annonces et j'ai comparé...

**a. Observez :**

| Pour comparer |
| --- |
| C'est **la même chose** / c'est **pareil** ≠ Ce n'est pas la même chose / c'est **différent**.<br>Ils sont pareils ≠ Ils sont différents.<br>C'est **le même que** celui que j'ai à la maison. |
| *Voir aussi les comparatifs et superlatifs (Mémento grammatical).* |

**b.** 🗨 Quelle est la différence ?
– Pourquoi cette différence de prix entre les deux appartements ? Ils sont pareils !
– Mais non, ils sont très différents. Regardez : celui de droite est plus grand.
– Celui de la rue La Fayette ? Mais non, il a plus de pièces mais il est plus petit : seulement 95 mètres carrés.

**Comparez les deux appartements (regardez les plans) et continuez la conversation.**

*Les chambres sont différentes, celles de l'appartement de droite sont plus petites...*

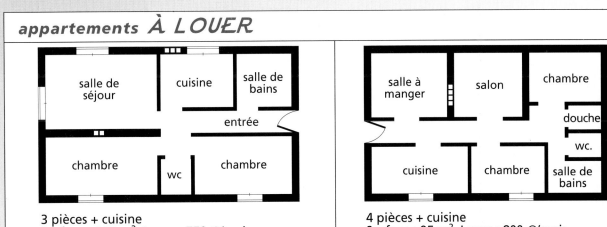

### appartements À LOUER

| salle de séjour | cuisine | salle de bains |
| | entrée | |
| chambre | wc | chambre |

3 pièces + cuisine
Surface : 105 m². Loyer : 750 €/mois
Adresse : 12, rue Lamartine, 9e

| salle à manger | salon | chambre |
| | | douche |
| | | wc. |
| cuisine | chambre | salle de bains |

4 pièces + cuisine
Surface : 95 m². Loyer : 800 €/mois
Adresse : 76, rue La Fayette, 9e

## 3. Qu'est-ce que vous préférez comme moyen de transport ?

Pour choisir un appartement,
il faut aussi réfléchir
aux questions de transport.

**a. Observez :**

### Préférences

Je préfère le bus **au** métro.

J'aime mieux la ville **que** la campagne.

Entre le centre-ville et la banlieue, je choisis **plutôt**
le centre-ville.

– Un café ? – Non, **plutôt** un thé, s'il vous plaît.

Moi, ce qui me *branche, c'est l'auto-stop !

*ce qui me branche : ce qui me plaît.*

**b.** Dites quel moyen de transport vous préférez et expliquez pourquoi.

*En ville, je préfère... Pour aller travailler... Pour voyager, je... Pour aller...*

# 4. Positif

> Ça y est, j'ai enfin trouvé un apparte- ment ! Bon ou mauvais choix ? Mon ami Bruno, lui, est toujours optimiste.

**a.** 💬 Observez :

| Réagir positivement... | |
|---|---|
| 🙂 ... à une bonne nouvelle | 🙁 ... à une mauvaise nouvelle |
| Bravo ! Très bien ! Tant mieux ! Je suis content. * Super ! * Chouette ! | Ce n'est pas grave ! Ça ne fait rien ! Ce n'est pas important ! Ça m'est égal. *Bof ! Tant pis ! |

**b.** 💬 Tant mieux !

– Ça y est, Bruno ! J'ai trouvé un appartement !
– Tant mieux ! Je suis content pour toi, Luc !
– Il est au 5e étage : il y a une belle vue.
– Bravo !
– Oui, mais il n'y a pas d'ascenseur !

– ...
– Et les voisins sont très gentils.
– ...
– Oui, mais ils font beaucoup de bruit : c'est une famille nombreuse.

**Complétez et jouez la conversation entre Luc et son ami Bruno qui réagit toujours positivement.**

# 5. Négatif

> Six mois plus tard : tout va mal ! Je ne supporte plus mon appartement. Quand j'en parle à Bruno, vous le connaissez, il essaie de ne pas être trop pessimiste, mais avec Claire, c'est bien différent : elle est encore plus négative que moi !

**a.** Observez :

| Réagir négativement, protester | |
|---|---|
| Dommage ! C'est dommage. * Zut ! Oh *zut alors ! C'est regrettable. | ⚡ 🛑 ☠ C'est inadmissible / incroyable/ scandaleux ! Ah non alors ! Ça suffit (comme ça) ! Ce n'est pas normal ! C'est insupportable ! |

**b.** 💬 Mais c'est terrible !

*Luc* : Je ne supporte plus mon appartement !
*Bruno* : Ah ? C'est dommage !
*Claire* : Ah non alors ! Déjà ? Mais pourquoi ?
*Luc* : ...

**Continuez la conversation à trois : Luc, Bruno et Claire.**

## 1. Pourquoi déménager ?

**Remettez la conversation dans l'ordre, écoutez-la puis jouez-la.**

– Ah ? Tu préfères la campagne ?

– Bien sûr, je comprends, mais je suis surpris. Tu as déjà envie de changer d'appartement ?

– Celle de tes parents ?

– Dans un village. Tu comprends, j'en avais assez de la ville !

– Déménager, oui, ça veut dire changer de logement. Tu comprends ?

– Déménager ? Là, tout de suite ?

– Dis, tu sais que je vais déménager ?

– Je crois. Et puis je vais habiter dans une maison !

– Non, pas d'appartement ! Je quitte la ville.

– Oui ! Comment tu as deviné ?

– Pas difficile ! Toi, quand tu parles d'un village, c'est toujours celui où tu es né.

– Tu vas habiter où ?

*Moi, j'en ai assez de la campagne, ras le bol !*

*\*ras le bol : ça suffit !*

## 2. À louer

**Regardez le plan de l'appartement, puis complétez la conversation entre un agent immobilier et son client. Ensuite, écoutez la conversation.**

– Allô ! Je vous téléphone à propos de l'appartement à louer.

– …

– Celui du quartier Montmartre.

– …

– Je peux vous poser quelques questions ?

– …

– Il a quatre pièces, n'est-ce pas ?

– …

– Et les chambres donnent où ? Sur la rue ?

– …

– Ah ? Elle donne sur la rue ?

– …

– Très calme, vous êtes sûr ? Et la cuisine est à côté ?

– …

– Et la salle de bains est où ?

– …

– Bien merci. Je peux le voir quand ?

– …

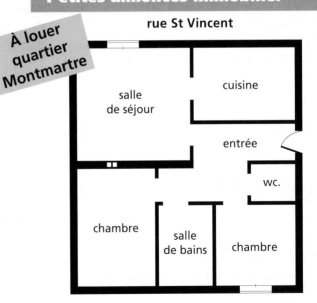

**Petites annonces immobilier**

À louer quartier Montmartre

rue St Vincent

salle de séjour · cuisine · entrée · wc. · chambre · salle de bains · chambre

## 3. Pas contents du tout !

### Le COURRIER des LECTEURS

*Vous non plus vous n'êtes pas contents ? Écrivez-nous !*

« Avant-hier, pour aller au travail, j'ai attendu le bus plus de vingt minutes. Il y avait au moins trente personnes à la station qui attendaient comme moi. Et quand le bus est enfin arrivé, il était complet ! Vous trouvez ça normal ? »
(H. Leroy, Caen)

**Complétez les quelques courriers ci-dessous de lecteurs pas contents et imaginez-en d'autres.**

– Hier, je voulais retirer de l'argent, je suis allé à un distributeur automatique, …

– J'ai pris un taxi la semaine dernière, le chauffeur fumait. Je lui ai demandé d'arrêter de fumer, …

– J'ai acheté…

# SORTIES

## 1. Littérature (Deux extraits de *Il avait plu tout un dimanche*, Philippe Delerm, Mercure de France, 1998)

Il faut habiter à Paris. [...] Quand il a été nommé à Paris il y a trente ans, après son succès à l'examen des Postes, monsieur Spitzweg n'a pas vraiment choisi son quartier. Le XVIII<sup>e</sup> n'était pas trop cher, alors il a trouvé ce petit deux-pièces, premier étage à gauche, 226 rue Marcadet, juste en face du square Carpeaux. L'appartement est exigu, bien sombre – il faut de la lumière presque tout le jour –, mais l'immeuble en pierre de taille a belle allure.

*exigu : très petit.*

**a. Notez tous les renseignements que vous trouvez dans le texte sur le personnage.**

Nom, profession, adresse…
Depuis…

Monsieur Spitzweg ne prend jamais le métro pour aller travailler. Il préfère le bus, ou bien aller à pied – toute une trotte, de la rue Marcadet jusqu'au VI<sup>e</sup>, mais il aime ça, au début du printemps surtout, et même aux grands jours purs d'hiver. Non, le métro n'est pas pour lui un moyen de locomotion. Monsieur Spitzweg prend le métro pour rencontrer l'humanité. C'est presque devenu une habitude. Il y a une heure très particulière où le métro se fait humain. [...]
Après vingt heures, il y a beaucoup de monde encore dans le métro. Mais ceux qui rentrent du travail le font tellement tard qu'ils ne sont même plus pressés de rentrer chez eux. [...]
Monsieur Spitzweg prend le métro du soir pour aller nulle part.

*toute une trotte : une longue marche – moyen de locomotion : moyen de transport.*

**b. Monsieur Spitzweg prend le métro ou non ?**

## 2. Prises de son

Écoutez les enregistrements et dites où ont été faites les prises de son.

a. …              b. …              c. … ou …
d. …              e. …              f. …

## 3. À la radio

Écoutez l'extrait d'une émission de radio et trouvez le courrier des lecteurs que cette personne aurait pu écrire.

| Révoltée | Faut pas exagérer ! |
|---|---|
| D'accord avec votre article : « Enfant + maison + boulot = l'équation impossible ». J'ai une petite fille de 10 mois, pas de place pour elle en crèche, pas de nounou. Je travaille. Que faire ? Poser des bombes dans le métro ? (N. Manceau, Paris) | J'entends trop de gens qui se plaignent. Moi j'ai une petite fille, du travail. Bien sûr c'est difficile, mais quoi ! Je ne vais quand même pas me plaindre : il y a des gens qui n'ont pas de travail ou qui ne peuvent pas avoir d'enfants. (N. Huchet, Le Mans) |

## 1. Protestation

Qu'est-ce que ces personnes pourraient écrire au courrier des lecteurs d'un journal ?

## 2. La pluie et le beau temps

– Je suis parti en week-end la semaine dernière.
– Ah ? Super !
– Oui, mais le temps était mauvais !
– Ah ! Dommage !
– Non, parce que j'ai rencontré quelqu'un !

Continuez la conversation en alternant bonnes et mauvaises nouvelles.

## 4. Interview pour le magazine « Ma maison »

Vous êtes célèbre depuis peu de temps parce que vous avez écrit un roman qui a un gros succès.

## 3. L'agent immobilier et le client

Choisissez un rôle (A = un agent immobilier, voir p. 138, et B = un client, voir p. 140) et jouez la conversation téléphonique.

Vous habitez un des logements ci-dessous (choisissez). Vous êtes interviewé(e) par des journalistes pour le magazine *Ma maison*. Répondez à leurs questions, puis écrivez un article correspondant à l'interview.

# ILS NE PENSENT QU'À ÇA !

OBJECTIFS :
Exprimer le doute et la certitude, rapporter des paroles, féliciter, se féliciter/ se vanter,
expliquer pourquoi (2).

## BAGAGES

## 1. Moi, je suis sûr !

Je m'appelle Sabine Deschamps. Je suis journaliste :
je viens de finir mes études et de commencer à
travailler. Dans mon travail, je rencontre des gens
amusants. D'abord, des gens qui savent tout :
ils sont sûrs de tout, ils ne doutent de rien.

**a. Observez :**

| Exprimer une certitude ou un doute | | |
|---|---|---|
| **+** | **?** | **??** |
| Je suis sûr(e) / certain(e) que... | sûrement / probablement | Je me demande si... |
| Il est sûr / clair que... | Il (me) semble que... | Je ne sais pas si... |
| C'est sûr / évident ! | Je crois que... | J'en doute ! |
| Évidemment ! Bien sûr ! | ... peut-être... | Ça m'étonnerait ! |
| Il affirme que... | Il pense que... | Il se demande / ne sait pas si... |

**b.** Écoutez les enregistrements et dites si les personnes expriment une certitude ou un doute.

|  | **+** | **?** | **??** |
|---|---|---|---|
| **1.** | | | |
| **2.** | | | |
| **3.** | | | |
| **4.** | | | |
| **5.** | | | |

**c.** Observez les titres des articles de journaux ci-dessous et posez les questions à vos voisin(e)s. L'un(e) est sûr(e) de tout, l'autre doute de tout.

**Notre équipe a-t-elle des chances de gagner ?**

**Les autres pays d'Europe seront-ils d'accord ?**

**Beau temps ce week-end ?**

**L'essence bientôt moins chère?**

**Besson :** nouveau film pour le festival ?

Aéroport : moins de bruit la nuit ?

## 2. Puisque vous savez tout...

Ces gens pour qui tout est clair et évident, ils ont tout compris,
ils peuvent donc toujours tout expliquer. Ils ont bien de la chance !

**a. Observez :**

| Expliquer pourquoi (2) |
|---|
| **Comme** il était en retard, on a commencé sans lui. (*Comme* est toujours en début de phrase.) |
| Bon, **puisqu'**il est en retard, on commence sans lui. (On utilise *puisque* quand les personnes à qui l'on parle connaissent la cause – souvent une cause négative.) |

**b. Vérifiez que vous comprenez en complétant.**

**1.** Je m'en vais ... vous ne m'écoutez pas ! **2.** ... l'hôtel était complet, il a dû faire 40 km de plus. **3.** ... vous n'êtes pas d'accord, je décide seul. **4.** Mais vous savez bien qu'il ne pouvait pas vous téléphoner ... justement votre téléphone était en panne. **5.** ... tu n'écoutes pas mes conseils, je te laisse tout seul ! **6.** ... c'était un modèle très rare, il l'a payé très cher.

**c. À partir des notes ou des titres proposés, rédigez l'information complète.**

*Ex. : Grève : trains en retard → Les trains sont en retard à cause de la grève.*

Conseils de B. j'ai fait le bon choix.

**Pluie** : **match annulé**

Bon travail de C. ⟶ lui proposer voyage à Hawaï.

Mon papa était pas là : on a regardé la télé plus longtemps.

Aujourd'hui, pluie : on reste à la maison.

Gros travail de l'équipe : **match gagné**

## 3. Mais qu'est-ce qu'il dit ?

Dans le fond, mon travail de journaliste,
c'est d'écrire ce que les gens m'ont dit.

**a. Observez :**

| Le discours indirect |
|---|
| **Pour redire ce que les autres disent** |
| AFFIRMATION, RÉPONSE → *dire / répondre / affirmer que (qu')* : |
| Je suis le meilleur ! → Il affirme qu'il est le meilleur. |
| QUESTIONS SANS MOT INTERROGATIF → *demander / ne pas savoir si (si + il → s'il)* |
| Il est le meilleur ? → Je me demande s'il est le meilleur. |
| QUESTIONS AVEC MOT INTERROGATIF → *demander / ne pas savoir* + **mot interrogatif** |
| **Qui** dit le contraire ? **Où** est-il ? → Il demande **qui** dit le contraire et **où** il est. |
| Attention : que, quoi → ce que : Il dit **quoi** ?/ **Qu'est-ce qu'il dit ?** → Il demande **ce qu'il dit**. |
| ORDRES, INVITATIONS → *dire / demander / conseiller de* + **infinitif** |
| Soyez modeste, ne vous vantez pas → Il vous conseille d'être modeste et de ne pas vous vanter. |

**b. Vérifiez que vous comprenez en transformant.**

*Ex. : Où allez-vous ? → Il demande où vous allez.*

**1.** C'est un grand restaurant ? **2.** Comment le connaissez-vous ? **3.** J'ai très bien mangé. **4.** Goûtez cette spécialité. **5.** Ma collection m'intéresse plus que tout. **6.** Qu'est-ce que vous en pensez ? **7.** C'est un modèle courant ?

# 4. Obsédé ou seulement passionné ?

La deuxième sorte de gens amusants que je rencontre, ce sont les obsédés : tous ceux qui ne pensent qu'à une chose : les collectionneurs par exemple. Hier, j'ai reçu un fax de mon chef :

**a. Observez :**

Sabine !

Va vite à l'hôtel Plaisance et essaie d'interviewer M. Dampierre. Il est ici pour l'exposition de voitures anciennes. C'est un fou (ne lui dis pas qu'il est fou !) de voitures anciennes : il les collectionne et il ne pense qu'à ça. Alors demande-lui de t'expliquer pourquoi il est passionné par les voitures, comment ça a commencé. Demande-lui aussi s'il est marié, si sa femme aime aussi les voitures, s'il a des enfants, si ça ne pose pas de problèmes dans sa famille, combien il a de modèles de voitures, quel modèle il préfère, s'il a un modèle très rare, etc. En ce qui concerne l'exposition, il serait aussi intéressant de savoir s'il a l'intention d'acheter quelque chose. Enfin, demande-lui de te donner une photo de lui avec ses voitures, ou de te dire quand il sera à l'exposition : on le prendra en photo.

Claude

**b.** 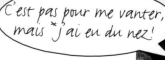 Écoutez le début de l'interview de M. Dampierre par Sabine, puis continuez-la.

# 5. Sans me vanter, je suis très fier !

Ces obsédés comme les collectionneurs sont vraiment bizarres : il faut toujours les féliciter, ou alors ils se vantent !

**a. Observez :**

| Pour féliciter, se féliciter, se vanter | |
|---|---|
| Bravo ! | Je suis content(e) / fier / fière de + *infinitif* |
| Vous avez bien fait de choisir celui-là. | Je ne regrette pas / J'ai bien fait d'avoir choisi celui-là. |
| Je vous félicite d'avoir choisi celui-là. | Sans me vanter, je… |
| Vous pouvez être fier / fière d'avoir réussi. | |
| Vous pouvez vous vanter d'être le / la seul(e). | |

**b.** Sabine interroge M. Dampierre et le félicite. Jouez la conversation.

**c.** Jouez à nouveau la conversation entre la journaliste et M. Dampierre : cette fois, c'est M. Dampierre qui se vante beaucoup.

*C'est pas pour me vanter, mais \*j'ai eu du nez !*

*\*j'ai eu du nez :
je ne me suis pas trompée.*

Une Française qui a choisi un camembert bien fait.

## 1. Interview d'un gourmand

Sabine Deschamps interviewe un autre passionné : un fou de cuisine qui collectionne... les menus des grands restaurants où il a mangé.

À partir de l'enregistrement que vous entendez, imaginez et écrivez le fax qu'elle a reçu de son chef (comme dans le « Bagage 4 »).

## 2. Dans le journal

Le musée Schlumpf à Mulhouse

# PASSION OU FOLIE ?

**Un visiteur très attendu au salon**

Venu dans notre ville pour visiter le 3ᵉ Salon des voitures anciennes, M. Dampierre, le célèbre homme d'affaires et collectionneur, a accepté de répondre à nos questions. « *Ma passion pour les voitures a commencé très simplement,* nous dit-il. *Comme je n'ai pas pu me décider à revendre ma première voiture, je l'ai gardée.* » Il explique qu'ensuite il a rencontré sa femme qui avait une petite collection, et que c'est grâce à elle qu'il a vraiment découvert cette passion. Quand on lui demande si c'est une passion ou une folie, il répond par une autre question : « *Quelle est la différence ?* » Il ne veut pas dire s'il achètera quelque chose ici, mais il félicite la ville d'accueillir un salon de cette qualité.

S.D.

Écrivez l'article que Sabine Deschamps pourrait écrire après sa rencontre avec le passionné de grands restaurants.

## 3. TEST : Dis-moi comment est ta voiture, je te dirai qui tu es

**1. Quand vous changez de voiture, est-ce :**

**a.** à cause de l'âge de la voiture ☐
**b.** parce que vous voulez toujours le dernier modèle ☐

**2. Le style de votre voiture est :**

**a.** le même que celui de votre logement ☐
**b.** le même que celui de vos vêtements ☐

**3. Quand vous louez une voiture, vous demandez :**

**a.** si elle est confortable ☐
**b.** quelle est sa couleur ☐

**4. Quand vous êtes en panne, vous pensez :**

**a.** que vous allez être en retard ☐
**b.** que vous avez l'air stupide ☐

**Résultats**
**Vous avez plus de b que de a.**
*Pour vous, l'important c'est ce que vous montrez. Vous aimez plaire, vous êtes assez fier(e). Vous aimez même assez vous vanter.*

Écrivez le résultat pour une majorité de *a*, et ajoutez une question au test.

# SORTIES

## 1. Guide (Extrait du *Guide du Routard*, *Hôtels et restos de France*, 1992)

● **Restaurant de la Victoire** 10, rue des Alliés (Nord-Est) 89.40.90.65. Fermé le mercredi. Une salle pour le menu du jour à 45 F avec une imposante collection de tirelires en forme de cochons ! Dans l'autre salle de restaurant, de magnifiques poupées sundgoviennes. Menu à 98 F avec lapin au pinot noir et profiterolles. Goûter à leur spécialité : l'omble chevalier farci, 120 F. Un caveau pour les tartes flambées. Bonne adresse du terroir. Également, quelques chambres avec douche : 150 F.

*le Sundgau : région du sud de l'Alsace (le restaurant est à Altkirch, en Alsace).*

*omble : poisson d'eau douce.*

a. 💬 Qu'est-ce qui montre que ce guide est un peu ancien ?

b. 💬 Combien de collections y a-t-il dans ce restaurant ?

c. 💬 Dans combien de salles peut-on manger ?

## 2. Statistiques

Complétez les pourcentages du dessin destiné à illustrer l'article ci-dessous.

**Près d'un Français sur trois est collectionneur.**

[…] 8 % des Français déclarent aujourd'hui qu'ils font une collection de timbres, 4 % de cartes postales, 3 % de pièces ou médailles, 3 % de cartes de téléphone, 2 % d'objets d'art. La proportion n'est que de 1 % pour les pierres et minéraux, les poupées, les livres anciens ou les disques anciens.

Extrait de *Francoscopie 1999* de Gérard Mermet (Larousse).

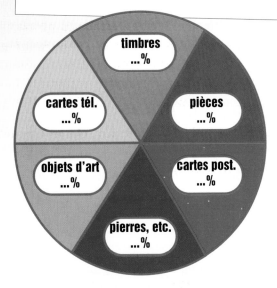

timbres …%

cartes tél. …%

pièces …%

objets d'art …%

cartes post. …%

pierres, etc. …%

**LES COLLECTIONS DES FRANÇAIS**

## 4. Littérature (Extrait de *Le Petit Prince*, A. de Saint-Exupéry, Gallimard, 1946)

Si je vous ai raconté ces détails sur l'astéroïde B 612 et si je vous ai confié son numéro, c'est à cause des grandes personnes. Les grandes personnes aiment les chiffres. Quand vous leur parlez d'un nouvel ami, elles ne vous questionnent jamais sur l'essentiel. Elles ne vous disent jamais : « Quel est le son de sa voix ? Quels sont les jeux qu'il préfère ? Est-ce qu'il collectionne les papillons ? » Elles vous demandent : « Quel âge a-t-il ? Combien a-t-il de frères ? Combien pèse-t-il ? Combien gagne son père ? » Alors seulement elles croient le connaître.

## 3. Histoire drôle

💬 Certaines histoires drôles sont internationales. Connaissez-vous celle-là ?

💬 Dans ce texte, celui qui raconte s'adresse à des adultes (des grandes personnes) ou à des enfants ? Lui-même est-il un adulte ou un enfant ?

## 1. Fous ou passionnés ?

💬 Vous êtes une de ces personnes et vous parlez de votre passion.

## 2. Qui est le plus vantard ?

💬 Choisissez votre passion (sport, nature, art, études, voitures, collection de...) et jouez à deux une conversation à propos de cette passion. Ceux qui ne jouent pas doivent dire qui se vante le plus.

**La conversation commence par :**
– En ce qui concerne le/la (passion) je suis sûr(e) que suis le/la plus …
– J'en doute ! moi, je …

## 3. Interview à la radio

💬 Choisissez votre rôle (A p. 138, B p. 140) et jouez la conversation.
Ceux qui ne jouent pas le/la journaliste et son invité(e) peuvent téléphoner à l'émission pour poser des questions à l'invité(e).

## 4. Test

✏️ Imaginez et écrivez à plusieurs un test que vous proposez ensuite aux autres groupes.
*Ex. : Êtes-vous modeste ou vantard ? Êtes-vous un passionné de (sport, cinéma, télévision…) ?*

## 5. Jeu : *keskidi ?

💬 Pour simuler une situation au téléphone, un(e) étudiant(e) A sort de la salle et reste derrière la porte. Il/elle parle à une deuxième personne (B) qui est dans la salle, de l'autre côté de la porte entrouverte. Une troisième personne (C) à l'autre bout de la salle ne peut pas entendre A et pose des questions à B sur ce que A dit.
**Choisissez votre rôle (A p. 138, B p. 140, et C p. 141) et jouez la conversation.**
* keskidi = qu'est-ce qu'il dit ?

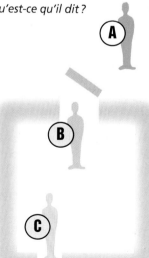

# ÉVALUATION DE GRAMMAIRE ET VOCABULAIRE

**TEST 1. Complétez avec un article** *(un, une, des, le, la, les, du, de la)*, **un possessif** *(mon, votre, sa...)* **ou un démonstratif** *(ce, cette, cet, ces).*

◆ **a.** *(Lettre à Peugeot)* Je vous écris ... petite lettre pour vous dire merci et vous féliciter. Depuis 1953, je n'ai acheté que ... voitures Peugeot. ... première voiture a été ... vieille 203, mais ensuite j'ai toujours acheté ... voitures neuves, de modèles différents. Bravo pour ... qualité de tous ... modèles !

◆ **b.** ... restaurant préféré se trouve à Saint-Jean-de-Monts, une petite ville du nord de ... région. Il propose ... menu à 80 F qui n'est pas cher, mais je conseille ... menu à 120 F à tous ... gourmands.

◆ **c.** J'ai acheté ... année ... appartement dans ... quartier Saint-Paul, mais ... quartier est insupportable : il y a toujours ... bruit à cause de ... circulation. De plus, il est situé près d'... restaurant ; la nuit, quand ... gens sortent, ils font beaucoup de bruit. J'ai choisi ... appartement parce qu'il est près du centre-ville, mais maintenant je regrette ... choix.

**TEST 2. Complétez le tableau.**

|  | faire | mettre | suivre | s'habiller | réussir |
|---|---|---|---|---|---|
| je *(présent)* | fais | ... | ... | ... | ... |
| tu *(futur simple)* | ... | mettras | ... | ... | ... |
| il *(passé composé)* | ... | ... | ... | s'est habillé | ... |
| nous *(imparfait)* | ... | ... | suivions | ... | ... |
| vous *(futur proche)* | allez faire | ... | ... | ... | ... |
| ils *(passé récent)* | ... | ... | ... | ... | viennent de réussir |

**TEST 3. Associez les éléments pour en faire des phrases (rétablissez l'ordre, la ponctuation et les majuscules).**

**a.** qu'il est arrivé en retard
**b.** il a pu trouver un petit appartement dans le quartier
**c.** j'en ai acheté deux
**d.** je veux bien vous croire
**e.** pourquoi insister
**f.** il n'a pas accepté de partir avec nous
**g.** je vous écris cette lettre

**1.** puisque vous l'affirmez
**2.** c'est à cause de l'accident
**3.** parce qu'il préfère y aller seul
**4.** car je ne suis pas content de votre travail
**5.** puisqu'il dit qu'il ne veut pas
**6.** comme ce n'était pas cher
**7.** grâce à des amis

**TEST 4. Transformez ce dialogue en récit en utilisant le discours indirect.**

– Bonjour. Je cherche un pull.
– C'est pour vous ?
– Oui.
– Alors ici, c'est le rayon pour hommes.
– Ah ? Et le rayon pour femmes est où ?
– C'est au deuxième étage.
– Ah bon ? Mais ce pull-là me plaît beaucoup. Je peux l'essayer ?
– Euh... oui bien sûr, mais vous allez l'essayer où ?
– Ici, ce n'est pas possible ?
– Mais je vous ai déjà dit que c'est le rayon pour hommes, mademoiselle !
– Ah bon ! Excusez-moi, au revoir.

➜ *J'entre dans le magasin et je dis à la vendeuse que je cherche un pull. Elle ...*

**TEST 5. Reliez les deux parties de ces phrases.**

**a.** Elle ne supporte plus ...   **b.** Il se vante ...
**c.** Elle doutait ...   **d.** Ils ont déménagé ...
**e.** Je peux poser ...   **f.** Ils louent ...
**g.** Nous avons horreur ...   **h.** Tu mets ...
**i.** Elle affirme toujours ...   **j.** Tu peux fermer ...
**k.** Je me suis étonné ...   **l.** Avez-vous reçu ...

**1.** de son amour.   **2.** des questions ?
**3.** un pantalon ?   **4.** leur appartement.
**5.** ses lunettes.   **6.** le contraire !
**7.** de tout réussir.   **8.** de ces différences.
**9.** en banlieue.   **10.** de cette mode.
**11.** la fenêtre ?   **12.** ma lettre ?

## ÉVALUATION DE COMPRÉHENSION ET D'EXPRESSION

# À L'OFFICE DU TOURISME

### À VOTRE SERVICE, LES OFFICES DU TOURISME ET LES SYNDICATS D'INITIATIVE

On en trouve dans presque toutes les villes de France : il y en a en tout 3 300. Quelle est la différence entre les deux ?

Pour les touristes, cette différence n'a pas d'importance[1] : ils sont là pour donner des informations aux visiteurs et pour répondre à leurs questions.

Si vous cherchez sur le minitel le syndicat d'initiative et l'office du tourisme de Grenoble, vous trouverez les mêmes adresse et numéro de téléphone. Pourquoi prendre l'exemple de Grenoble ? Parce que c'est à Grenoble, en 1889, qu'a été créé le premier syndicat d'initiative.

Comment les trouver quand on est dans une ville ? Ils sont signalés par un panneau « I » qui signifie « information. Ils ont en général les mêmes heures d'ouverture que les magasins, mais attention, les horaires dépendent beaucoup des villes et des saisons. Le plus grand office du tourisme est l'office du tourisme et des congrès de Paris, qui se trouve sur les Champs-Élysées. Il est ouvert tous les jours de 9 h à 20 h sauf le 1er janvier (jour de l'An), le 1er mai (fête du Travail) et le 25 décembre (Noël).

### POURQUOI S'ADRESSER À UN OFFICE DU TOURISME ?

Pour y demander des informations touristiques, des adresses d'hôtels, de restaurants ou de chambres chez l'habitant, des idées de sites à visiter, d'activités, de promenades à pied ou en voiture, la liste des spectacles au programme dans la région, les coordonnées de tous les musées.

Vous y trouverez aussi le plan de la ville, des brochures, des cartes pour ceux qui font du VTT[2] ou des randonnées. Grâce à ces cartes vous découvrirez de petits chemins, loin des voitures, où vous pourrez randonner, c'est-à-dire faire une promenade à pied, de quelques heures à plusieurs jours.

La plupart des documents sont gratuits, mais on vend aussi certains guides ou livres intéressants sur la région. Souvent aussi on peut réserver sa place pour un spectacle et demander quels hôtels ont encore des chambres libres. C'est aussi là que sont organisées les visites guidées : elles sont généralement payantes, et les guides parlent plusieurs langues.

### QUI VIENT DANS LES OFFICES DU TOURISME ?

Les syndicats d'initiative et offices du tourisme accueillent chaque année environ 30 millions de touristes, et ils leur distribuent une cinquantaine de millions de documents. Il y a assez peu d'étrangers qui pensent à s'adresser à un office du tourisme : 10 millions environ sur les 67 millions que la France accueille chaque année. ∎

1. L'un est officiel, l'autre est une association.
2. VTT = vélo tout terrain : bicyclette qu'on utilise en dehors des routes.

---

## COMPRÉHENSION ÉCRITE

Répondez aux questions ou dites si l'affirmation est vraie ou fausse.

a. Quel est le plus vieux syndicat d'initiative de France ?
b. Les offices du tourisme et syndicats d'initiative accueillent surtout des touristes étrangers.
c. Une randonnée est une petite promenade à VTT.
d. Tous les services et documents sont gratuits.
e. Les offices du tourisme sont toujours fermés le dimanche.
f. Les offices du tourisme sont seulement pour les étrangers.

## COMPRÉHENSION ORALE

Écoutez la conversation dans un office du tourisme et répondez.

a. Faites la liste de tout ce qui intéresse cette famille : la mère, le père, le fils.
b. Pourquoi est-ce qu'ils ne peuvent pas rester à l'hôtel où ils sont ?
c. Cette conversation a lieu quel jour ?

Première Escale

# À l'hôtel

Il existe en France plusieurs catégories d'hôtels : du 5 étoiles *****, comme le Ritz à Paris (c'est le grand luxe, et les appartements coûtent entre 500 et 750 euros la nuit) au 1 étoile *, hôtel simple dont certaines chambres n'ont pas de salle de bains, et donc coûtent beaucoup moins cher (entre 30 et 60 euros).

LE PRIX d'une nuit à l'hôtel varie aussi selon la ville (plus cher dans les grandes villes que dans les petites), le confort de la chambre (avec ou sans téléphone, télévision, air conditionné, ascenseur, garage...) et sa taille (chambre grande ou petite).

LE LIT STANDARD est un grand lit pour deux personnes (160 ou 180 cm de large), et il est fait « à la française » (couverture et drap).

LE PETIT DÉJEUNER n'est pas toujours compris dans le prix. Généralement, on peut le prendre dans la chambre (dans ce cas, il faut parfois le commander la veille en précisant l'heure à laquelle on veut le prendre). Le petit déjeuner français est composé de chocolat, café ou thé au lait, de pain ou de croissants avec du beurre et de la confiture, et souvent d'un jus d'orange.

On trouve de nombreux GUIDES ET BROCHURES sur les hôtels dans les offices du tourisme.

Extrait du dépliant « Logis de France, Hôtels Restaurants - JURA ».

---

**Les phrases qu'on entend le plus à la réception d'un hôtel**
– Hôtel XX, bonjour.
– Il vous reste une chambre libre pour cette nuit ?
– J'arrive le *(date)* et je reste une nuit.
– Vous avez réservé à quel nom ?
– Pour combien de personnes ?
– La chambre est à quel prix ?
– Il y a une salle de bains dans toutes nos chambres.
– Vous avez un restaurant, pour ce soir ?
– C'est tranquille : la chambre donne sur la cour.

– Une seule nuit ?
– Vous avez des bagages ?
– Vous pouvez me réveiller demain matin ?
– Nous vous confirmons votre réservation par télécopie.
– Vous préférez payer tout de suite ou demain ?

**Les phrases qu'on n'entend jamais**
– Vous n'avez pas de chambre plus chère ?
– Je n'ai pas envie d'avoir une chambre avec vue sur la mer.
– Ouh là ! J'ai trop bien dormi cette nuit ! C'est horrible.

**(Expression orale et écrite, et autres activités dans le livre du professeur.)**

# JAMAIS SANS SA VALISE

C'est un modeste, il n'aime pas se vanter. Mais quand même, il est fier de sa valise, ça se voit. Oh, elle n'est pas très grande. Mais c'est vrai qu'elle est belle. En plus, elle n'est pas en plastique ou en toile, comme la plupart des valises, mais en cuir. Du très beau cuir, d'une couleur un peu bizarre : elle est d'un bleu entre clair et foncé. Lui, il dit qu'elle est « bleu-de-France ». Curieux, une valise bleue pour un homme de 70 ans… Elle ne le quitte jamais, je veux dire qu'il l'a toujours avec lui. Il dit qu'il est toujours en voyage et que cela explique qu'il a toujours besoin de sa valise. Pour lui, sortir de chez lui, c'est déjà être parti, être en voyage ; tout devient possible, tout peut arriver… le meilleur ou le pire, ça dépend mais ça lui est égal.

Chez lui… il est chez lui depuis qu'il est né. C'était déjà la maison de ses parents et même celle de son grand-père : il n'a jamais déménagé de sa vie. Mais ce qu'il ne dit pas, c'est qu'il n'a jamais voyagé non plus. Il n'a jamais quitté sa petite ville. Quand il ne travaillait pas à la boulangerie (celle de son grand-père et de son père), il rêvait dans sa chambre : bateaux, avions, pays chauds, soleil, ciels bleus et plages blanches. Ou parfois aussi il rêvait de ciels plus gris, de maisons confortables et chaudes qu'on retrouve après de longues promenades dans des paysages de neige. Il rêvait de partir, là-bas, loin, avec une belle valise.

À la maison, ce n'était pas le luxe, mais il y avait tout ce qu'il fallait pour vivre une vie normale. Tout était bien à sa place. Mais c'était justement cela qu'il trouvait ennuyeux : rien ne changeait jamais. Tout était toujours pareil.

Ce qu'il n'a jamais dit – et qu'il ne dira jamais – c'est qu'un jour,… Un jour, après sa sieste (puis-

qu'il travaillait toutes les nuits pour faire le pain), il a rencontré quelqu'un sur la place. C'était la fête du 14 juillet. Il y avait beaucoup de monde, de bruit et de musique. Les gens – jeunes et vieux – dansaient dans les rues. Et puis, tout à coup, il l'a vue, là, devant lui. Jeune, très belle, avec sa valise bleue au milieu de la place. Pourquoi lui a-t-elle demandé, à lui et à lui seul, où se trouvait l'hôtel du Départ ?

Il lui a expliqué, mais elle n'avait pas l'air de comprendre. Alors, il lui a proposé de lui montrer le chemin en lui disant qu'il avait tout son temps. Et elle l'a suivi. Ils ont laissé la valise bleue à l'hôtel et sont ressortis pour aller à la fête. Elle lui a dit son nom : « France, oui, comme notre pays ! » Et ils ont dansé jusqu'à la fin, bien après minuit. Puis, quand la musique s'est arrêtée, ils ont parlé jusqu'à l'heure de faire le pain… À la porte de l'hôtel, ils se sont dit au revoir et à demain.

Le lendemain, il est retourné à l'hôtel. Elle n'était plus là. Une lettre l'attendait : « *Je dois absolument partir. Je ne peux pas t'expliquer. Mais je reviendrai. Au plus tard l'année prochaine, ici, à la même date. C'est promis. Je n'oublierai pas. Ta France.* »

Le 14 juillet était revenu, puis un autre et encore un autre. Un jour, on lui a apporté un gros paquet. Il l'a ouvert : c'était la valise bleue. Dans la valise, il y avait une photo. C'était bien sa France, si jeune, si belle. Et il y avait aussi une lettre du père de France : « *Vous êtes celui avec qui ma fille avait envie de vivre sa vie. Elle voulait s'arrêter, se reposer de ses voyages. Il y a eu un accident. Cette valise était son objet préféré. Elle est à vous, maintenant. Pensez à elle. Elle vous aimait.* »

Cela fait maintenant plus de quarante ans, quarante ans qu'il voyage, sans quitter sa ville, seul avec elles.

# Ils se disputent, mais c'est la vie...

**Objectifs :**
Raconter au passé (suite). Exprimer sa colère.

## BAGAGES

## 1. Une rencontre

> Je me souviens... C'était le 15 janvier 1951. Ce jour-là, j'étais heureux car je l'avais rencontrée la veille...

**a. Observez :**

| Le plus-que-parfait (auxiliaire *avoir* / *être* à l'imparfait) |
|---|
| présent / passé composé ➜ imparfait / plus-que-parfait |
| Aujourd'hui (15 janvier 1951), je suis heureux car je l'ai rencontrée hier. ➜ C'était le 15 janvier 1951. Ce jour-là, j'étais heureux car je l'**avais rencontrée** la veille. Je l'**avais trouvée** très belle... |
| • aujourd'hui ➜ ce jour-là    hier ➜ la veille    il y a 3 jours ➜ 3 jours avant    demain ➜ le lendemain |

**b. Vérifiez que vous comprenez en mettant au plus-que-parfait (vous racontez un souvenir).**
*Ex. : Hier, j'ai rencontré Paul et nous avons discuté ➜*
*La veille, j'avais rencontré Paul et nous avions discuté.*
**1.** Elles sont parties en Grèce il y a deux semaines.

**2.** Ils ont acheté leur appartement il y a peu de temps.
**3.** Je suis parti il y a cinq minutes.
**4.** Aujourd'hui, elle m'a aidé.
**5.** Il s'est couché tard, hier.
**6.** Il m'a cru et j'étais content.

> ... Elle avait 21 ans, moi aussi, et je l'avais trouvée extraordinairement belle dans sa robe bleue. Elle m'avait regardé, et elle s'était arrêtée. Nous...

**c. Continuez le récit de cette journée.**
*Discuter... être étudiante comme moi... décider de passer la journée ensemble... aller ensemble au cinéma... inviter à danser / au restaurant... etc.*

*Mon premier amour*

# 2. Première dispute

Un an plus tard, c'était notre première dispute, une dispute stupide, comme toutes les disputes. Je m'étais mis en colère. Pourquoi ? Je n'arrive plus maintenant à m'en souvenir. C'était peut-être à cause du chien ou du chat (nous n'avions pas d'enfants)... Quand on est en colère, on hurle et on exagère. Une heure plus tard, je m'étais calmé, je lui avais demandé de m'excuser, et je lui avais dit : « Je ne le ferai jamais plus ! »

**a. Observez :**

| La double négation |
|---|
| négation *simple* : ne... plus / ne... jamais / ne... personne / ne... rien / ne... nulle part. |
| négation *double* : ne... jamais plus / ne... jamais personne / ne... jamais rien / ne... jamais nulle part / ne... plus rien. |
| Je ne l'aime plus, et je **ne** l'aimerai **jamais plus** ! Ils n'ont **jamais rien** vu de plus beau. |

**b. Vérifiez que vous comprenez en répondant avec une négation simple suivie d'une négation double.**
*Ex. : Tu l'aimes encore ?* ➜ *Non, je ne l'aime plus, et je ne l'aimerai jamais plus.*

**1.** Il lui fait encore des cadeaux ? – Non, il ne lui donne ... **2.** Elles invitent des gens chez elles ? – Non, elles n'invitent ... **3.** Ils restent tout le temps à la maison ? – Oui, ils ne vont ...

**c. Observez :**

| Ni..., ni... (ne... pas..., pas non plus...) |
|---|
| A et B / A ou B ≠ **ne... ni** A, **ni** B : Je ne suis ni un imbécile, ni un idiot : je ne suis ni l'un ni l'autre ! |
| Je ne vais ni me mettre en colère, ni me mettre à hurler. |

Vous entendez, espèces de brontosaures ?...Tout ça parce que, à votre âge, vous ne savez pas faire la différence entre 1.34 h. et 13.34 h.!

*On a marché sur la lune*, Hergé/Moulinsart 2000.

Il ne faut jamais dire que c'est fini pour toujours : il ne faut jamais dire ni « Je ne t'aimerai jamais plus ! », ni « Je ne te mentirai jamais plus ! », ni « Je n'irai jamais nulle part avec toi ! »

**d. Proposez une petite liste d'autres phrases qu'il ne faut jamais dire quand on est en colère (pour éviter les catastrophes, ou pour éviter de mentir).**

# 3. Comme chien et chat...

Heureusement, elle avait accepté mes excuses. Elle ne m'avait pas répondu par une menace, comme : « Je te préviens que, la prochaine fois, c'est fini entre nous », ou : « Si tu continues à faire des scènes de ménage, je divorce ! »...
Au fait, le chien de notre première dispute, c'était le mien, et le chat, c'était le sien.

**a. Observez :**

| Les pronoms possessifs | | | | | |
|---|---|---|---|---|---|
| = à moi | = à toi | = à lui /elle | = à nous | = à vous | = à eux / elles |
| le mien | le tien | le sien | le nôtre | le vôtre | le leur |
| la mienne | la tienne | la sienne | la nôtre | la vôtre | la leur |
| les miens | les tiens | les siens | les nôtres | les vôtres | les leurs |
| les miennes | les tiennes | les siennes | | | |

**b. Vérifiez que vous comprenez en complétant les réponses avec un pronom possessif.**

**1.**– Ce sont leurs robes ?

– Non, ce ne sont pas …

**2.**– C'est votre voiture ou celle de votre femme ?

– Ce n'est ni … ni …

**3.**– Ce livre est à vous deux ?

– Non, ce n'est pas …

**4.**– C'est leur appartement ?

– Oui, c'est bien …

**5.**– Ce stylo est à toi ?

– Mais non, c'est …

> J'avais apporté une partie des meubles et elle avait apporté le reste quand nous avions décidé de vivre ensemble.
> – Et l'appartement où vous habitiez, il était à vous ?
> – Non, c'était le sien.
> – Et la télévision, elle était à elle ?
> – Oui, c'était la sienne.

**c.** Continuez à le questionner pour savoir quoi est à qui (les livres anglais, la petite table ronde, l'ordinateur neuf, la collection de timbres, etc.).

# 4. Scène de ménage

**a. Observez :**

| Menaces | Réponses à une menace |
|---|---|
| Je te (vous) préviens que… | *Je m'en fiche ! = Je m'en moque ! Ça m'est égal ! |
| Fais (faites) attention ! | Ça ne me fait pas peur ! (Vous ne me faites pas peur !) |
| Ne m'oblige(z) pas à…! | Calme-toi un peu ! (Calmez-vous, s'il vous plaît !) |
| **Les mots vulgaires à ne pas dire aux autres** (mais il est utile de les comprendre) : | |
| *Pauvre type ! *Minable ! *Espèce de… (imbécile / idiot / minable, etc.) ! | |

> Et puis, un jour, nous avons eu la classique scène de ménage qui s'est terminée ainsi :

**b.** Écoutez cette triste fin.

– Tu ne trouves pas que tu es excessive ?

– Et toi, tu as vu ta tête ? Tu t'es regardé dans une glace ?

– Elle ne te plaît pas, ma tête ?

– …

**c.** Jouez cette scène de ménage (en criant). Vous pouvez rajouter quelques phrases.

## 1. Feuilleton à la radio

**a.** Écoutez bien le résumé du premier épisode, puis racontez-le.

...« Et voici maintenant notre grand feuilleton de l'été... Résumé du premier épisode : Angèle avait ... »

**b. Écrivez quelques phrases pour continuer le deuxième épisode, qui commençait ainsi :**

« Elle était arrivée à Lausanne à huit heures du soir. Dans le train, elle n'avait pas réussi à lire... »

## 2. Statistiques

**a.**

En France, **3 %** des scènes de ménage commencent à cause de la télévision, et **6,5 %** à cause du chien ou du chat.

Expliquez en une phrase la raison de la scène de ménage dans ces deux situations... et proposez ensuite les deux premières phrases de la dispute.

**b.**

**61 %** des Français préfèrent faire une scène de ménage en privé (« J'attends d'être seul(e) avec ma femme [mon mari] »), **22 %** préfèrent en faire une en public (devant d'autres personnes), et **17 %** n'ont pas de préférence (« J'en fais une quand je veux, et je ne fais pas attention aux gens qui peuvent entendre »).

Et vous, que préférez-vous (si vous devez choisir) ? Pourquoi ?

## 3. Quelle est la situation ?

**a.** Expliquez précisément la situation (qui parle à qui ? de quoi ? où ? quand ? pourquoi ?...) pour chacun des trois petits dialogues qui suivent.

**1.** – Je te préviens que je n'ai pas du tout envie de déménager en banlieue, ni de vivre dix ans dans quarante mètres carrés sans ascenseur !

– Mais chéri, calme-toi ! On ne va pas se disputer ici dans l'agence !

**2.** – Regarde, je l'ai achetée tout à l'heure. Comment tu la trouves ?

– Je ne vais pas te mentir : je la trouve vulgaire. Je ne comprends pas pourquoi tu l'as achetée !

– Et toi, tu ne comprends rien à la mode actuelle, ou alors tu dis ça pour me blesser !

**3.** – Nous ? Comme d'habitude : demain, on ouvrira une bouteille de champagne... et puis on finira par une bonne scène de ménage.

– Ah bon, c'est toujours comme ça que vous passez le réveillon ?

**b. Écrivez un petit récit de ces trois scènes.**

## 4. Le COURRIER des LECTEURS

« Bonjour. Je vis avec une fille depuis 2 ans. Je pense qu'elle m'aime encore, mais moi, je ne l'aime plus. Comment faire pour expliquer à ma copine que nous ne pouvons plus continuer à vivre ensemble ? Je ne veux pas de scène et je ne veux pas lui faire de mal. »

(Éric, 24 ans, Vichy)

*Notre conseil à Éric :* Arrêter une histoire d'amour, c'est plus difficile que de la commencer. Tu ne veux pas lui faire de mal : c'est bien, mais il sera difficile de ne pas lui en faire. Dans une scène de ménage, on s'énerve et on dit des choses qu'on ne pense pas, souvent méchantes, et qui blessent. Tu arriveras peut-être mieux à lui dire ce que tu penses vraiment si tu lui écris. Tu pourras recommencer ta lettre jusqu'à ce que tu trouves les mots justes. Tu peux même demander à un copain de lire cette lettre pour être sûr que rien ne la blessera. Mais ensuite, bien sûr, il faudra parler avec elle. Écrire une lettre d'abord t'aidera peut-être à mieux le faire.

Vous n'êtes pas vraiment d'accord avec cette réponse. Répondez à Éric.

# SORTIES

## 1. Théâtre (Extrait de *300 dernières*, Rufus, Denoël, 1972)

Maintenant, on va s'en aller parce qu'il est tard… Janine… Ne m'oblige pas à crier… Ne m'oblige pas à être vulgaire… tu sais… parce que maintenant on va rentrer, il est déjà cinq heures et demie, et demain je travaille, et toi, tu travailles aussi demain, demain nous travaillons tous les deux… Janine !… Janine !…
*(il crie)*
JANINE, ON S'EN VA !… alors, ça y est, j'ai crié… Janine, je te préviens… Eh bien ! oui, on a passé une très bonne soirée, c'est parfait, oui eh bien c'est un acteur, tu vois. Il a fait son numéro, c'est un très bon numéro, bravo, bravo, tu ne vas tout de même pas croire ce qu'il raconte ! Janine… Nom de Dieu !… ça y est, maintenant je suis vulgaire, à cause de toi… Oh, Janine, je te préviens que maintenant je vais rentrer et que toi, tu vas rentrer avec moi. … Non… Toi, tu rentres quand tu veux. Janine, donne-moi les clés de la voiture. Mais je te préviens que si tu ne rentres pas cette nuit, tu ne rentres plus jamais… C'est maintenant ou jamais…

🗣 **Qui parle ? Où sont-ils ?**

## 2. Air d'opéra (Tiré de *Carmen*, musique de G. Bizet [1875], d'après une nouvelle de P. Mérimée, 1847)

🎧 Cette histoire tragique se passe en Espagne, à Séville. Un soldat espagnol, Don José, est amoureux fou de Carmen, une belle gitane. Pour rester avec elle, il deviendra un bandit et, à la fin, jaloux, il l'assassinera… Voici un extrait de l'air le plus célèbre de cet opéra.

**Complétez le texte.**

……… ……… ……… ……… ……… ……… de Bohême,
……… ……… ……… ……… ……… ……… de loi ;
……… ……… ……… ……… ……… ……… ………
……… ……… ………
……… ……… ……… ……… , prends garde à toi !

*la Bohême : ancien royaume – capitale : Prague ; vie de bohème : vie non conformiste, vie d'artiste ; bohémien : gitan.*
*prends garde à toi = fais attention !*

## 3. Citations célèbres

**Est-ce que, selon vous, Alphonse Allais est logique ?**

a. « JE NE SUIS NI POUR, NI CONTRE. BIEN AU CONTRAIRE ! »
(Alphonse Allais)

b. « IMPOSSIBLE DE VOUS DIRE MON ÂGE, IL CHANGE TOUT LE TEMPS. » (Alphonse Allais)

# 1. Souvenirs

✏️ 💬 Racontez.

## 4. Ils se disputent, mais c'est la vie...

## 2. Ils parlent de quoi ?

🎧 Vous êtes maintenant près de deux personnes qui discutent. Vous entendez la conversation et vous essayez de comprendre de quoi ils parlent. Écoutez bien une seule fois (réponse = un mot).

## 3. Le COURRIER des LECTEURS

« J'ai peur que mes parents divorcent. Avant, ils se disputaient un peu mais pas souvent. Depuis trois mois, ils n'arrêtent pas, et ils font une scène de ménage presque tous les jours. Avant, ils ne criaient pas. Maintenant, ils se mettent en colère, ils hurlent, les voisins entendent, mais ils s'en moquent. J'ai une petite sœur qui a 8 ans. Comment les calmer ? Qu'est-ce que je dois faire ? »

(Roger, 17 ans, Bordeaux)

✏️ Écrivez la réponse de la psychologue, ou le conseil d'un autre lecteur de ce magazine.

## 4. Tous ces vêtements !

💬 Choisissez votre rôle (A p. 138, ou B p. 140), et pensez à cette situation une minute avant de commencer à parler. A commence.

# C'EST BON DE RÊVER UN PEU !

## Objectifs :
### Imaginer et supposer.

## BAGAGES

## 1. Les rêves de Paul

Paul serait célèbre. Il posséderait une voiture de sport et aurait beaucoup d'argent sur son compte en banque. Chez lui, le réfrigérateur serait toujours plein, et un robot ferait tout dans la maison. Il ne s'énerverait jamais...
Il se réveille. Il est dans son lit. Il rêvait... C'est le silence dans la maison, toute la famille dort encore.

### a. Observez :

| Le conditionnel : pour rêver ou « faire comme si » |
|---|
| • Infinitif + terminaisons de l'imparfait ➜ je ...-**rais**, tu ...-**rais**, il/elle/on ...-rait, nous ...-rions, vous ...-riez, ils/elles ...-raient. |
| • Quelques verbes irréguliers (les mêmes que pour le futur) :<br>*avoir* ➜ j'aurais, tu aurais, etc. – *être* ➜ je serais – *aller* ➜ j'irais – *faire* ➜ je ferais – *voir* ➜ je verrais – *savoir* ➜ je saurais – *devoir* ➜ je devrais – *vouloir* ➜ je voudrais – *pouvoir* ➜ je pourrais – *falloir* ➜ il faudrait – *venir* ➜ je viendrais. |
| • Verbes en *-yer (payer, tutoyer)* ➜ -ier (il paierait, je tutoierais). |
| Le conditionnel de politesse : « Je voudrais... » « Est-ce que vous pourriez... ? » « J'aimerais... » |

### b. Vérifiez que vous comprenez en mettant les verbes au conditionnel, et finissez les phrases.
**1.** Vous ... (voyager, revenir, tomber, prendre, suivre, sortir, aller, vendre, connaître, réfléchir).
**2.** Elles ... (vivre, visiter, suivre, remercier, s'inscrire, retourner, vouloir, venir, rester, savoir).

### c. Continuez le rêve de Paul.
*Il... (partir, s'habiller/mettre, réussir à, habiter, danser, etc.).*

### d. Faites quelques hypothèses pour aider Paul à répondre à ces questions.
Paul pense au rêve qu'il vient de faire :
– Pourquoi est-ce qu'il ne s'énerverait jamais ?
– Qu'est-ce qui serait le mieux ? Avoir un robot ou des domestiques ?
– Pourquoi est-ce qu'il serait célèbre ?
– Qu'est-ce qu'il ferait de tout son argent ?

## 2. Gagner le gros lot

Paul rêve beaucoup, mais il n'achète jamais de billet de la Loterie nationale, et il ne joue jamais au Loto. S'il achetait un billet et s'il gagnait au Loto, que ferait-il ?

**a. Observez :**

| **L'hypothèse avec « si »** |
|---|
| • Imaginer au présent : **si** + *imparfait, conditionnel* : <br> Je n'ai pas d'argent, mais **si** j'en **avais** maintenant, je t'en **donnerais**. <br> • Imaginer au passé : **si** + *plus-que-parfait, conditionnel passé* : <br> L'an dernier, je n'**avais** pas d'argent, mais si j'en **avais eu**, je t'en **aurais donné**. |

**b.**

RÉSULTATS D'UN SONDAGE : s'ils gagnaient **2 millions d'euros** au Loto, **7 %** des Français achèteraient un château ou une Rolls, **7 %** dépenseraient tout cet argent n'importe comment, **11 %** quitteraient tout pour recommencer leur vie dans un autre pays, **18 %** donneraient tout aux pauvres, **24 %** créeraient une entreprise, et **25 %** arrêteraient de travailler.

Dans de nombreux sondages, on propose un choix de réponses. Imaginez ce choix pour un sondage qui commencerait par :

**1.** *Si vous ne pouviez pas sortir de chez vous,...* **2.** *Si vous aviez douze enfants,...*

**Proposez maintenant des questions pour de nouveaux sondages.**
*Si vous ...*

*"Si tu ne rêvais pas autant tu garderais les pieds sur terre" !*

*garder les pieds sur terre : ne pas rêver, être réaliste.*

# 3. À chacun son destin

Paul rêve aussi quand il ne dort pas, surtout quand il lit sa revue automobile : il s'imagine au volant des derniers modèles. Il rêve également devant les vitrines des magasins, en revenant de son travail.
Nadine, sa femme, préfère deviner plutôt que rêver, car elle sait qu'elle a une excellente intuition. Par exemple, si un invité est en retard, elle dit : « Il a dû rater son bus. »

**a. Observez :**

| **La supposition** |
|---|
| Croire que... / supposer que... (= peut-être) <br> Devoir (+ *infinitif*) / il est probable que... / il est vraisemblable que... / ... sans doute (= probablement) |

**b.** Écoutez et continuez la conversation entre Paul et Nadine.

◆ *Rater son bus* ➔ *Se tromper de jour, oublier l'heure, avoir beaucoup de travail au bureau, se disputer avec sa femme.*

# PARCOURS

## 1. Quel destin !

Mettez ces 22 mots à la bonne place : *autant, changerait, compte, créé, dépenserait, depuis, en, famille, gros, imaginé, jamais, lot, mêmes, ni, payer, peu, ratait, réfrigérateur, rien, s', tard, vitrines.*

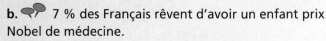

Il jouait au Loto, toujours les … nombres, chaque semaine … neuf ans, et n'avait … rien gagné. Mais il continuait et il ne … jamais les résultats, le samedi soir à la télévision. Il n'avait jamais … ce qu'il ferait … il gagnait le gros lot. Bien sûr, il savait qu'il … de l'argent pour le plaisir d' … dépenser : il … probablement de fringues, de …, de meubles, de voiture et d'appartement. Ce n'était pas nécessaire, mais avec … d'argent sur son …, il aurait probablement envie de se … tout ce qu'il voyait dans les …, et ça lui faisait un … peur.

Et puis, un samedi, il avait gagné le gros … : un million et demi d'euros. Il avait donné de cet argent à des amis et à des gens de la … qui n'en avaient pas beaucoup, il avait … une petite entreprise, il avait beaucoup dépensé, et, un an plus …, il ne lui restait plus rien : … argent, ni travail, ni appartement. Il avait gagné le … lot pour ne plus … posséder. Quel destin !

## 2. Statistiques

**a.** Si on leur proposait 15 minutes d'antenne à la télévision, 17 % des Français feraient une déclaration d'amour.

Et vous, si vous disposiez d'un quart d'heure seul(e) devant une caméra de télévision, que diriez-vous ? Répondez par une phrase ou deux (ou trois).

**b.** 7 % des Français rêvent d'avoir un enfant prix Nobel de médecine.

Et vous, si vous aviez un enfant, de quoi rêveriez-vous pour lui ?

**c.** Pour les Français et les Françaises, l'idéal serait d'être…

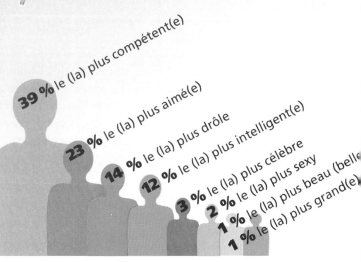

39 % le (la) plus compétent(e)
23 % le (la) plus aimé(e)
14 % le (la) plus drôle
12 % le (la) plus intelligent(e)
3 % le (la) plus célèbre
2 % le (la) plus sexy
1 % le (la) plus beau (belle)
1 % le (la) plus grand(e)

(Les personnes interrogées devaient choisir parmi ces huit adjectifs.)

Et pour vous, l'idéal serait quoi ? Écrivez deux ou trois phrases.

« L'idéal serait pour moi de faire… / de réussir à… »

## 3. Désirs et réalités

**a.** Écoutez ces trois micro-trottoirs faits avec des jeunes, et dites où ils ont envie d'aller, ce qu'ils feront cet été et pourquoi.
1. Stéphane : …
2. Delphine : …
3. Sébastien : …

**b.** Répondez maintenant vous-même aux deux questions qui étaient posées.

Île des Pins, Nouvelle-Calédonie.

## 4. Quelle est la situation ?

**a.** 💬 **Expliquez précisément la situation (qui parle à qui ? de quoi ? où ? quand ? pourquoi ? ...) pour chacun des trois petits dialogues qui suivent.**

**1.** – Dis, je n'arrive pas à dormir. Tu es réveillé ?
– Je rêve. Je pense à la rencontre que j'ai faite à la banque à Genève, ce matin.

**2.** – Vous êtes resté domestique chez eux pendant longtemps ?
– Cinq ans.
– Et pourquoi êtes-vous parti ?
– Ils ont déménagé de Paris, et moi, je préfère travailler ici à cause de ma famille.

**3.** – Elle s'est habillée dans ce magasin de la tête aux pieds, comme si son compte en banque n'avait pas de limite…
– Elle a dû gagner le gros lot !
– C'est vrai : elle s'est mariée avec un *type qui possède plusieurs entreprises de la région.

* type : un homme, une personne.

**b. Écrivez un petit récit de ces trois scènes.**

## 5. Gagnant ?

**a. Lisez le début et la fin de cette conversation. Proposez plusieurs répliques pour la partie qui manque.**

– Je n'ai plus d'argent, Marcel…
– Quoi, Paul ? Tu as déjà déjà tout dépensé ? Ce n'est pas possible !
– …
– Mais alors, Paul, comment tu aurais fait si tu n'avais pas gagné le gros lot ?

**b.** 🔊 **Écoutez la conversation complète. Est-ce que vous croyez Paul ? Expliquez votre réponse.**

## 6. Au restaurant

💬 **Quand le passionné de cuisine, qui s'appelle Toutain-Quart, va au restaurant, il note toutes ses impressions dans son journal. Lisez son récit puis jouez la scène au restaurant.**

Mardi 15 mars :
restaurant « La Vieille Ferme » à Pérignac

J'entre dans le restaurant et je dis que j'ai réservé (je dis mon nom). Le garçon regarde derrière moi puis me demande si je suis le premier. Je réponds que je suis seul. Il a l'air surpris, me montre plusieurs tables prêtes pour une cinquantaine de personnes et me demande si le car n'est pas encore arrivé. Je demande de quel car il veut parler, et le garçon me répond que c'est moi qui ai dit que j'avais réservé pour tout un car. Je comprends alors l'erreur du garçon, lui explique et demande le menu. Le repas commence bien !

*Comme le client s'appelle Toutain-Quart, le garçon a compris qu'il voulait réserver pour tout un car ( = un car complet).*

## 1. Récit (Extrait de *Je hais les dimanches*, C. de Montella, Bayard Presses, 2000)

Je déteste les dimanches.
Enfin, pas tous.
Par exemple, j'aime les dimanches où je me réveille à neuf heures du matin.
J'entends mes petits frères jouer à Batman : « C'est moi Batman ! – Non, c'est moi Batman ! »
jusqu'à ce que ça finisse en bagarre. Et puis ma mère leur crie après, en créole. [...]
Ils se taisent aussitôt. Peu après, la porte claque, ils descendent jouer [...] en bas de l'immeuble.
Grand, merveilleux silence. Je tire ma couette sur mes yeux. Voluptueusement, je me rendors.
Je suis comme mon père, j'ai besoin de beaucoup, beaucoup de sommeil. Ce n'est pas
que j'aime dormir, c'est surtout que j'aime rêver. Et rien ne vaut les rêves d'une grasse matinée,
ils ressemblent à des films, aux épisodes d'une aventure.
Seulement voilà : en un mois, il n'y a pas plus de quatre ou cinq dimanches.
Et trois ou quatre dimanches par mois, Serge me réveille à sept heures. Pour courir.
Je fais du demi-fond : mille mètres, douze cents mètres, et Serge est mon entraîneur. Je
suis capable de courir longtemps et très vite. Je ne le fais pas
exprès, je ne m'entraîne pas beaucoup, je déteste
l'entraînement autant que les dimanches. [...]
J'ai gagné cinq, six courses. Quand je ne
les gagne pas, je fais des « places
d'honneur » : deuxième ou troisième.
Serge me répète tout le
temps :
– Si tu t'entraînais, tu
aurais un destin national.
Un destin national...
Serge parle comme un
journaliste à la télé. Je n'ai
pas encore osé lui
répliquer que je
préférerais un destin
personnel de championne
des grasses matinées. Il ne
comprendrait pas.

 Que savez-vous de la personne qui parle (âge, sexe, goûts, etc.) ?

## 2. Autobiographie (Extrait *Les Ritals*, F. Cavanna, Belfond, 1978)

Quand j'ai trop envie des choses, je fais comme si je
les avais. Je les ai au conditionnel présent. C'est formidable,
le conditionnel présent. T'as tout ce que tu veux, t'es
le maître du monde, t'es le Bon Dieu.
Par exemple, je me plante devant la vitrine à Ohresser, le marchand
de vélos et de jouets superchics de la Grande-rue. Les semaines d'avant
Noël, [...] des heures je reste, les pieds gelés, je me dis intensément
j'aurais (conditionnel présent) [...] je possède vraiment tout ce que
je désigne, suffit de dire dans ma tête « j'aurais », c'est fait. Mais avant
de le dire, j'hésite, longuement, douloureusement entre deux wagons
[du train électrique] qui me plaisent autant, c'est l'un ou l'autre, pas
les deux, décide-toi, me demandez pas pourquoi, c'est comme ça, faut
que ce soit comme ça, si c'est trop facile y a pas de plaisir.

Résumez ce texte en deux phrases. Cette autobiographie est en
partie dans un style oral (langue parlée). Relevez quelques
« fautes » par rapport à un style écrit normal.

## 1. Titres à sensation

Les journaux et magazines à sensation proposent de nombreux petits articles sur les disputes, les amours et les rêves des acteurs, des actrices, des artistes de variétés et de gens célèbres.

Proposez d'autres titres pour de tels articles.

**Scène de ménage chez les Poirot**

**Géraldine en public et en privé**

**QUEL DESTIN !**

**Il se dispute avec tous ses domestiques**

## 2. Un reportage

A est une personne célèbre (voir rôle, p. 138). B est un(e) journaliste qui fait un reportage et lui pose des questions (voir rôle, p. 140).

## 3. Ils parlent de quoi ?

Vous êtes maintenant près de deux personnes qui discutent. Vous entendez la conversation et vous essayez de comprendre de quoi elles parlent. Écoutez bien une seule fois (réponse = un mot).

## 4. Le lycée idéal

En 1997, le ministère de l'Éducation nationale a fait un grand sondage auprès des lycéens. Deux millions de jeunes de 15 à 19 ans ont répondu à un questionnaire de trois pages sur leur école. Beaucoup regrettent de ne pas apprendre suffisamment de choses sur le monde actuel : « On passe des heures sur les guerres de Napoléon ou sur la guerre de 1914-1918, mais on ne sait rien sur les guerres récentes », « On n'a pas assez d'informatique », etc.

Les rêveurs ont aussi répondu : ceux qui souhaitent « choisir les matières selon leurs goûts et leurs envies », ceux qui souhaitent « 100 francs pour chaque heure ennuyeuse », ceux qui ne veulent que « des profs blondes, sexy, et habillées à la dernière mode »...

Écrivez quelques lignes sur ce que serait, selon vous, le lycée idéal (ou l'université idéale).

# ¡LS SE CROIENT TOUT PERMIS !

### Objectifs :
Exprimer l'obligation, la volonté, l'interdiction et l'autorisation.

## BAGAGES

## 1. Être l'aîné, c'est dur !

– Marcel, tu es l'aîné ! Il faut que tu montres le bon exemple à tes frères et sœurs !
– Oui, maman, je sais...
– Marcel, il faudrait que tu apprennes mieux ta leçon de maths !
– Oui, papa. Je vais l'apprendre tout de suite.

Avec les parents, c'est dur : il faut toujours que je leur obéisse, tout est obligatoire !... C'est insupportable, à la fin ! Ils le font exprès ?

**a. Observez :**

| L'obligation | Le subjonctif |
|---|---|
| **Il faut** (+ *infinitif*) | que je / tu / il / ils : comme « ils » du présent, + -e / -es / -e / -ent |
| **Devoir** (+ *infinitif*) | que nous / vous : comme « vous » du présent, + -ions / -iez |
| **Il faut que** (+ *subjonctif*) | Exceptions : |
| Nous devons le faire. = | *être* (que je sois / que vous soyez) – *avoir* (que j'aie / que vous ayez) – *aller* (qu'il aille / |
| Il faut que nous le fassions. | que vous alliez) - *faire* (qu'il fasse / que vous fassiez) – *pouvoir* (qu'il puisse / que vous |
| | puissiez) – *savoir* (qu'il sache / que vous sachiez). |

**b. Vérifiez que vous comprenez en passant de « il faut que » à « devoir ».**

*Ex. : Il faut que tu arrives à l'heure ➜ Tu dois arriver à l'heure !*

Il faut... : **1.** que vous buviez moins de vin ! **2.** qu'elles choisissent de bonnes chaussures ! **3.** qu'il comprenne le français ! **4.** que je connaisse son numéro de téléphone ! **5.** que nous continuions ce travail ! **6.** que ça coûte moins cher ! **7.** que tu deviennes le meilleur ! **8.** qu'ils le sachent ! **9.** qu'elle puisse le faire rapidement ! **10.** que nous allions à l'école et nous étudiions bien ! **11.** que vous le vouvoyiez !

**c. Famille nombreuse.**

**Vous êtes le père / la mère de plusieurs enfants, et vous allez partir quelques jours.**

**Préparez une liste pour vos enfants de tout ce qu'ils doivent faire et ne pas faire.**

*Ex. : Le matin, il faut que vous preniez votre douche rapidement, surtout Zoé doit se dépêcher !*

*Liste des choses à faire :*
- *prendre sa douche rapidement*
- *ne pas laisser sa chambre en désordre*
- *arrêter de se disputer tout le temps*
- *apprendre ses leçons tous les jours*
- *préparer les repas (déjeuner et dîner)*
- *faire les courses lundi, mercredi, vendredi*
- *ne pas oublier le cours de danse*
- *ne pas m'interrompre quand je parle*

## 2. Il faut que je te le répète combien de fois ?

Quelquefois, j'ai vraiment envie de faire la grève pour protester...
– Paul, tu peux faire les courses, maintenant ?
– Oui maman, je peux les faire.

– N'oublie pas de me rendre la monnaie, ensuite !
– Non maman, je te la rendrai. Tu me l'as déjà dit trente-six fois !
– Et à tes frères, tu leur as montré la lettre de leur cousin, comme je te l'ai demandé ?

– Non maman, je ne la leur ai pas encore montrée.
– Paul, ne fais pas ça !
– Pardon ! Tu me l'as dit trente-six fois, mais j'oublie toujours...
– On dirait que tu le fais exprès, Paul ! Fais un peu attention !
– Oui ! Mais qu'est-ce que vous êtes autoritaires !

ma petite sœur Myriam

une copine de ma sœur

Edgar (le cousin)

ma tante Julie

ma cousine Victorine

mon oncle Paul

maman

un voisin

moi

mes cousins (les enfants de ma tante Julie et de mon oncle Paul)

papa

**a. Observez :**

*"Espèce de poison !"*

| Les doubles pronoms (1) | | | |
|---|---|---|---|
| me | | | *(Donner / prendre quelque chose à quelqu'un.)* |
| te | le | | Elle me le donne / elle le lui donne. |
| se | la | lui | Elle ne te la prend pas / elle ne la lui prend pas. |
| nous | (l') | leur | Elle se l'achète. (= Elle l'achète pour elle-même.) |
| vous | les | | Elle nous le donne / elle le leur prend. |
| se | | | Elles se les achètent / elles les leur achètent. |

*(Dire / demander / conseiller / raconter quelque chose à quelqu'un.)*
Ils me disent qu'ils sont contents (ils me disent ça) ➜ ils me le disent.
Il lui demande si elle est contente (il lui demande ça) ➜ il le lui demande.

**b. Vérifiez que vous comprenez en répondant avec un double pronom.**
*Ex. : Elle a demandé à ses frères s'ils viennent ? ➜ Non, elle ne le leur a pas demandé.*

**1.** Mon oncle vous a conseillé ce train ? **2.** Ils ont expliqué à leur cousin où ils sont ? **3.** Ils ont loué l'appartement à ton oncle et à ta tante ? **4.** Il a raconté cette histoire à sa mère ? **5.** Ta cousine s'est acheté ces vêtements ?

**6.** Elles ont permis à leurs enfants de rentrer à minuit ? **7.** Tu peux m'écrire ton nom de famille ici ? **8.** Vous me présenterez vos cousins, ce soir ? **9.** Vous les présenterez aussi à ma sœur ?

# 3. La nouvelle génération...

– Nous ? Nous ne sommes pas autoritaires. Nous ne sommes même pas sévères. Mais téléphoner pendant des heures comme tu le fais, hors de question ! De notre temps, c'était différent. Maintenant, vous, les jeunes, vous vous croyez tout permis ! Vous avez une réduction sur le prix des billets, mais vous ne laissez même pas votre place aux vieux dans le bus ou le métro. Vous ne respectez rien, et vous exigez tout. Vous êtes des consommateurs. Quand est-ce que tu deviendras adulte ?
– Mais papa, je ne me crois pas tout permis, et tu n'as pas besoin de te mettre en colère ! Ce n'est qu'un conflit de générations, tout ça, comme il y en a à chaque génération !

**a. Observez :**

| Autoriser | Interdire | Vouloir |
|---|---|---|
| Je vous permets de le faire. | Je leur interdis de le faire ! | Je souhaite qu'il le fasse. |
| Il nous autorise à le faire. | Il te défend de le faire ! | J'aimerais qu'il le fasse. |
| Ça, c'est permis. | C'est strictement interdit, ça ! | Je voudrais / veux qu'il le fasse ! |
| Pas de problème. | Hors de question ! | J'exige qu'il le fasse ! |

**b.** Vous avez sept enfants...
**Faites la liste de ce qui est autorisé, de ce qui est interdit, et de ce que vous souhaitez ou exigez dans votre maison (vous pouvez être sévère ou non).**

*Ex. : Mettre la musique très fort, rêver, faire du bruit à 6 h du matin, regarder la télé jusqu'à minuit, suivre la mode, fumer, crier ou même hurler, interrompre les adultes qui parlent, jouer au foot dans l'appartement, boire du vin, sortir en chemise en hiver, inviter les copains le dimanche, déranger les frères et sœurs qui travaillent, etc.*

## 1. C'est probable ou il le faut ?

« Il doit maintenant se calmer » signifie : Il se calme probablement (puisqu'il a arrêté de crier), ou : (Il fait trop de bruit.) Il faut qu'il se calme !

C'est le contexte (la phrase placée avant ou après) ou la situation qui permet de comprendre le sens.

**Quelles phrases signifient que c'est probable ?**

- ❏ Il doit arriver à 8 h, s'il n'a pas oublié.
- ❏ Il doit arriver à 8 h, parce qu'après, ce sera trop tard.
- ❏ Elle doit se dépêcher car son père l'exige.
- ❏ Elle doit se dépêcher car elle court.
- ❏ Il doit demander une réduction sur le prix : il est encore un enfant.
- ❏ Il doit demander une réduction sur le prix : il discute depuis cinq minutes.
- ❏ Ils ont dû obéir, comme d'habitude.
- ❏ Ils ont dû obéir car ils n'avaient pas le choix.

## 2. Test

Imaginez que vous êtes l'heureux (?) père ou mère de cinq enfants. Bravo !

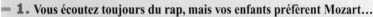

# Quel parent seriez-vous ?

**— 1. Vous écoutez toujours du rap, mais vos enfants préfèrent Mozart…**

**a.** Il faut bien qu'ils écoutent ce qu'ils aiment !

**b.** Hors de question ! Chez moi, pas de Mozart, c'est moi qui décide !

**— 2. Votre fils Coco (11 ans) rentre à la maison avec deux piercings dans le nez.**

**a.** Vous allez vous faire faire trois piercings dans le nez.

**b.** Vous l'emmenez chez un psychologue.

**— 3. Max (19 ans) a laissé une lettre sur la table de la cuisine : il est parti en auto-stop vivre chez un copain.**

**a.** Et alors ? Ça fera un de moins. Tant mieux pour nous et pour lui.

**b.** Il faut que j'aille voir un psychiatre ! (Vous pensez que vous êtes le problème numéro 1 dans cette famille.)

**— 4. Dès que vous avez le dos tourné, ils boivent et mangent tout ce qu'il y a dans le réfrigérateur.**

**a.** Il faut peut-être que je fasse des repas plus copieux.

**b.** Il faut que je ferme le réfrigérateur à clé.

**Résultat** **Vous avez choisi a partout ou presque : vous serez un parent cool.**

Vous avez envie d'être copain avec vos enfants, et vous refusez d'être autoritaire. Ça peut marcher si vos enfants sont responsables et n'exagèrent pas. Attention : il faut qu'ils sachent et qu'ils comprennent qu'il y a des limites. Mais il faut que vous aussi, vous compreniez qu'il y a des limites et qu'on ne peut pas être seulement copain avec ses enfants. Ils ont besoin de tendresse.

✍ Écrivez un commentaire pour ceux qui ont choisi une majorité de *b* et proposez une cinquième question (avec son alternative *a* et *b*).

## 3. Une collection de défauts

✍ **a. Lisez le début et la fin de cette conversation. Imaginez et écrivez la partie qui manque (plusieurs répliques).**

— Moi, je fais une collection de timbres français, de préférence des timbres rares avec des défauts.

— Vous les préférez vraiment avec des défauts ?

— …

— Vous avez raison : un petit défaut, c'est l'idéal !

**b.** 🔊 💬 **Écoutez la conversation complète et jouez-la à deux.**

## 1. Nouvelle (« Le sacrifice d'un père », R. Topor, in *Four roses for Lucienne*, Christian Bourgois, 1967)

Voici la fin de cette nouvelle. Le narrateur (« Je »), en vacances en Bretagne, trouve en se promenant sur la plage un message dans une « bouteille à la mer »…

Je le dépliai et je lus : « Mon cher fils, quand tu liras ces lignes, tout sera fini. Mon vœu le plus cher est que tu puisses finir tes études, que tu deviennes un grand médecin, et que plus tard, devenu riche et célèbre, tu te souviennes encore un peu de ton pauvre père qui t'aimait tant. Je t'embrasse. »

Cette « bouteille à la mer » était pour lui… Qui l'a écrite, et qu'est-il devenu ?

## 2. Théâtre (Extrait de *Marius*, M. Pagnol, Fasquelle, 1946)

MARIUS : Si, à vingt-trois ans, je ne puis pas offrir une tasse de café, alors, qu'est-ce que je suis ?

CÉSAR : Tu es un enfant qui doit obéir à son père.

FANNY : À vingt-trois ans ?

CÉSAR : Oui, ma belle. Moi, il a fallu que j'attende l'âge de trente-deux ans pour que mon père me donne son dernier coup de pied au derrière. Voilà ce que c'était que la famille, de mon temps. Et il y avait du respect et de la tendresse.

MARIUS : À coup de pied.

CÉSAR : Et on ne voyait pas tant d'ingrats et de révoltés.

FANNY : Eh bien, moi, si ma mère me donnait une gifle, je ne sais pas ce que je ferais.

CÉSAR : Ce que tu ferais ? Tu irais pleurer dans un coin, et voilà tout. Et si ton père était encore vivant pour t'envoyer une petite calotte de temps en temps, ça ne te ferait pas de mal. (*Marius et Fanny se regardent en riant. César marmonne.*) Ayez des enfants pour qu'ils vous empoisonnent l'existence !

MARIUS : Maintenant, je lui empoisonne l'existence ! …

Que savez-vous des personnages ?

## 3. Interview d'un Ivoirien

Si Barthélemy (l'Ivoirien interviewé) gagnait le gros lot, qu'est-ce qu'il ferait ?

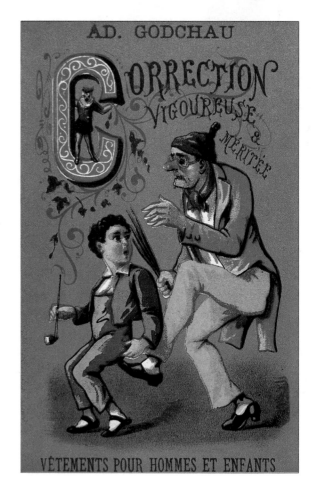

AD. GODCHAU

CORRECTION VIGOUREUSE & MÉRITÉE

VÊTEMENTS POUR HOMMES ET ENFANTS

## 1. Une drôle de visite

Vous recevez la visite de Thomas, un copain d'école que vous n'avez pas revu depuis quatre ou cinq ans. Ce n'était pas vraiment un ami, pour vous. Il entre chez vous, il vous dit bonjour et va directement à la cuisine, ouvre votre réfrigérateur et prend une bière (la dernière) en disant : « J'ai soif. » Ensuite, il va dans le séjour, s'assied dans un fauteuil, met les pieds sur la table, et vous dit seulement : « Je suis fatigué. Qu'est-ce qu'il y a d'intéressant à la télé, aujourd'hui ? »

**a.** Écrivez ce que vous dites au copain (acceptez, interdisez ou exigez...) :
– dans la cuisine, devant le réfrigérateur ;
– dans le séjour devant la télévision.

**b.** 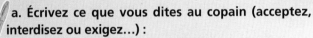 Ensuite, le groupe écoute les phrases de chacun et décide qui est le plus autoritaire, le moins autoritaire du groupe, et quelles sont les phrases les plus drôles.

## 2. Problèmes de logique

Répondez aux questions et expliquez votre réponse.

**a.** Si Guillaume (qui est l'aîné des trois frères) a plus de défauts que Bruno (le plus jeune des trois), et que Bruno a moins de défauts que Thomas, qui a le moins de qualités : Guillaume ou Thomas ?

**b.** Si le père d'Annie est moins sévère que celui de Mathilde, et si Vanessa trouve que son père est aussi « cool » que celui de Mathilde, et qu'Élodie pense et dit que son père est bien moins « cool » que celui de Vanessa, est-ce que le père d'Annie est plus sévère que celui d'Élodie ?

*cool : le contraire de sévère.*

## 3. Ils parlent de quoi ?

Vous êtes maintenant près de deux personnes qui discutent. Vous entendez la conversation et vous essayez de comprendre de quoi ils parlent. Écoutez bien une seule fois (réponse = un mot).

## 4. Quels dimanches !

Choisissez votre rôle. A est un enfant (voir rôle p. 138). B est un des parents de A (voir rôle p. 140). A commence.

# ÉVALUATION DE GRAMMAIRE ET DE VOCABULAIRE

**TEST 1. Quel est le féminin de ces mots ?**

◆ le père ◆ l'oncle ◆ le fils ◆ le cousin ◆ le frère ◆ le mari

**TEST 2. Répondez non et utilisez le pronom possessif.**

*Ex. : Mon ordinateur ? → Non, pas le vôtre.*
◆ la bicyclette de Christian ?
◆ mes cartes ?
◆ la jupe de Léa ?
◆ le lit de vos parents ?
◆ l'appartement de votre copine ?
◆ la tête de vos amis ?
◆ votre télévision ?
◆ ses vélos ?

**TEST 3. Quel est le contraire de ces mots ou expressions ?**

◆ autoriser ◆ en public
◆ intelligent ◆ se marier
◆ oublier ◆ prendre (le bus)
◆ se mettre en colère
◆ faire une déclaration d'amour
◆ une qualité ◆ le bruit
◆ hors de question ! ◆ la tête

**TEST 4. Mettez les verbes entre parenthèses au conditionnel ou à l'imparfait.**

◆ a. Non : si je *(venir)* maintenant, je n'*(avoir)* pas le temps de rester bien longtemps.
◆ b. S'ils *(se réveiller)* plus tôt et qu'ils *(se dépêcher)* un peu, ils ne *(rater)* pas leur bus aussi souvent !
◆ c. Si tu ne me *(interrompre)* pas aussi souvent, je *(finir)* d'écrire cette lettre avant de partir…
◆ d. Si vous ne *(rêver)* pas aussi souvent, vous *(garder)* les pieds sur terre !
◆ e. Si mes parents ne m'*(interdire)* pas tout, je leur *(obéir)* plus souvent et je leur *(mentir)* moins.
◆ f. Si tu te *(regarder)* dans une glace, tu te *(faire)* peur !

**TEST 5. Répondez non, en utilisant les doubles pronoms.**

◆ a. Tu as raconté cette histoire à ma sœur ? → *Non, je ne…*
◆ b. Elle a loué son appartement à ces gens-là ?
◆ c. Elle s'achètera cet ordinateur ?
◆ d. Ils demandent à leur mère s'ils peuvent sortir ce soir ?
◆ e. Elle a défendu à son mari d'ouvrir un nouveau compte en banque ?
◆ f. Vous me rendrez mes chaussures rouges après la fête ?
◆ g. Nous montrons à nos amis notre nouveau réfrigérateur ?

**TEST 6. Transformez ces phrases, comme dans le modèle.**

*Ex. : Nous devons le leur rendre. → Il faut que nous le leur rendions.*
◆ a. Nous devons exiger une réduction.
◆ b. Vous devez obéir à vos parents !
◆ c. Je dois le lui interdire !
◆ d. Tu dois apprendre tes leçons !
◆ e. Elle doit y aller aujourd'hui !
◆ f. Il ne doit pas être en retard !
◆ g. Ils doivent faire moins de bruit !
◆ h. Vous devez absolument crier ?

**TEST 7. Quelles phrases signifient que c'est probable, et quelles phrases signifient que c'est obligatoire (qu'il le faut) ?**

◆ a. Il doit arriver à 8 heures, s'il n'a pas oublié.
Il doit arriver à 8 heures, parce qu'après ce sera trop tard.

◆ b. Elle doit se dépêcher car son père l'exige.
Elle doit se dépêcher car elle court.

◆ c. Il doit demander une réduction sur le prix : il est encore un enfant.
Il doit demander une réduction sur le prix : il discute depuis 5 minutes.

◆ d. Ils doivent obéir, comme d'habitude.
Ils doivent obéir, ils n'ont pas le choix.

## ÉVALUATION DE COMPRÉHENSION ET D'EXPRESSION

### au cinéma

C'est seulement quand il fait très mauvais temps que les touristes étrangers vont au cinéma.

À Paris même (2,3 millions d'habitants), on trouve 97 cinémas et 351 salles de cinéma. Ces cinémas vendent entre 26 et 7 millions de billets par an et les programmes changent le mercredi.

Les petites villes de province, elles, ne sont pas toujours un paradis pour les amateurs de cinéma...

Il y a souvent des publicités avant la séance, mais heureusement, ce n'est pas comme à la télévision où on interrompt les pubs par des films. Contrairement à la télévision aussi, on peut voir les films étrangers en version originale (signalée par VO dans les programmes) et pas seulement en VF (version où les acteurs parlent français).

Le prix d'une place de cinéma varie de 6 à 10 € pour les adultes et de 4 à 6 € pour les enfants.■

---

**Phrases les plus fréquentes entendues à la caisse d'un cinéma.**
– Six € soixante.
– 2 places pour la séance de 20 heures.
– Trois *Titanic*, SVP.
– Pour combien de personnes ?
– Dépêchez-vous, la séance commence dans deux minutes.
– Il y a beaucoup de monde ce soir, on dirait…

– Vous faites des réductions aux militaires ?
– Vous n'avez pas la monnaie ?
– Pas possible : le film est interdit aux moins de seize ans.

**Phrases qu'on n'entend jamais**
– Nous faisons crédit.
– Nous ne vous recommandons pas ce film…

---

## compréhension écrite

**Répondez aux questions.**
**a.** Les Parisiens vont combien de fois par an au cinéma, en moyenne ?
**b.** Comment expliquer autrement « ne sont pas un paradis pour les amateurs de cinéma » ?
**c.** Que signifie VF ? Préférez-vous voir les films en VO ou non ? Expliquez pourquoi.
**d.** Que dit le texte sur la pub à la télé ?

## compréhension et expression (écrite ou orale)

**Répondez aux questions.**
**a.** Parmi les phrases les plus fréquentes, quelles sont les phrases dites par des clients, et quelles sont celles dites par la caissière ?
**b.** Composez un dialogue incluant le plus grand nombre des phrases les plus fréquentes (attention, il faudra compléter car certaines questions ou réponses manquent).
**c.** Imaginez d'autres phrases que l'on n'entend jamais.

## expression orale

(jeu de rôles à deux)
**Choisissez un rôle (A p. 138 et B p. 140) et jouez la conversation.**

## ÉVALUATION DE COMPRÉHENSION ET D'EXPRESSION

# À la gare

En France, c'est la SNCF (Société nationale des chemins de fer) qui transporte les voyageurs en train (en Suisse, c'est la CFF – Chemins de fer fédéraux). Il y a deux classes : première (plus chère) et seconde classe (économique). Il existe deux catégories de trains : les trains régionaux, lents et pas toujours confortables, et les TGV, trains très rapides et plus chers (TGV = train à grande vitesse). On peut acheter son billet dans un guichet ou avec une machine dans la gare, et on peut réserver son billet grâce à Internet.

Attention : on doit réserver sa place dans les TGV. Autre chose obligatoire : il faut composter son billet avant de monter dans un train.

Certaines gares sont célèbres : la gare de Perpignan (parce que le peintre Salvator Dali a déclaré qu'elle était le centre du monde), et les cinq gares de Paris : la gare Montparnasse pour aller vers l'ouest de Paris, la gare du Nord, la gare de l'Est, la gare de Lyon pour aller vers le sud-est et la gare d'Austerlitz vers le sud-ouest.

---

**Phrases qu'on entend le plus à un guichet de gare**
– Première ou seconde ?
– Le prochain part à quelle heure ?
– Adulte ou enfant ?
– Bon voyage !
– Au fait, il s'arrête à Montélimar ?
– Un aller-retour pour Nice, SVP.
– Si vous ne vous dépêchez pas, vous le ratez.
– En TGV.

– Il n'y a plus de place, c'est plein.
– Je ne sais pas. Il y a la grève, actuellement.
– Il y a cinq minutes d'arrêt à Valence.
– Vous avez une carte de réduction ?
– N'oubliez pas de composter votre billet.

**Phrases qu'on n'entend jamais**
– Aujourd'hui, les billets sont gratuits.
– Le train ne s'arrête jamais.

---

## expression écrite

**Écrivez un texte de présentation des trains dans votre pays, pour des touristes étrangers.**

## compréhension et expression orale

a. 🎧 **Écoutez les annonces et notez tous les nombres que vous entendez.**

b. 🎧 **Écoutez le dialogue à la gare et racontez cette petite scène, dans une lettre que vous écrivez à un copain qui ne connaît pas la France et les Français. Choisissez : cette scène vous a amusé(e) ou, au contraire, elle vous a énervé(e) et commencez ainsi :**
« Hier, j'étais à la gare du Nord… »

## expression orale

(jeu de rôles à trois)
**À la gare du Nord. Choisissez un rôle (A p. 138, B p. 140-141) et jouez la conversation.**

## compréhension écrite

**a. Est-ce qu'il est possible de réserver, grâce à Internet, une place en troisième classe dans un TGV ?**
**b. La gare de Lyon est-elle à Lyon ?**
**c. Parmi les phrases qu'on entend le plus à un guichet de gare, quelles sont celles dites par l'employé de la SNCF, celles dites par les voyageurs ?**

# LA VALISE ROUGE

**M**ercredi, *19 décembre*

Il est 8 heures du soir. J'ai beaucoup travaillé aujourd'hui, et je vais maintenant rentrer chez moi. Je vis seule. Je vais manger, regarder la télé – il y a un bon film avec mon actrice préférée – et ensuite dormir. J'habite dans une petite ville près de Lyon, et, vraiment pas loin de mon bureau : en face. Dans ma rue, il y a de petites maisons avec leurs petits jardins, à gauche, et des immeubles de quatre étages, à droite. Moi, je travaille dans l'immeuble qui est en face de chez moi.

Je sors du bureau et je traverse la rue. Devant ma porte, je vois une valise rouge. Je la regarde. Qu'est-ce que fait cette valise, là ? On oublie une valise dans une gare ou un aéroport, mais pas devant une porte ! Et c'est bien la porte de ma maison, le numéro cinq… Ça doit être un cadeau ! Je suis curieuse de savoir. Je prends la valise, je traverse le jardin, je rentre, et je vais directement dans ma chambre.

Comme la valise n'est pas fermée à clé, je l'ouvre. À l'intérieur, il n'y a pas beaucoup de choses : deux pantalons et une jupe blanche, une cravate, des chaussures de ski pour homme (pointure 43), un saucisson, trois cartes postales et un journal. Impossible que ce soit un cadeau ! Il n'y a pas de nom sur la valise, et les cartes postales ne sont pas écrites. Elles sont de la région : la place Bellecour, le château de Rochetaillée et un panorama de Lyon. Trois cartes postales anciennes, en mauvais état, qui sont restées longtemps dans cette valise, peut-être. Est-ce que c'est la valise d'un touriste à Lyon ou d'un Lyonnais ? Pourquoi est-ce que je dis « un touriste » ou « un Lyonnais » ? La jupe blanche de la valise est trop grande pour moi et elle n'est même pas à la mode. Dommage de ne pas pouvoir la garder… Des chaussures pointure 43 et une jupe ! Un ou une touriste qui n'est pas célibataire, qui doit faire du ski, qui fait collection de cartes postales ? Je regarde le journal : c'est *Le Monde* du 17 décembre. Et le saucisson est une spécialité de la région : de la « rosette de Lyon ». J'en mange souvent parce que je le trouve très bon. Mais que fait un saucisson dans une valise ? Et moi, qu'est-ce que je vais faire de cette valise ? Je n'ai pas besoin de chaussures de ski trop grandes ni d'une jupe démodée !

J'ai mangé le saucisson, bu un verre de vin et je n'ai pas regardé la télé… J'ai seulement regardé longtemps cette valise ouverte devant moi et, à la fin, j'ai mis du fromage dedans… un excellent camembert.

*Jeudi, 20 décembre*

Ce matin, je me suis levée très tôt et je suis sortie pour mettre la valise devant la porte de la maison d'à côté, le numéro 7, où habite un vieux monsieur. Puis je suis allée au bureau et j'ai regardé par la fenêtre. Mon voisin est sorti pour faire sa promenade avec son chien à 9 heures, comme d'habitude. Il a vu la valise, l'a prise et est rentré chez lui avec. Trois minutes après, ils sont ressortis, lui et son chien. Il n'avait pas la valise.

Sept heures du soir. Je quitte le bureau, je traverse la rue et… la valise est à nouveau devant ma porte ! Je la prends, je rentre chez moi et je l'ouvre. Le camembert n'est plus là ! Mais il y a un message : « *Mademoiselle, la valise, je l'ai déjà eue le 17 décembre et la famille du n° 9 l'a eue avant moi. On ne met pas un camembert dans une valise ! Sincères salutations.* » C'est certainement le vieux monsieur qui a écrit ce message. Qu'est-ce que je vais faire de la valise ? La garder ? La mettre devant le n° 3 où habite une petite vieille ? Tout cela est devenu compliqué !…

*Dimanche 23 décembre*

Cet après-midi, je vais partir en vacances avec une valise rouge.

# **Q**UELLE ÉPOQUE !

**Objectifs :**
Parler des événements de notre époque. Exprimer sa crainte, son espoir, rassurer.
Présenter et décrire une évolution (société, environnement).

## BAGAGES

## 1. Allez ! C'est la vie !

> Il y a des gens qui ont un avis sur tout, et d'autres qui parlent pour ne rien dire. Moi, je les écoute...

**a. Observez :**

| Commenter un fait, un événement | | |
|---|---|---|
| **aborder le sujet** | **répondre** | **conclure** |
| Dites, .... / À propos... | *(même avis)* : Ne m'en parlez pas ! | C'est bien triste !... |
| Vous savez / vous avez vu / lu / entendu dire que... ? | *(avis différent)* : Oh moi, vous savez, personnellement... | C'est la vie ! C'est comme ça ! On n'y peut rien ! C'est normal ! |

**b.**   Vous avez vu ça... tous ces accidents ?

**Écoutez l'enregistrement, puis jouez cette conversation.
Jouez-en d'autres en vous servant du tableau.**

◆ Accidents ➜ Pollution / téléphones portables / grèves / catastrophes / communication par Internet / etc.

## 2. Pourvu que ça dure !

> Certains sont optimistes, ils espèrent que tout va bien aller ; d'autres sont pessimistes, ils craignent toujours que tout aille encore plus mal !

**a. Observez :**

| **Exprimer l'espoir** | **Exprimer la crainte** | **Rassurer** |
|---|---|---|
| Pourvu que ça s'arrange / que ça réussisse ! *(subjonctif)* | Je crains (bien) / j'ai (bien) peur que ça ne s'arrange pas / ne réussisse pas *(subjonctif)*. | N'ayez pas peur ! / Ne craignez rien ! Ne vous inquiétez pas ! |
| Je souhaite que ça aille mieux ! | | Soyez tranquille / sans crainte ! |
| J'espère que ça va s'arranger / réussir. | Je n'ai pas très bon espoir. | Il n'y a rien à craindre, ça va s'arranger / réussir / marcher. |
| Si ça pouvait s'arranger / réussir ! | Il y a de quoi s'inquiéter. | |
| Tous les espoirs sont permis ! | Il faut craindre le pire. | Il n'arrivera rien, vous verrez ! |
| | Il n'y a (plus) rien à espérer. | |

**b. Vérifiez que vous comprenez en complétant.**
**1.** Pourvu qu'elle ... *(avoir son diplôme)* !
**2.** Les gens souhaitent que ça ... *(ne pas aller plus mal)*.
**3.** Ils craignent que leur projet ... *(ne pas être accepté)*.

**4.** J'ai peur qu'il ... *(faire des choses stupides)*.
**5.** Nous souhaitons que vous ... *(se plaire ici)*.
**6.** Il a peur que nous ... *(ne pas suivre ses conseils)*.

L'autre jour, j'ai joué un de mes rôles préférés, le « père catastrophe ». Voici ce que j'ai écrit sur Internet : « Pollution de l'air, pollution de l'eau, pollution dans les aliments...
Il faut espérer que ça va aller mieux, sinon quel avenir pour nos enfants ? Mais personnellement, je crains que ça n'aille pas mieux dans les prochaines années. »

**c.** « Je crains que ça n'aille pas mieux. »
**Continuez les phrases d'Alain en jouant comme lui le « père catastrophe ».**
**1.** Espérons qu'ils n'auront pas de problèmes, mais personnellement, ...
**2.** Il faut espérer qu'ils vont réussir, ...
**3.** Tout le monde espère que les choses s'arrangeront, ...
**4.** On espère tous que le beau temps va durer, ...
**5.** Si ces vacances pouvaient être bonnes, ...
**6.** Il souhaite réussir, ...

# 3. Ne m'en parlez pas !

J'écris, mais je parle peu et les gens trouvent ça bizarre. Pourtant j'ai des idées, mais je ne leur en parle pas. Jamais. J'ai mon avis, mais je ne le leur donne pas. J'ai des questions (je m'en pose tous les jours), mais je me les pose à moi-même, c'est tout. Il faut de tout pour faire un monde.

**a. Observez :**

| Les doubles pronoms (2) | | | | | |
|---|---|---|---|---|---|
| me, te | le | moi | | | |
| se | la | toi | Vous me le donnez ? | Ne me le donnez pas ! | Donnez-le-moi ! |
| nous | l' | lui | Il ne vous le dit pas ? | Ne le lui dites pas ! | Dites-le-lui ! |
| vous | les | leur | | | |
| m', t', lui, s' | | | | Ne m'en parlez pas ! | Parlez-m'en ! |
| nous, vous | en | | Vous m'en parlerez ? | Vous avez du fromage ? | Mettez-m'en un kilo, SVP ! |
| leur | y | | Il est à Aix, il s'y repose. | | |
| | | | | Tu as des idées ? | Donne-m'en ! |

**b. Vérifiez que vous comprenez le tableau en répondant comme dans le modèle.**
*Ex. : Vos parents vous donnent de l'argent tous les mois ?* ➜
*Oui, ils m'en donnent./ Non, ils ne m'en donnent pas.*
**1.** Vous achèterez des chocolats pour vos amis ?
**2.** Je peux vous apporter des champignons de la campagne ?
**3.** Tu peux acheter du pain pour moi ?
**4.** Elle va parler de son projet à son directeur ?
**5.** Tu vas m'acheter des fleurs pour la Saint-Valentin ?

**Je parle peu et ma femme s'en étonne :**

**« Tu as des amis, tu as un avis, donne-le-leur ! » me dit-elle toujours.**

**c.**  **Continuez ce que dit la femme d'Alain.**
*Ex. : Tu as des projets* (parler) ➜ *Tu as des projets, parle-leur-en !*
**1.** Tu as des livres intéressants *(apporter).*
**2.** Tu comprends beaucoup de choses *(expliquer).*
**3.** Tu écris des articles *(montrer).*

# 4. Prévisions…

**Parmi les gens qui ont un avis sur tout, les plus amusants, pour moi, ce sont les futurologues. Ils pensent connaître l'avenir, et ils vous en parlent comme s'ils y étaient !**

**Ils sont sûrs de prévoir les évolutions de notre monde ! Quand je relis maintenant ce qu'ils ont prévu quelques années avant, je trouve ça très drôle !**

**a. Observez :**

| Présenter une évolution |
| --- |
| ➚ La consommation **augmente** ? *(une augmentation)* |
| ➘ Le chômage **diminue**. *(une diminution)* |
| ➘ Les prix **baissent**. *(une baisse).* |
| ➝ L'inflation **reste stable**. *(la stabilité)* |
| ⤴ La température **remonte**. |
| ⤵ Le nombre de jeunes sportifs **redescend**. |
| • Une évolution peut être : légère, lente, sensible, nette, forte. |

**b.** Comme vous pouvez le constater…
Regardez le graphique, écoutez le commentaire du spécialiste et indiquez de quoi il parle.

**c. Écrivez un article sur la consommation, le chômage ou l'inflation depuis 1996. Pour les prévisions (après 2000), soyez optimiste ou pessimiste.**

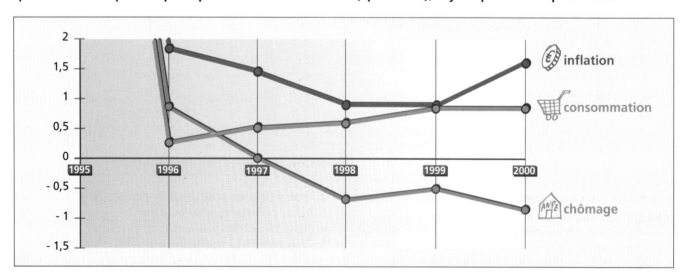

# PARCOURS

## 1. Tout n'est pas rose pour tout le monde

💬 **Cette conversation a eu lieu fin 1999 :**

– Dites, les affaires vont assez bien pour Renault en 1999, avec 5,7 % de plus qu'en 1998. Tous les espoirs sont permis…

– Oui, mais il y a une baisse de 0,3 % quand on compare novembre 1998 à novembre 1999. On peut craindre que ça ne s'arrange pas en 2000. […]

**Jouez d'autres dialogues en vous servant du graphique ci-dessous.**

| L'ÉVOLUTION DU MARCHÉ DE L'AUTOMOBILE EN FRANCE | | | | |
|---|---|---|---|---|
| **Les marques** | **11 premiers mois de 99\*** | | **Nov. 1999\*** | |
| 1. Renault | 546 619 | + 5,7 % | 55 454 | − 0,3 % |
| 2. Peugeot | 356 082 | + 22,8 % | 34 927 | + 16,2 % |
| 3. Citroën | 217 221 | + 3,4 % | 20 074 | + 12,2 % |
| 4. Volkswagen | 143 548 | + 14,6 % | 10 636 | − 15,7 % |
| 5. Ford | 140 133 | + 12,4 % | 11 634 | − 10,6 % |
| 6. Opel | 127 372 | + 17,1 % | 10 525 | − 7,7 % |
| 7. Fiat | 97 088 | − 7,8 % | 8 674 | + 9,9 % |
| 8. Mercedes | 37 932 | + 15,5 % | 3 153 | − 15 % |
| 9. Toyota | 35 767 | + 36,7 % | 4 609 | + 80,5 % |
| 10. Seat | 34 703 | + 21,2 % | 2 450 | − 11,9 % |
| Marché : | 1 961 947 | + 10,6 % | 183 590 | + 2,7 % |

\* Chiffres comparés aux périodes équivalentes de 1998.

*D'après* L'Automobile Magazine, *janvier 2000.*

## 2. Quelle est la situation ?

**a.** 💬 **Imaginez et expliquez précisément la situation (qui parle à qui ? de quoi ? où ? quand ? comment ? pourquoi ? qu'est-ce qui a été dit avant ?) pour chacune des conversations qui suivent.**

**1.**– Vous verrez, il n'aura pas de problème.

– Mais quand même, je suis inquiète, il pourrait téléphoner !

*Ex. : Ça se passe chez une mère qui attend près du téléphone. Son fils qui est pilote est parti pour essayer un nouvel avion et sa voisine est venue demander des nouvelles…*

**2.**– Alors qu'est-ce qu'on constate ? Hein ?

– Pardon ?

– Je demande ce qu'on constate !

**3.**– Vous vous rendez compte ! On ne sait plus ce qu'on mange ! Vous avez vu…

– Oui mais bon, ne restez pas là comme ça, sinon on va prendre notre place.

**4.**– Mais oui, donne-le-lui, je te le dis !

– Mais… il va savoir l'utiliser ?

**b. Écrivez un petit récit d'une de ces quatre scènes.**

## 3. COURRIER des LECTEURS

« Bonjour. Je viens pour vous dire mon problème. J'ai toujours peur que le pire arrive. Je ne sors presque plus de chez moi, seulement quand j'en ai absolument besoin. Aidez-moi, je vous en prie. »
(Suzanne, 74 ans.)

**Vous répondez à cette personne.**

« Chère madame, vous dites que vous avez toujours peur de sortir de chez vous. Je suis un peu surpris(e)… »

## 4. Un beau matin…

**Écrivez un court récit qui pourrait commencer par cette scène.**

## SORTIES

### 1. Article de magazine (Extrait de « Entretien avec Françoise Giroud », *L'Express*, 3-9 juin 1999)

« [...] *Quel est, selon vous, l'avenir du journalisme et de l'écrit à l'heure de l'Internet ?*

Je ne suis ni très optimiste ni très pessimiste sur l'avenir de la presse. [...] L'important, au fond, vraiment difficile, c'est de cerner ce que les journaux doivent apporter au lecteur que la télévision et Internet ne lui offrent pas. Ce plus, c'est donner le plaisir de lire [...]. On reçoit passivement la télévision, on ne peut pas revenir dessus [...]. Seule, la presse permet l'arrêt sur images et le retour en arrière. [...]

*Mais ce n'est pas le cas de la télévision et d'Internet...*

Non. Justement. Je crois même qu'Internet est beaucoup plus dangereux que la télévision, car n'importe qui peut y dire n'importe quoi à tout le monde, et des quatre coins de la planète. Il n'y a là plus d'éthique, plus de filtre, aucun contrôle. [...] Il y a aussi avec Internet le problème de la gratuité, ce qui est grave pour la presse, car le prix des journaux en France est aujourd'hui beaucoup trop élevé. »

D'après l'article, comparez les aspects positifs (+) et les aspects négatifs (–).

|               | Aspects positifs | Aspects négatifs |
|---------------|------------------|------------------|
| La presse     | ...              | ...              |
| La télévision | ...              | ...              |
| Internet      | ...              | ...              |

### 2. Sketch (Extrait « Le prix de l'essence », Raymond Devos, *À plus d'un titre*, Presse Pocket, 1989)

*L'artiste (parlant de son pianiste)* : Il *rouspète ! Il est toujours en train de rouspéter ! : « L'essence augmente... L'essence va encore augmenter... »

*(Au pianiste [...])* : « Oh ! Eh ! Vous y mettez un peu du vôtre, hein ! Au lieu d'acheter des 25 et 30 litres, vous n'avez qu'à faire comme moi : vous n'avez qu'à en prendre pour cent francs ! »

*(Au public)* : « Moi, ça fait des années que j'en prends pour cent francs... J'ai toujours payé le même prix ! Il me dit : « Oui, mais vous allez de moins en moins loin ! »

*(Au pianiste)* : « Je vais où je veux ! »

*rouspéter : râler, se plaindre.*
*il est toujours en train de : il n'arrête pas de...*
*mettez-y du vôtre : faites un effort !*

Transformez ce sketch en vrai dialogue et jouez-le à deux (l'artiste et le pianiste).

### 3. Enquête (Radio, 2000)

La personne interrogée a-t-elle déjà été interrogée pour un sondage ?
Est-elle pessimiste ou optimiste?
Et l'enquêteur?

Jouez une conversation parallèle mais en inversant les rôles.

## 1. Courrier

Vous écrivez à un(e) ami(e) français(e) (lettre ou message par Internet) pour l'informer sur ce que les gens espèrent ou craignent le plus dans votre pays.

## 3. Qu'est-ce qu'ils peuvent dire ?

Imaginez et jouez les conversations (au moins 4 répliques).

## 2. Ils parlent de quoi ?

Vous êtes près d'une personne qui parle dans son portable. Vous essayez de deviner de quoi elle parle (un seul mot).

SOCIÉTÉ & ÉCONOMIE EN FRANCE

PREMIER MINISTRE

(PF)

## 4. Opinions

a. Vous écrivez un courrier de lecteur très pessimiste.

b. Vous êtes journaliste et vous répondez au courrier de A : vous devez le rassurer.

c. Vous êtes lecteur du journal et vous avez lu le courrier de A et la réponse de B. Vous n'êtes pas satisfait de la réponse et vous écrivez un courrier encore plus pessimiste.

## 5. Comment vivrons-nous dans vingt ans ?

Pour un magazine, vous participez à un groupe de réflexion sur l'avenir ; vous devez répondre à la question : comment vivrons-nous dans vingt ans ? Choisissez votre rôle (A p. 138, B p. 140) puis jouez un moment de réflexion dans un groupe de quatre (deux A et deux B). Ensuite, les autres étudiants doivent dire qui était le plus optimiste, le plus pessimiste, et deviner quel mot chacun devait prononcer.

# OÙ EST-CE QUE ÇA VA FINIR ?

### OBJECTIFS :
Expliquer une variation et exprimer des attitudes (degré d'accord et de méfiance).

## BAGAGES

## 1. Vive le progrès !

Il y a des gens qui ont peur du progrès et qui souhaitent que le monde s'arrête de tourner. Ils se méfient des inventions, ils s'inquiètent des nouveautés et voudraient tout contrôler. Ils répètent sans arrêt qu'il faut être prudent, mais ce ne sont que des pessimistes qui ne pensent qu'aux risques. Pas comme moi !

**a. Observez :**

| Prudence et méfiance | Exprimer sa méfiance |
|---|---|
| Être prudent (la prudence). | On ne sait jamais… On n'est jamais assez prudent ! |
| Faire attention à quelque chose. | Je fais attention : je pense qu'il y a de gros risques… |
| Être méfiant, se méfier de quelque chose. | Je m'en méfie… Je suis très méfiant ! Je n'y crois pas du tout. |
| S'inquiéter de quelque chose. | Ça m'inquiète… Je trouve cela vraiment inquiétant ! |
| | Je crains le pire… |

Moi, je fais partie des gens qui adorent toutes les inventions, qui achètent immédiatement toutes les nouveautés (c'est plus fort que moi, elles me sont indispensables avant qu'elles se généralisent), et qui trouvent le progrès formidable.

**b.** On doit se méfier de tout !

On doit se méfier des beaux garçons, car on risque d'avoir envie de se marier.

On n'est jamais assez prudent au volant, car on risque un accident grave.

Il faut se méfier de la campagne parce qu'elle est trop verte.

On ne sait jamais ce qui arrivera si on mange des champignons.

On doit faire attention à…

**Continuez cette liste pessimiste.**

**Attention, virage dangeureux**

**Danger, route glissante**

MIGRATION — CRAPAUDS
(de nuit sur 1 km)
ROULEZ AU PAS
EVITEZ – LES !

**Risque de chutes de pierres**

**Attention, vous rêvez !**

# 2. Ça va de mieux en mieux

On met sur le marché de plus en plus de produits dangereux, ce qui est d'autant plus grave que nous consommons beaucoup ; la pollution est proportionnelle au nombre de voitures et elle devient de plus en plus inquiétante. C'est ce que disent ceux qui s'inquiètent de l'avenir. Mais en réalité, à mesure que le temps passe, le monde ne va pas vers la catastrophe, bien au contraire ! Par exemple, il y a un siècle, l'air de Paris était plus pollué que maintenant, et les Français buvaient plus d'alcool.

## a. Observez :

| La variation proportionnelle | |
|---|---|
| plus A, plus B / moins B | : **Meilleur marché** / **moins cher** c'est, **plus** on en achète. |
| B dépend de A | : La consommation **dépend** du prix. |
| B varie en fonction de / selon A | : La consommation **varie en fonction** des prix. |
| B d'autant plus / moins… que A | : On consomme d'**autant plus** de produits **qu'**ils sont bon marché. |
| À mesure que *(variation dans le temps)* | : Je perds la mémoire **à mesure que** je vieillis. |
| Devenir de plus en plus (= *augmenter*) / de moins en moins (= *diminuer*) … à mesure que… | |

## b. Vérifiez que vous comprenez en complétant.

*Ex. : Moi, plus je cherche, moins je trouve.*

**1.** Je suis bizarre, … on m'explique, … je comprends, c'est-à-dire que je comprends moins bien … on m'explique longtemps. **2.** On a … besoin d'être aidé … on est seul. **3.** La consommation de bière … la température, et … il fait chaud, … on en boit. **4.** … les ordinateurs sont nouveaux, … ils m'intéressent, et donc, pour moi, … ils vieillissent, ils deviennent … intéressants. **5.** Mon envie de me baigner … la température de l'eau : si elle est trop froide, je ne me baignerai pas.

## c.  C'est plus fort que moi… (les intoxiqués).

– Est-ce que vous êtes comme moi ? Moi, plus je mange, plus j'ai faim…

– Hmm, je vois… et plus vous avez faim, plus vous voulez manger….

### Écoutez cette conversation et jouez-en d'autres.

◆ Manger / faim – fumer ➜ Boire / avoir soif – faire du sport ; lire – danser ; regarder la télé – écrire des messages sur le Net…

# 3. « Qui ne risque rien n'a rien »

J'admets bien sûr qu'il y a quelques risques ou même des dangers avec les technologies nouvelles, mais tant pis, on ne peut supprimer tous les risques ! J'avoue aussi volontiers qu'on peut créer de nouveaux problèmes, mais la science nous offre des possiblités incroyables que nous ne pouvons pas nous permettre de refuser, n'est-ce pas ?... Quoi, vous ne m'approuvez pas ?

**a. Observez :**

| Montrer son accord | |
|---|---|
| Approuver quelque chose | : Bravo ! J'approuve entièrement ce que vous avez fait ! |
| Accepter quelque chose/de | : Je ne suis pas tout à fait d'accord, mais j'accepte. Ça ne me dérange pas. |
| Admettre quelque chose/que | : J'admets que je me suis trompé, mais ce n'est pas grave. |
| Avouer quelque chose/que | : J'avoue que j'ai fait des erreurs graves et je vous demande pardon… |

**b. Vérifiez que vous comprenez en complétant.**
*Ex. : Tout à fait d'accord* → *Il / elle l'approuve entièrement.*
**1.** Oui, peut-être. Pourquoi pas ? → Il / elle… **2.** Oui, j'ai dû faire une erreur… → Il / elle… **3.** Il faut que je vous dise : j'ai oublié quelque chose d'important. → Il / elle…

# 4. Où est-ce que ça finira ?

Vous ne m'approuvez pas, mais ça ne m'étonne pas : on m'avait bien expliqué que j'aurais des difficultés avec vous. Mais vous savez, toutes les générations se sont demandé les unes après les autres où ça finirait.

**a. Observez :**

| Le conditionnel (2) : futur du passé |
|---|
| **présent - futur –> imparfait** ou **passé composé – conditionnel** |
| Maintenant, je pense toujours que tout ira mieux. Avant, je pensais déjà que tout **irait** mieux. Il m'a dit hier qu'il **arriverait** à 8 h, et il n'est toujours pas là. |

**b. Vérifiez que vous comprenez en complétant.**
**1.** Je crois qu'ils *(venir)*. **2.** Je pensais que je la *(trouver)* ici. **3.** Elle a avoué qu'elle *(être)* contente si je l'aidais. **4.** Il m'a dit qu'ils ne s'en *(aller)* pas sans te rencontrer. **5.** Ils disent qu'ils ne s'en *(aller)* pas sans te voir. **6.** Il m'a avoué qu'il ne me *(croire)* jamais.

**c.** Je ne peux pas le savoir.
– Ils partiront quand ?
– Ils ne m'ont pas dit quand ils partiraient.

**Continuez.**
◆ Partir → Arriver, aller à Paris, voir leur oncle, payer, faire les courses, écrire la lettre, etc.

## 1. Et elle, alors ?

**Écoutez les phrases qu'elle dit et dites si c'est vrai ou faux.**

**a.** Elle dit que plus on a d'argent, plus on consomme.
**b.** Elle pense que, aujourd'hui, parents et enfants ne se comprennent plus.
**c.** Les gens consomment plus parce qu'ils sont contents.
**d.** Elle a arrêté de fumer.
**e.** Selon elle, l'ancien a été moderne un jour.
**f.** Elle lui a apporté des livres.
**g.** Son grand-père n'y croit pas vraiment.
**h.** Elle n'aime pas le café.
**i.** Son projet est accepté.

## 2. COURRIER des LECTEURS

« J'ai toujours collectionné des objets : des stylos, des clés, des pièces de monnaie, des montres, des parapluies, et d'autres choses plus bizarres encore : ça varie selon les années. La vie devient de plus en plus difficile à la maison. Mais c'est plus fort que moi : il faut que je commence une nouvelle collection le 1$^{er}$ janvier de chaque année. Et nous sommes le 15 décembre ! Je suis vraiment intoxiqué ! Je vous en prie, aidez-moi ! »

(Albert, 50 ans)

**Vous répondez à ce monsieur.**

« Votre sorte d'intoxication est intéressante. Mais pour continuer à vivre chez vous, il faudrait … »

## 3. Faut-il prévoir le pire ?

Au début de la réunion, M. Magloire a présenté la nouvelle invention de sa société : c'est une puce électronique de 1 mm$^2$ seulement, la H 22, qui permet de savoir exactement où sont les gens, à l'aide des satellites. On peut mettre cette puce dans une montre ou même dans les pieds des gens. Mme Bérard a alors exprimé sa méfiance : cette invention permettrait de savoir précisément où se trouve chaque personne et de contrôler tout le monde. M. Magloire a admis que ce serait possible, mais il a dit que c'est déjà possible car beaucoup de gens ont un téléphone portable, et les parents achètent un portable à leurs enfants pour les contrôler. Mme Bérard a trouvé cette évolution extraordinairement inquiétante car un portable ne permet pas de savoir où les gens se trouvent aussi exactement, et en plus, ils peuvent mentir au téléphone. Avec la H 22, ce serait « Big Brother ». M. Magloire a répondu qu'il s'intéresse d'abord au marché des animaux, car on ne pourrait plus perdre son chien ou son chat préféré si on lui a mis une H 22 : il suffira de téléphoner à notre centre mondial, et les satellites donneront sa position exacte. Mais Mme Bérard a insisté…

**Imaginez et jouez la discussion qui a eu lieu pendant cette réunion (et continuez-la).**

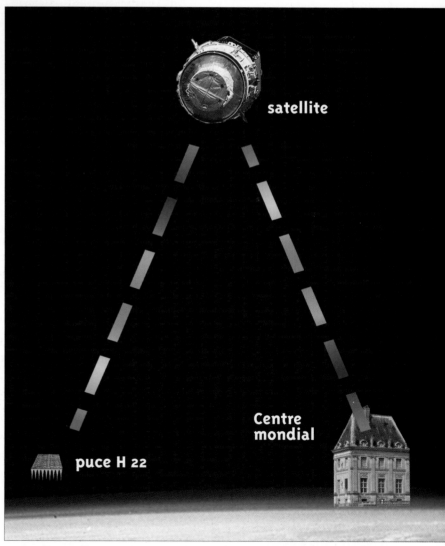

satellite

Centre mondial

puce H 22

La nouvelle puce électronique permettra de connaître la position exacte de celui qui la porte.

## SORTIES

# LA QUESTION DU PORTABLE DANS LA PRESSE

*Pour un téléphone portable, on dit aussi « un sans-fil » ou « un cellulaire »*

## 1. Deux dessins de presse

« Je te quitte, je rentre dans le parking, mais je te rappelle dès que je suis dans l'ascenseur. »

« C'est pas quand j'ai téléphoné. C'est quand j'ai voulu noter le message »

## 2. « Les adolescents, grands utilisateurs de téléphone »

(*Le Monde*, octobre 1999).

*Le portable permet de communiquer, d'avoir des copains, d'appartenir à une tribu.*

[...] Cependant, pour des raisons économiques, les jeunes fréquentent encore beaucoup les cabines téléphoniques en utilisant des cartes prépayées. Les 12-18 ans ne dédaignent pas pour autant le bon vieux téléphone fixe, chez leurs parents. [...]

Conformément aux idées reçues, les adolescentes sont encore plus portées sur le téléphone que les garçons. « Si j'appelle Sarah une heure par jour, c'est parce qu'il n'y a qu'au téléphone qu'on peut se dire certaines choses. Au collège, les autres risquent d'entendre », explique avec une belle assurance, Amélie, douze ans. [...]

*cependant : mais.*
*le collège : l'école pour les 11-15 ans*

## 3. « Cabines cellulaires » (*Le Canard enchaîné*, janvier 2000)

Constatant que « les cabines téléphoniques disparaissent des rues » à mesure que l'usage des « téléphones cellulaires » se généralise, le Herald Tribune (13/1) propose de « réinstaller ces cabines [...] sans y placer de téléphones ». Elles seraient ainsi destinées aux « bruyants utilisateurs de téléphones portables » ! Reste plus qu'à fixer le portable dans la cabine et on aura réinventé le bon vieux téléphone !

## 4. « Téléphoner en voiture »

(*Le Monde*, janvier 2000)

L'usage du « portable » au volant multiplie les risques d'accident par quatre [ou] six durant les cinq premières minutes d'une conversation. [...] Le code de la route prévoit que l'automobiliste doit être maître de son véhicule. L'usage du téléphone portable au volant est donc interdit. [...]
« C'est tout simple », explique [un] commandant de gendarmerie : « Lorsqu'un de nos motards constate qu'une voiture ne circule pas droit sur une route, il y a deux solutions : soit le conducteur est sous l'emprise d'un état alcoolique, soit il téléphone. »

**a.** Dans quels articles ou dessins est-il question du portable et du bruit qui dérange ?

**b.** Dans quels articles ou dessins est-il question du portable en voiture ?

**c.** Dans quels articles ou dessins parle-t-on de l'utilisation des portables et des autres téléphones ?

**4.** Chez les jeunes, qui téléphone le plus, les garçons ou les filles ?

## 1. Ils parlent de quoi ?

Vous êtes près de deux personnes qui discutent. Vous entendez la conversation et vous essayez de comprendre de quoi elles parlent.

## 2. Sur le répondeur

Vous écoutez ce message à votre retour chez vous. Qu'est-ce que vous faites ? Expliquez pourquoi.

## 3. Ah, ces chers amis !

B est en vacances chez son ami A, et il ne connaît pas encore la ville où A a déménagé.
Choisissez un rôle, A ou B, et lisez les fiches de jeux de rôles A p. 138, B p. 140 avant de jouer.

## 4. Les nouveautés

Vous écrivez un message sur Internet à un(e) ami(e) français(e) pour dire ce qui vous inquiète ou ce que vous approuvez entièrement avec le progrès actuel ou les nouvelles technologies.

## 5. Pour ou contre le progrès

– Moi, je dis que le progrès est dangereux !
– Moi, je pense que le progrès, au contraire, c'est merveilleux !

Continuez cette conversation à deux ou en groupes.

## 6. Le lièvre et la tortue

a. Vous connaissez sûrement l'histoire du lièvre et de la tortue. Racontez-la comme si vous étiez journa-liste à la radio ou à la télévision.

b. Jouez la conversation après la course entre le lièvre et son entraîneur.

# ÇA NE VAUT PAS LE COUP !

**OBJECTIFS :**
Poser des conditions. Marchander.

## BAGAGES

## 1. Les soldes

Quand ils voient les mots « réduction » ou « promotion »
ou « soldes », les passants entrent dans ma boutique,
et dans la rue, les automobilistes ralentissent.
Mais ils n'économisent rien : ils ressortent avec
des sacs en plastique pleins de vêtements. Plus
leur compte en banque se vide, plus le mien
s'améliore... Et moi, je me débarrasse de toutes
les « nouveautés » d'il y a deux ans !

**a. Observez :**

| La variation (suite) |
|---|
| *Meilleur ≠ moins bon* : (s')améliorer ≠ (se) détériorer. |
| (une amélioration ≠ une détérioration) |
| *Plus vite ≠ moins vite* : (s')accélérer ≠ (se) ralentir. |
| (une accélération ≠ un ralentissement) |
| *En avant ≠ en arrière* : progresser ≠ reculer. |
| (une progression ≠ un recul) |

**b.**  Vous n'y pensez pas !
– Le temps va s'améliorer ?
– Vous n'y pensez pas ! Il se détériore !

**Jouez d'autres conversations...**
◆ Amélioration du temps ➜ Accélération de l'inflation,
progression du chomage, détérioration de sa santé, ralentissement de l'évolution, recul de la pollution.

---

**► ACHAT ◄**

TABLE A 6 PIEDS 3 rall. tél.
09.45.58.24.01

COLLECT. ach. INSTRUMENTS. musique
ancienne violons flûtes bois cuivres etc.
même abimés. Tél. 08.50.67.33.18

COLLECT. ACHETE CHER BARBIE
années 60. Tél. 07.02.88.61.54

**► TROC ◄**

ECHANGE TV VIDEO neuve (facture)

contre timbres courrier tous pays
19/20ème siècle. Tél. 09.97.23.14.07

**► AMEUBLEMENT ◄**

TABLE VIEUX BOIS 2,4 X 0,9 m.
4 800 F. Tél 07.45.88.12.06

MEUBLES ANCIENS NOYER : bahut 2
p. 3 tiroirs + table 2 tiroirs (160 X 73) +
bureau 9 tiroirs (115 X 0,70) + table
basse piètement lyre + bureau merisier
pieds tournés. M. BEGANO Tél.
08.31.30.08.04

**► BROCANTE ◄**

**ANTIQUITÉS**

BROCANTE VIDE GRENIER
(69) GRAVILLON

Le 1er octobre 2000
Salles des fêtes (intérieur)
Prix du mètre 15 F. De 8 h à 18 h.

Rens. :
**09.54.25.11.10** (soir) ou
**09.01.77.75.52**

**BROCANTE VIDE GRENIER
TROUVETOU**

Exposants : 20 F le mètre
Visiteurs : entrée gratuite
*Buffet - Buvette*
Réservations, renseignements :
Tél. **07.54.65.12.38** – Fax 07.54.65.12.40

**GRANDE BRADERIE de VILLENEUVE**
**Le dimanche 24 SEPTEMBRE 2000**

*Particuliers
videz vos greniers
toute la journée
Place des Arquebusiers*

Inscription au Bureau du Comité
31, place des Arquebusiers, Villeneuve

A partir du lundi 5 septembre
de 8h à 12 h (du lundi à vendredi)

**★ SAINT-FOUR (69) ★**

Dimanche 24 septembre
**SALLE DES FÊTES**

**GRANDE BROCANTE PUCES**

★ *Multi-collections
Professionnels
et Particuliers
Réservation* ★

08.58.65.47.42 ou 08.58.65.47.43

---

# 2. Au marché aux puces

Quand ma boutique est fermée, je vais au marché aux puces pour marchander, ça m'amuse. C'est mon sport favori. Les objets qu'on y vend ne m'intéressent pas, sauf si on me fait une réduction. Je montre qu'il y a des défauts, que la peinture est abîmée, qu'il

manque quelque chose, qu'une partie est en mauvais état, et à la fin, je dis : « Je vous l'achète à condition que vous me fassiez une grosse réduction. Sinon, je ne le prends pas... » J'ai maintenant la maison pleine de choses que j'ai achetées bon marché.

## a. Observez :

| Poser des conditions |
|---|
| **Si : S'il** fait beau dimanche, nous irons nous baigner. |
| **En cas de : En cas de** beau temps, nous irons à la plage. |
| **À condition de** + *infinitif* : On ira à la plage **à condition d'**avoir beau temps. |
| **À condition que** + *subjonctif* : On ira à la plage **à condition qu'**il fasse beau. |
| **Sauf si :** On ira à la plage dimanche, **sauf s'**il fait mauvais temps. |
| **Ne... que si :** On n'ira à la plage **que s'**il fait beau. |
| **Sinon / Autrement :** On ira à la plage s'il fait beau. **Sinon / Autrement**, on n'ira pas. |

**b. Vérifiez que vous comprenez en transformant chaque phrase de deux façons différentes** *(si, en cas de, à condition que...)*.
**1.** Les Français consommeront moins si l'inflation s'accélère. **2.** Je change de voiture si j'ai un accident, sinon je la garde. **3.** Je ne pourrai me débrouiller en voyage que si j'ai mon portable.

**c.** Un auto-stoppeur difficile.
– Vous faites de l'auto-stop ?
– Oui, en cas de grève des bus.
– Sinon, c'est hors de question ?
– Exactement, et aussi à condition...

### Continuez à expliquer une par une vos autres conditions.

*Un automobiliste sympathique / qui ne fume pas / vous n'êtes pas obligé de lui parler / une grosse voiture / le dernier modèle / une voiture confortable / vous pouvez ouvrir la fenêtre / etc.*

**d.** Un vendeur patient.
– Vous prenez cette cravate ?

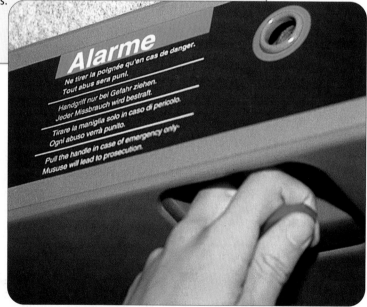

– Oui, à condition de pouvoir payer en trois fois.
– Ça ne me plaît pas, mais c'est possible. Alors, vous la prenez ?
– Oui, sauf si...

### Continuez à poser vos conditions.
**(Prix, couleur, en prendre seulement une partie, etc.)**

# 3. Quoi, elle n'est pas gratuite ?

> Ce que je préfère, c'est acheter une voiture d'occasion. Je lui trouve toujours de nombreux défauts : elle consomme beaucoup trop d'essence, elle a fait trop de kilomètres, il faut la réparer, le moteur est en mauvais état, elle fait trop de bruit, elle n'accélère pas bien, elle a mal vieilli, elle n'a pas la couleur que je souhaitais, elle a dû avoir au moins deux accidents, elle n'est plus sous garantie, ce n'est vraiment pas un cadeau, etc., etc. Le vendeur proteste et moi je me régale.

## a. Observez :

### MARCHANDER

CE QUE DISENT LES VENDEURS :

- Il/elle est en excellent état. C'est une occasion en or !
- Vous n'en trouverez pas d'autre comme ça.
- Décidez-vous parce que c'est le dernier qui me reste.
- Désolé, c'est mon meilleur prix, je ne peux plus descendre.
- Je vous rembourse si vous trouvez moins cher.
- Non, sinon je perds de l'argent. Vous payez comment ?
- À ce prix-là, vous faites vraiment une bonne affaire.

CE QUE DISENT LES ACHETEURS :

- Il est peut-être joli, mais il n'est pas en très bon état/ il est tout abîmé.
- Vous me faites une petite réduction si je paie immédiatement ?
- Vous me faites quel prix si j'en prends deux ?
- C'est encore trop cher pour ce que c'est : ça ne vaut pas le coup.
- Vous oubliez que vous avez des concurrents !
- Vous me faites 20 % ? Allez, faites un petit effort !
- Je vais réfléchir…

**b. Essayez d'écrire un dialogue avec dix de ces phrases. Il faudra peut-être les modifier un peu…**

# 4. La vente

> J'aime marchander, mais je mentirais en disant que j'aime débattre du prix quand, moi, je revends ma voiture : je la laisse à un bon prix, et mon acheteur me dit toujours merci en partant au volant de mon ancienne voiture…

## a. Observez :

### Le gérondif (en …-ant)

**Quand / pendant que** : Je mange **en lisant** mon journal. = Je lis mon journal pendant que je mange.

**Quand / si** : Il a appris la nouvelle **en lisant** le journal. = Il l'a apprise quand il a lu le journal.

**b. Vérifiez que vous comprenez en transformant chaque phrase (en supprimant le gérondif).**
**1.** Ils l'ont vendue en mettant une annonce dans le journal. **2.** Le vendeur indique qu'on peut marchander en écrivant « prix à débattre » sur sa petite annonce. **3.** En voyant la tête de l'acheteur, j'ai compris que je le lui vendrais sans difficulté. **4.** Il sait que c'est en leur faisant une petite réduction qu'il la leur vendra. **5.** En l'achetant à ce prix-là, elles ont fait une excellente affaire.

## 1. Une machine à café

Placez les treize mots suivants à la bonne place :
*abîmé, appuyant, assez, cas, détériorer, dure, magasin, marche, réparera, sauf, utilisation, vendu, votre.*

Mettez en marche … machine à café en … sur la touche « marche-arrêt ».

La garantie … un an pour cet appareil. En … de problème, prenez contact avec le … qui vous a … l'appareil : il vous le … gratuitement, … si l'appareil est … ou si une personne non qualifiée a essayé de le réparer. Attention : une mauvaise … de votre machine à café peut la … . Contrôlez donc toujours qu'il y a … d'eau et de café avant de la mettre en … .

## 2. Statistiques

Sur quoi les jeunes Françaises (19-35 ans) économisent-elles en priorité quand elles ont des problèmes d'argent ?

| | |
|---|---|
| **6 %** | économisent sur l'alimentation. |
| **10 %** | sur les dépenses pour la voiture. |
| **17 %** | sur les loisirs (cinéma, livres, sports, vacances). |
| **19 %** | achètent moins de vêtements. |
| **20 %** | réduisent leurs dépenses de produits de beauté (coiffeur, parfums, institut de beauté, etc.). |
| **22 %** | économisent en faisant des cadeaux moins nombreux et moins chers. |
| **25 %** | en supprimant une partie des sorties (restaurant, discothèque, etc.). |

Et vous, sur quoi économisez-vous quand vous êtes « fauché » ?

## 3. C'est pour m'en débarrasser

**a.** Lisez le début et la fin de cette conversation. Imaginez et écrivez la partie qui manque (plusieurs répliques possibles).

– Il coûte combien, ce verre ?

– 8 euros et demi.

– Holà, c'est cher !

– …

– Non, n'exagérons pas ! 5 euros, ça vous va ?

– D'accord.

**b.** Écoutez la conversation complète et jouez-la à deux.

Regarde : 3 CD pour le prix de 2, c'est pas mal !

Oui, ça vaut le coup, mais je suis fauchée !

*être fauché : ne pas avoir d'argent.

## 4. Au Salon de l'électroménager

**a.** Écoutez cet enregistrement, réalisé au Salon annuel de l'électroménager. Combien coûte l'appareil de télévision ?

**b.** Vous étiez au Salon. Vous avez écouté cette enquête. Vous la racontez à un(e) ami(e).

## SORTIES

### 1. Théâtre (Entendu au Festival « off » de théâtre d'Avignon, juillet 1996)

Sur la scène, un couple s'arrête devant quelqu'un qui vend quelque chose...

a. De quel objet s'agit-il ?

b. Pour les acheteurs, cet objet est trop grand ou trop petit ?

c. Il fait du bruit ?

d. Le vendeur propose de l'essayer ?

e. Le vendeur propose quel prix, au début ?

f. Combien coûte cet objet dans un magasin ?

g. Les acheteurs paient quel prix, finalement ?

h. Qui marchande le mieux ?

### 2. Littérature

(Extrait de *Scènes de la vie de bohème*, Henry Murger [1848], Folio/Gallimard)

– Mais, dit Marcel avec inquiétude, vous comptez donc toujours déménager ?

– Dame ! reprit Schaunard, il le faut bien.

– Mais, continua Marcel, si vous déménagez, est-ce que vous emporterez vos meubles ?

– J'en ai la prétention ; je ne laisserai pas un cheveu [...].

– Diable ! Ça va me gêner, fit Marcel, moi qui ai loué votre chambre en garni. [...] Vous avez des meubles et pas de logement et moi, j'ai un logement et pas de meubles. [...] Eh bien, nous pouvons arranger ces affaires-là, reprit Marcel. Restez avec moi, je fournirai le logement, vous fournirez les meubles.

– Et les termes ? fit Schaunard.

– Puisque j'ai de l'argent aujourd'hui, je les paierai ; la prochaine fois ce sera votre tour. Réfléchissez.

– Je ne réfléchis jamais, surtout pour accepter une proposition qui m'est agréable ; j'accepte.

*en garni : avec les meubles. – les termes : le loyer.*

Schaunard, l'ancien locataire, et Marcel, le nouveau, ont bien discuté.
**Expliquez ce qu'ils vont faire.**

### 3. Les villes dynamiques

(D'après l'article de J.-P. Besset : « La population est en hausse dans les grandes métropoles », *Le Monde*, 7 juillet 1999)

Depuis 1990, il y a de moins en moins d'habitants à Paris : les personnes qui quittent la capitale sont plus nombreuses que celles qui y viennent, et ce recul s'est accéléré ces dernières années. La plupart vont vers les grandes villes régionales – principalement Nantes, Toulouse, Montpellier, Lyon, Lille, Strasbourg et Rennes – dont la population continue sensiblement à progresser. [...] Les plus fortes augmentations de population concernent les villes de la côte atlantique, ainsi que le Languedoc-Roussillon. Mais il faut noter que la mer et le soleil attirent moins de monde depuis quelques années sur la Côte d'Azur, et la population des villes de Marseille, Toulon et Nice n'augmente plus.

**Écrivez un petit article parallèle sur les villes de votre pays (si vous ne connaissez pas exactement l'évolution réelle dans votre pays, inventez-la, ou même rêvez-la).**

### 4. Reportage

(Extrait du reportage "Acheteur" article de Sandrine Martinez, *Phosphore*, février 2000, Bayard Presse)

8 h 30 : Marc Lenglet arrive chez Henkel.
Il traîne une valise en courant. Hier, Marc était à Bruxelles et ce soir, il dormira à Vienne. Il est responsable des achats de matières premières et de certains emballages pour Henkel, un groupe européen fabricant de produits d'entretien. Un poste stratégique: Marc gère 120 produits et 80 fournisseurs pour un chiffre d'affaires de 500 millions de francs ! [...]
Marc résume sa mission d'une formule : " Dis-moi quel produit tu veux acheter, je te dirai quel est le meilleur fournisseur. " Dans son bureau, penché sur son ordinateur portable, l'acheteur consulte les sites des fournisseurs [...]
13 h 30 : un contact prometteur.
L'acheteur reçoit le représentant d'un fabricant français de produits chimiques. Après un échange de cartes de visite, Marc, qui s'intéresse à l'acide chlorhydrique, cherche à savoir si les prix sont toujours aussi compétitifs. ...
Matières premières : elles servent à fabriquer les produits - acide chlorhydrique = HCl (hydrogène + chlore).

a. **Expliquez le travail de Marc et pourquoi il a souvent une valise dans son bureau.**

b. **Est-ce que vous aimeriez être acheteur, comme Marc ?**

Montpellier : l'hôtel de région.

## 1. Sur le répondeur

En rentrant chez vous, à 7 heures du soir, vous écoutez ce message. Expliquez ce que vous faites ensuite.

## 2. Elles parlent de quoi ?

Vous êtes dans un magasin, près de deux femmes qui parlent : de quoi parlent-elles (qu'est-ce qui est le plus important pour elles ?) ?

## 3. Une magnifique occasion

Marchandez deux objets que vous avez avec vous, par exemple votre stylo ou votre montre, comme au marché aux puces (vous affichez le prix du premier ; pour le deuxième, le prix n'est pas affiché et vous faites parler le plus longtemps possible l'acheteur avant de lui annoncer un prix en fonction de ce que vous savez de lui).

*De forme tonneau, avec boîte et glace galbées. En acier sur bracelet cuir, mouvement automatique.*

Baume et Mercier,

**8 850 F.**

## 4. Je suis un étudiant fauché

## Studio

Proche de la RUE RAMBUTEAU.

Charmant studio de 21 m$^2$ en parfait état, au dernier étage d'un immeuble ravalé, au cœur du quartier commerçant. Vue magnifique sur Paris.

REF.600805. loyer : **380 €.**

AGENCE BELHAMY

**Tél. 01.54.66.12.23**

Choisissez votre rôle et jouez la conversation.

A : Vous louez cet appartement.
B : Vous marchandez le loyer de l'appartement que vous désirez louer.

## ÉVALUATION DE GRAMMAIRE ET DE VOCABULAIRE

**Troisième Escale**

**TEST 1. Transformez ces phrases avec des pronoms compléments** (*m', moi, la, lui, nous, leur / le, la, en*) **en utilisant l'impératif.**

*Ex. : Tu n'as pas encore envoyé le fax à Paul et Virginie ? ➔ Mais envoie-le-leur toi !*

◆ **a.** Vous devriez traduire cette lettre pour votre directeur !

◆ **b.** Est-ce que vous avez déjà parlé de ce projet à vos parents ?

◆ **c.** Il faudrait que tu expliques ça à ta mère.

◆ **d.** Tu ne peux pas nous raconter des histoires drôles ?

◆ **e.** Vous pourriez me réserver des places ?

◆ **f.** Tu peux me répéter ce que tu viens de dire ?

◆ **g.** Nous souhaitons que vous nous présentiez votre amie.

◆ **h.** Pouvez-vous décrire votre région pour ceux qui sont ici ?

◆ **i.** Vous devriez interdire l'entrée de l'immeuble à ces personnes.

**TEST 2. Complétez le tableau.**

|  | craindre | prévoir | perdre | s'inquiéter | vieillir |
|---|---|---|---|---|---|
| je (*présent*) | crains | … | … | … | … |
| tu (*passé composé*) | … | as prévu | … | … | … |
| elle (*imparfait*) | … | … | … | s'inquiétait | … |
| nous (*plus-que-parfait*) | … | … | avions perdu | … | … |
| vous (*conditionnel*) | craindriez | … | … | … | … |
| ils (*futur*) | … | … | … | … | vieilliront |

**TEST 3. Complétez ces deux histoires avec le passé composé, l'imparfait, le plus-que-parfait ou le conditionnel.**

◆ **a.** Hier, Mme Lampil … (*aller*) traverser l'avenue, quand tout à coup, une voiture … (*passer*) au feu rouge. La vieille dame … (*ne pas avoir*) le temps de la voir arriver. Si je … (*ne pas être*) là, elle … (*être*) maintenant à l'hôpital ou pire encore !

◆ **b.** Mercredi dernier, mon directeur … (*approuver*) un projet que je lui … (*proposer*) la veille. Comme vous voyez, … (*prendre*) vite sa décision. C'est peut-être parce que, moi non plus, je … (*ne pas perdre de temps*) pour lui présenter le projet.

**TEST 4. Écrivez la question qu'on a pu poser.**

◆ **a.** … ? – Malheureusement, elle a baissé de 0,9 % ce mois-ci.

◆ **b.** … ? – Donnez-m'en deux ou trois : j'ai lu tous les miens.

◆ **c.** … ? – C'est une vue un peu pessimiste : je préfère dire qu'elle reste « stable ».

◆ **d.** … ? – Non, elle ne m'en a rien dit.

◆ **e.** … ? – Bien sûr, à mesure que le temps passe.

◆ **f.** … ? – Seulement en cas de mauvais temps.

**TEST 5. Écrivez le contraire, comme dans le modèle.**

*Ex. : Dites-le-lui bien ! ≠ Ne lui en parlez pas !*

◆ **a.** N'en parlez à personne !

◆ **b.** Il faut le lui interdire !

◆ **c.** Traduisez-lui tout !

◆ **d.** Il n'y a plus d'espoir !

◆ **e.** On constate un léger ralentissement du chômage.

◆ **f.** La consommation connaît une lente augmentation.

◆ **g.** Le temps se détériore rapidement.

**TEST 6. Écrivez la question qu'on a pu poser.**

◆ **a.** … ? – Eh bien, qu'ils ne repartiraient pas sans vous dire au revoir.

◆ **b.** … ? – Depuis qu'il a acheté une voiture, malheureusement.

◆ **c.** … ? – Si, justement ; j'avoue que je n'ai pas rencontré de difficultés.

◆ **d.** … ? – Non, je ne les trouve pas indispensables.

◆ **e.** … ? – Oui, à mesure que le temps passe.

◆ **f.** … ? – Bof, ce n'est pas pire que dans mon temps.

## Au Restaurant

**C**omme pour les hôtels, il existe en France plusieurs catégories de restaurants :

🐌 du « trois étoiles » dans le *Guide Michelin*, peu nombreux (les plus célèbres sont à Paris et à Lyon) et très chers, entre120 et 250 euros par personne. C'est « la grande cuisine » faite par des « Chefs » ;

🐌 au « petit restau », à la ville ou à la campagne, où on mange (et boit !) correctement pour 10 ou 12 euros, quelquefois un peu plus.

**L**e « menu » ou la « carte » sont toujours affichés à l'entrée. Le Français n'aime pas trop les surprises au moment de payer l'addition (qu'il appelle, par jeu, « *la douloureuse* ») !

**C**omme il aime bien sortir en famille ou avec des amis pour aller au restaurant, il connaît toujours « un bon petit coin » qu'il croit être le seul à connaître !

**E**n général, il a horreur (sauf s'il est jeune) des restaurants à cuisine rapide où, selon lui, on ne trouve que de la « *malbouffe* ». Le Français recherche le meilleur rapport qualité-prix. Il mange aussi (et peut-être surtout) pour le plaisir et il lui faudra toujours, pour son repas : une entrée, un plat principal, un fromage et un dessert… comme à la maison !

**Q**uelquefois, pour changer, il ira dans un restaurant chinois, italien ou russe… mais il fera toujours des comparaisons et conclura que, finalement : « C'est pas mauvais, mais ça vaut pas la bonne " bouffe " de chez nous ! »

*\* la douloureuse : qui fait mal !*
*\* la malbouffe : mauvaise alimentation ; par exemple sandwich-frites-boisson à 4,50 euros.*

---

**Les phrases qu'on entend le plus**
– C'est quoi, votre plat du jour ?
– Vous avez choisi ?
– Qu'est-ce que je vous sers comme boisson ?
– Qu'est-ce que vous me recommandez ?
– Vous prendrez un café après le dessert ?
– Donnez-nous une bouteille d'eau minérale.
– Plate ou gazeuse ?

– Vous n'avez pas un petit vin de la région ?
– L'addition, s'il vous plaît !

**Les phrases qu'on n'entend jamais**
– Vous faites des réductions aux étudiants ?
– Le pain est compris ?
– Je ne vous conseille pas le plat du jour.
– Un café froid, s'il vous plaît.

---

## compréhension écrite

Comment comprenez-vous : « le meilleur rapport qualité-prix » ?

## compréhension et expression écrites

Quelles sont les phrases les plus fréquentes dites par les clients et celles dites par le garçon du restaurant ?

## expression écrite

Composez un dialogue incluant le plus grand nombre possible des phrases les plus fréquentes. (Attention : il faudra compléter, car certaines questions ou réponses manquent.)

**Troisième Escale**

## ÉVALUATION DE COMPRÉHENSION ET D'EXPRESSION

# DANS LES CIMETIÈRES DE PARIS

Il y a d'abord le cimetière Montmartre (**A**) et ses deux voisins : le cimetière Saint-Pierre (**G**) et le cimetière Saint-Vincent (**F**) qui se trouve près du Château des Brouillards : quel programme !

Le plus petit cimetière parisien est celui de Saint-Pierre. Le plus grand (et le plus connu) est celui du Père-Lachaise (**D**). C'est le cimetière « 4 étoiles » de Paris !

Les trois autres sont : Montparnasse (**B**), Picpus (**E**) et le cimetière de Passy (**C**).

N.B. On visite ces cimetières tous les jours, sauf le cimetière Saint-Pierre, ouvert seulement le… 1er novembre : le Jour des Morts, c'est logique !

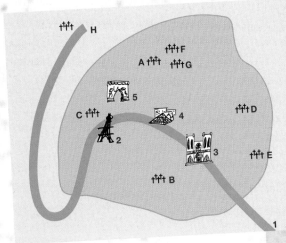

1 : la Seine.
2 : la tour Eiffel.
3 : Notre-Dame.
4 : le Louvre.
5 : l'Arc de Triomphe.

Des personnages célèbres sont enterrés (on dit aussi inhumés) dans les cimetières parisiens. Beaucoup de gens viennent voir leurs tombes, souvent avec des fleurs… c'est un vrai but de promenade !

On a, par exemple : en **A** : Berlioz, Heine, Stendhal ; en **B** : Baudelaire, Bartholdi, Maupassant, Sartre… ; en **C** : Debussy, Fernandel, Manet ; en **D** : Balzac, Chopin, Comte, La Fontaine, Molière, Édith Piaf, Proust, Rossini… ; en **E** : La Fayette, La Rochefoucauld ; en **F** : Honegger, Utrillo ; en **G** : Bougainville…

Il ne faut pas non plus oublier le cimetière des… chiens d'Asnières (**H**) : plus de 100 000 animaux (et pas seulement des chiens, il y a des chats et même une lionne !). Ce cimetière existe depuis 1899. On y trouve des monuments bizarres et des épitaphes sympathiques, comme celle-ci : « À ma petite Mirza * adorée, sa maman. »

\* Noms typiques de chien : Médor ; de chienne : Mirza ; de chat : Minou ; de chatte : Minette, Mimi.

On évite de parler dans un cimetière. On peut lire ces inscriptions sur les tombes les plus anciennes : « Ici repose » (ou : « Ci-gît »). On appelle cela des « épitaphes » : un mot grec, c'est plus sérieux ! Sur les tombes, il n'y a jamais écrit : Monsieur, Madame ou Mademoiselle. Il y a juste le prénom et le nom et, bien sûr, les dates ; par exemple : 1875 – 1932.

Quelquefois aussi, on peut y lire : « Décédé(e) dans sa (énième) année. Priez pour lui (ou elle). »

En effet, au cimetière, on n'est pas « mort », on est « décédé », c'est le mot officiel.

## compréhension écrite

**Dites si l'affirmation est vraie ou fausse.**

**a.** Il y a sept cimetières à Paris.

**b.** Le plus connu est le cimetière Saint-Pierre.

**c.** Ils sont tous ouverts toute l'année.

**d.** Dans Paris, il y a aussi un cimetière des chiens.

**e.** Le Père-Lachaise est le plus grand des cimetières parisiens.

**f.** Parmi les personnages célèbres cités dans le texte, enterrés dans les cimetières parisiens, quels sont ceux que vous connaissez ?

## compréhension orale

**Écoutez et répondez aux questions.**

À l'office du tourisme de Paris.

**a.** Que souhaitent visiter ces touristes ?

**b.** Pourquoi est-ce important pour eux ?

**c.** On peut aller au cimetière Picpus :

– par le métro : Oui ☐    Non ☐    – ligne … ?

– par le RER :  Oui ☐    Non ☐    – ligne … ?

**d.** Y a-t-il des visites guidées tous les jours ?

# VALISES ARRÊTÉES

Moi, je n'aime pas les voyages. Parce qu'il faut toujours faire ses valises avant de partir. Et j'ai horreur de faire les valises. Il faut d'abord les sortir de leur coin. Dans mon immeuble, chaque appartement a sa cave et c'est là que se trouvaient mes valises quand je ne les utilisais pas – et je ne les utilisais pas souvent ! (Mais, attendez, vous allez bientôt comprendre pourquoi je parle de mes valises au passé…) Il faut ensuite décider de ce qu'on va y mettre, et donc faire des choix. Après, il faut pouvoir les fermer… à condition qu'elles ne soient pas trop pleines. Eh bien, au moment où je les fermais, j'étais fatigué, je n'avais plus du tout envie de partir. Si je prenais l'avion, il fallait que je fasse attention à la limite obligatoire des 25 kilos par bagage. Si je partais en voiture, il fallait que tous mes bagages puissent loger dans le coffre de ma voiture et c'était toujours compliqué et… fatigant !

Et je me voyais déjà dans une chambre d'hôtel, mes valises ouvertes, ici ou là, et moi qui cherchais à l'intérieur des choses que je ne trouvais jamais tout de suite, bien sûr. Si on achète des choses pendant qu'on voyage – des souvenirs, par exemple –, il faut leur trouver une place dans des valises déjà trop pleines ou, alors, acheter une valise de plus ! Et puis, ce n'est pas facile à porter, une valise… c'est toujours trop lourd. En plus, il ne faut jamais oublier le code d'ouverture, ni les clés. Et c'est mon plus grand problème : je ne me souviens jamais des chiffres et je déteste avoir des clés dans mes poches ! Il y a des gens qui disent qu'on peut voyager avec seulement son rasoir et sa brosse à dents. Il ne faut pas les croire !

Moi, chaque fois que je suis parti en voyage, j'ai perdu quelque chose et c'était toujours une de mes valises : oubliée dans un hôtel ou partie dans un autre avion que le mien. Je n'avais donc pas de chance avec elles… ou alors, c'était parce qu'elles non plus ne m'aimaient pas. (Vous allez maintenant comprendre pourquoi je parle d'elles au passé.)

Un jour – il y a bien une vingtaine d'années –, j'ai sorti de ma cave mes dernières valises. Ce n'était pas pour partir en voyage. Non. Un ami m'avait dit à cette époque qu'un artiste avait besoin de valises en plastique dur : il faisait un projet de sculpture pour la cour du Havre, devant la gare Saint-Lazare, à Paris. Mon ami est venu chercher mes trois valises et je ne les ai plus revues. Bon, c'est une manière de parler… En me promenant cour du Havre, quelques mois plus tard, j'ai pu admirer la sculpture en question. C'est un ensemble de vraies valises mises les unes sur les autres. Je me demande comment le sculpteur a fait pour que cette sorte de colonne bizarre puisse rester stable sur son piédestal… Et j'ai reconnu tout de suite une de mes valises, en bas de la « colonne ». On en voyait seulement un côté, avec une petite plaque, là où je mettais ma carte de visite. J'étais, comment dire, oui, heureux de la retrouver et je me disais que les deux autres devaient être à l'intérieur ou en haut de cette masse de cinq ou six mètres. Elles étaient sûrement mieux là que dans ma cave à ne rien faire et ce voyage, ou ce « transit » immobile me plaisait bien. Elles étaient devenues une œuvre d'art… Tant mieux pour elles !

Finalement, j'ai constaté que j'étais fier de mes valises, comme un père de ses enfants !

# NOUS AVONS PASSÉ UNE TRÈS BONNE SOIRÉE

**OBJECTIFS :**
Décrire des personnes. Recevoir des invités. Être reçu. Situer dans le temps.

## BAGAGES

### 1. Lui, c'est plutôt le genre ni bonjour ni bonsoir !

J'aime bien rencontrer du monde, des gens que je connais. On parle de tout et de rien, surtout de ceux qui ne sont pas là.
– Lui alors, c'est un vrai casse-pieds !
– Je ne le connais pas bien, mais il a l'air gentil.
– Gentil, peut-être, mais quel casse-pieds ! L'autre jour, il m'a tenu la jambe pendant plus d'une heure, et j'étais pressée !
– Pourtant, qu'est-ce qu'il est gentil ! Mais il me semble un peu bavard, c'est vrai.

\* *un casse-pieds : ennuyeux.*
\* *tenir la jambe de quelqu'un : lui parler trop longtemps.*

**a. Observez :**

| Décrire des personnes (caractère, attitude) | |
|---|---|
| Il / elle est plutôt / assez / très / vraiment… | poli(e), gentil(le), agressif(-ve), timide, distrait(e), |
| C'est quelqu'un de très / pas du tout… | sérieux(-se), gai(e), triste, ennuyeux(-se), hésitant(e), |
| Il / elle a l'air… | décidé(e), fier / fière, simple, prétentieux(-se), |
| | patient(e), impatient(e), bavard(e) |
| Qu'est-ce qu'il est timide ! Quand on lui parle, il n'ose pas regarder celui qui parle. | |
| Elle est du genre / c'est quelqu'un du genre « Vous pensez, moi qui suis si intelligent, je n'ai aucun problème ! ». | |

**b.** 🗨 **Décrivez par une phrase** *(Il est du genre…)* **quelqu'un de :**
– très (trop) poli ;
– décidé ou, au contraire, très hésitant ;
– impatient (il n'aime pas attendre) ou patient ;
– plaisantin (il aime plaisanter, dire des choses drôles) ;
– sans-gêne (pas très poli, il n'a jamais peur de déranger).
– agressif

## 2. Tiens, on sonne !

En entendant les gens sonner, on peut deviner un peu leur caractère : l'agressif qui sonne plusieurs coups, le timide qui sonne un très petit coup, le distrait...

**a. Observez :**

| Accueillir quelqu'un / arriver chez quelqu'un | |
|---|---|
| – Tiens ! Bonjour ! Entrez, je vous en prie ! Quel plaisir ! Quelle bonne surprise ! (Quand la personne est attendue) <br> – Entrez ! Ne restez pas à la porte, voyons ! Vous avez trouvé facilement ? | – Sans problème ! / – Désolé, je suis un peu en retard, j'ai cherché une place pour la voiture / j'ai eu un peu de mal à trouver l'immeuble / la maison. <br> – Oh ! des fleurs ! Comme c'est gentil ! Mais il ne fallait pas ! Asseyez-vous ! |

**b.** 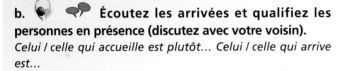 **Écoutez les arrivées et qualifiez les personnes en présence (discutez avec votre voisin).**
*Celui / celle qui accueille est plutôt... Celui / celle qui arrive est...*

## 3. Et maintenant, à table !

Au début du repas, il est très intéressant d'observer les invités. Vous savez que, normalement, on ne commence pas à manger avant que la maîtresse de maison ait dit :

« Bon appétit ! » ou « Je vous en prie, mangez pendant que c'est chaud ! », ou avant le moment où elle commence elle-même à manger.

**a. Observez :**

| Pour expliquer quand | | |
|---|---|---|
| **avant** | **pendant** | **après** |
| avant le moment où | au moment où | après que + *indicatif* |
| jusqu'au moment où | quand, lorsque | tout de suite après que = dès que, |
| jusqu'à ce que + *subjonctif* | pendant que | aussitôt que |
| avant que + *subjonctif* | chaque fois que | |

**b. Vérifiez que vous comprenez en complétant.**
**1.** ... il pleuvait, j'ai attendu dans un magasin. **2.** Il est resté là ... il fasse beau. **3.** ... il a plu, les escargots sont sortis. **4.** ... il pleuve, il y avait beaucoup de monde. **5.** ... il pleut, ils sortent.

**c.** 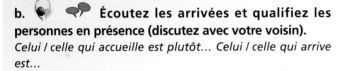 **Écoutez la conversation puis continuez-la en décrivant d'autres attitudes : gourmand, hésitant, plaisantin, etc.**

# 4. De quoi est-ce qu'on parle ?

De quoi est-ce qu'on parle, à table ? Devinez !

**a. Observez :**

| Parler à table |
| --- |
| – Vous en reprendrez un peu ?<br>– C'est absolument délicieux. Il y a longtemps que je n'ai pas mangé quelque chose d'aussi bon.<br>– C'était excellent mais je n'ai plus faim.<br>– Mais comment vous faites ça ? Vraiment je vous félicite !<br>– Moi je me régale / je me suis régalé(e) ! |

**b.** 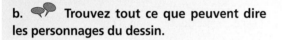 **Trouvez tout ce que peuvent dire les personnages du dessin.**

# 5. Ça se fait beaucoup ?

Bien sûr, il est très sans-gêne de demander avant le repas ce qu'on va manger, ça ne se fait pas. Par contre, ça se fait souvent de parler de ce qu'on mange.

**a. Observez :**

| Le passif pronominal |
| --- |
| Le fromage se mange avant le dessert. = On mange le fromage avant le dessert.<br>Vous êtes étranger, ça s'entend. = On entend que vous êtes étranger.<br>L'émission s'est interrompue. = L'émission a été interrompue. |

**b. Vérifiez que vous comprenez en passant de l'actif au passif, ou inversement.**
*Ex. : On le fait.* → *Ça se fait.*
**1.** Ça s'utilise beaucoup dans ce pays. **2.** On l'écrit comme on le prononce. **3.** On l'explique facilement. **4.** On met ce vête-ment sous une veste. **5.** Ça se dit au Québec. **6.** On le faisait il y a longtemps. **7.** On a décidé la réunion hier.

# 6. La soirée est finie !

**a. Observez :**

| Prendre congé | | |
| --- | --- | --- |
| **préparer le départ** | **remercier (à la fin d'une soirée)** | **saluer** |
| Bon, on va vous laisser. | C'était *super / délicieux / | À (très) bientôt j'espère ! |
| Mais il est déjà tard / minuit ! | très agréable ! | À un de ces jours ! |
| On est bien chez vous, mais… | Nous avons passé une très bonne / | On se fait la bise ? |
| Il faut qu'on y aille ! / que je parte ! | excellente soirée. Merci encore ! | Bonne nuit ! Bonsoir ! |

**b.** Faites des suppositions sur la manière de partir de l'agressif, de l'hésitant, de l'impatient, de celui qui est poli et très sérieux…

**c.** … puis écoutez les enregistrements correspondants.

## 1. Quelle est la situation ?

💬 **Expliquez précisément la situation (qui parle à qui, de quoi, où, quand, pourquoi… ?).**

1. – Des fleurs ! Je ne sais jamais quoi offrir, moi.
– Ne soyez pas si modeste, vous avez toujours d'excellentes idées !
2. – Écoute, je suis désolé, mais je ne trouve rien.
– Mais si ! J'en ai acheté ce matin. Tu as regardé partout ?
3. – Oh ! Je n'ose pas !
– Mais si ! Allez-y ! Il n'est pas si mauvais, vous verrez !

## 2. Savoir-vivre

🎧 **Voici quelques conseils. Complétez-les puis vérifiez les réponses ci-contre.**

| NE PAS DIRE | mais DIRE |
|---|---|
| 1. Bonjour, monsieur Dupont. | Bonjour, monsieur. |
| 2. Bonjour, messieurs-dames. | … |
| 3. Au plaisir, tchao, salut… | … |
| 4. Comment va votre dame ? | … |
| 5. Monsieur Dupont et sa dame… | … |
| 6. Moi et mon mari… | … |
| 7. Qu'est-ce qu'on mange ? | … |
| 8. Bon appétit *(familier)*. | … |
| 9. Les vécés, les waters. | … |

*(Extrait de* Le Savoir-vivre, Larousse, 1999.)

Réponses : 2. Bonjour, monsieur, bonjour, madame. – 3. Au revoir, monsieur. – 4. Comment va madame Dupont ? – 5. M. et Mme Dupont. – 6. Mon mari et moi. – 7. Qu'y a-t-il pour dîner ? – 8. *(ne rien dire)* – 9. *Au restaurant* : Où sont les toilettes ? *Chez des particuliers, on trouve une périphrase* : Où puis-je me laver les mains ?

## 3. Un distrait

🖊 **a. Complétez ce récit avec les mots suivants :** *avais, disant, dû, était, ensuite, été, genre, invitant, invités, jusqu'à ce qu', mieux, mise, moment, osait, oublié, patiente, sans.*

Vous connaissez les Notin ? Lui, toujours aussi distrait, du … « Zut, je voulais mettre une lettre à la poste, mais j'ai … ». Et sa femme, d'un air plaisantin : « Tant …, mon chéri, tu … aussi oublié d'écrire l'adresse ! » Il faut dire qu'elle est très … avec lui. L'autre jour, pourtant, elle s'est … en colère.
Ce soir-là, il … rentré à la maison en … : « Chérie ! Tu n'es pas prête ? Zut ! j'ai … oublier de te le dire, mais ce soir nous sommes … chez les Lemoine. » Une demi-heure plus tard, ils étaient devant la porte des Lemoine, juste un peu en retard. Au … où les Lemoine ont ouvert, ils ont … très étonnés : « Tiens ! Quelle surprise ! » Les Notin n'étaient pas invités ce soir-là, mais le vendredi d'après, et Mme Lemoine était bien ennuyée, car elle voulait faire une surprise à son mari, pour son anniversaire, en … quelques amis, mais … le lui dire. En rentrant chez eux, M. Notin n'… rien dire et sa femme n'a pas dit un mot … ils arrivent à la maison, mais …, ça a été différent !

🖊 💬 **b.** Jouez l'arrivée des Notin chez les Lemoine puis écrivez en quelques phrases la suite de ce récit.

## 4. Test

🖊 Ajoutez une ou deux questions et les résultats pour une majorité de *a*.

## 1. Littérature (Extrait de *Les amnésiques n'ont rien vécu d'inoubliable*, H. Le Tellier, Le Castor Astral, 1998)

*À quoi tu penses ?*
Je pense que j'ai du mal à dormir quand je prends un café le soir,
et pourtant, c'est chaque fois pareil, j'en prends un.

*À quoi tu penses ?*
Je pense que les Belges qui disent dîner pour déjeuner, et souper
pour dîner, ne soupent donc jamais.

*À quoi tu penses ?*
Je pense que je déteste qu'on me demande « Tu sais quoi ? »,
surtout qu'en général, comme un *con, je réponds : « Non. »

*À quoi tu penses ?*
Je pense que ça ne doit pas être drôle tous les jours de vivre avec moi.

*À quoi tu penses ?*
Je pense que j'étais certain, mais alors certain
que tu allais me poser cette question-là.

*« souper » en français de France (surtout de Paris) : manger le soir tard après un spectacle ou un concert.*
*Tu sais quoi ? : on utilise cette question pour attirer l'attention, pour commencer à raconter quelque chose.*
*« con » est un mot grossier à ne pas utiliser. Il est plus fort que « imbécile » ou « idiot ».*

**Et vous, à quoi pensez-vous ?**

## 2. Livre de savoir-vivre (Extrait de *Le Savoir-vivre*, Sabine Denuelle, Larousse, 1999)

Le savoir-vivre à l'étranger :
Canada français
Le Canadien est accueillant ; il vous
invite volontiers chez lui, plutôt pour
l'après-dîner que pour le dîner, car le
repas du soir se prend sans protocole, à
la cuisine, vers 18 heures, c'est-à-dire
de bonne heure, la journée
commençant très tôt et le déjeuner
n'existant quasiment pas tant il est
rapide. Il s'agit donc plutôt d'une
invitation à boire un verre que d'un
repas, et, vers 23 heures ou un peu plus
tard, on vous offrira biscuits et petits
gâteaux, signal que le moment de se
retirer est proche. On boit peu de vin,
on mange d'ailleurs sans boire, mais on
propose toujours apéritif et café.

**Comment comprenez-vous : « sans
protocole », « le déjeuner n'existant
quasiment pas tant il est rapide »,
« signal que le moment de se retirer
est proche » ?**
**Est-ce différent chez vous ?**

## 3. Histoire drôle

Ce n'est pas tout à fait une histoire, mais quelque chose
qu'on dit pour faire rire, quand on pense que quelqu'un
n'a pas vraiment envie d'inviter :

« Si j'avais des œufs, je vous ferais bien des œufs au
jambon, mais je n'ai pas de jambon. » **Pourquoi n'est-ce
pas logique ? Imaginez une autre phrase du même
genre (vous n'avez pas envie de travailler).**

## 1. Sur le répondeur

Vous rentrez chez vous et vous trouvez ce message sur votre répondeur. Qu'est-ce que vous faites ?

## 2. Ils parlent de quoi ?

Vous êtes près d'un groupe qui discute. De quoi est-ce qu'ils parlent ?

## 3. Avant et après

Décrivez précisément ce qui s'est passé avant et/ou ce qui va se passer après les scènes ci-dessous.

## 4. Soirée

Par groupes de deux, choisissez votre rôle, A ou B ou C, puis regardez les fiches de jeux de rôles (A p. 139, B p. 140, C p. 141) (avant de jouer, choisissez vos prénoms) et jouez :

**1.** A téléphone à B puis C ; **2.** C téléphone à B.
**3.** B et C arrivent chez A (B d'abord, C ensuite).
**4.** B et C partent de chez A.

## 5. Invitation

a. Écrivez l'invitation dont voici la réponse (ci-dessous).

b. Écrivez un petit mot pour remercier après une soirée.

M. et Mme Arnal
Vous nous feriez plaisir
en venant dîner à la maison
le vendredi 12 janvier à 20 h 30.

Chers amis,
Nous avons reçu votre sympathique invitation, malheureusement, nous sommes pris le 18 septembre.
Nous sommes d'autant plus désolés qu'un anniversaire comme celui-là est important !
Bon anniversaire, à bientôt
Claude

# MAIS QU'EST-CE QUI LUI PREND ?

**Objectifs :**
Demander des raisons, donner des précisions, expliquer.
Parler de sa vie sentimentale et professionnelle.

## BAGAGES

## 1. Explique-toi !

– Qu'est-ce qui te préoccupe le plus, toi, ta vie professionnelle ou ta vie sentimentale ?
– Pff... de toute façon, c'est la même chose.
– Pardon ? Explique-toi...
– Oui, enfin je veux dire que mes problèmes de couple et mes problèmes professionnels vont ensemble...
– Qu'est-ce qui te fait penser qu'ils vont ensemble ?
– Je m'explique : tout à l'heure, je vais rentrer à la maison...

**a. Observez :**

| Demander des raisons, expliquer, donner des précisions | |
|---|---|
| – Pourquoi ? Pour quelle raison ? | C'est que... Il faut dire que... Je veux dire que... |
| – Pourquoi voulez-vous que *(+ subjonctif).* | Je m'explique : ... |
| – Expliquez-vous / explique-toi. | C'est-à-dire que... |
| – Qu'est-ce qui vous / te fait penser que... | Autrement dit... |
| – *(surpris)* Qu'est-ce qui vous / te prend ? | Si vous voulez. |

**b. Vérifiez que vous comprenez en complétant la conversation.**
– Attends, là, tu as vu l'heure ? Tu peux … ?
– Bien sûr, je m'explique : je suis en retard parce que je suis allée chez un psychologue.
– Mais … ?
– Pour la bonne raison que j'ai des problèmes !
– Et … qu'un psy pourra t'aider ?
– C'est simple : j'ai besoin de quelqu'un qui me dise si je suis folle ou non !
– Et … qu'il te le dise ?
– Mais parce que je vais le lui demander !
– Bon, ne crie pas, … ?

**c.** Allez Calais !
**Écoutez la conversation (il s'agit d'un match de football), puis jouez l'interviewer d'un homme politique.**
– Qu'est-ce que vous pensez de l'évolution du chômage ?
– Il va encore diminuer, je pense...
*L'activité économique continue à augmenter / les nouvelles technologies marchent toujours bien / le marché de l'automobile remonte / ...*

## 2. Je ne suis pas comprise !

– ... Je vais rentrer à la maison, et comme d'habitude je serai en retard et mon ami va encore me demander des explications.

– Tu es en retard tous les jours ?

– Oui, tu comprends, après le travail je dois encore faire les courses. C'est moi qui fais tout ! Je prépare le repas, je...

– Ton mari ne t'aide pas ?

– Ce n'est pas mon mari. Non, je ne suis pas aidée par mon ami, ça non !

**a. Observez :**

| Le passif<br>*être* + participe passé (+ *par...*) |
|---|
| Mon ami m'aide. ➜ Je suis aidée **par** mon ami.<br>On ne me comprend pas (personne ne me comprend). ➜ Je ne suis pas comprise.<br>On le connaît bien : c'est lui qui écrit les meilleurs articles du journal. ➜ Il est très connu : c'est **par lui** que les meilleurs articles du journal sont écrits. |

**b. Vérifiez que vous comprenez en transformant les phrases de l'actif au passif ou inversement.**

*Ex. : Il est bien connu. ➜ On / tout le monde le connaît bien. Ça m'étonne ➜ Je suis étonné(e) par ça.*

1. Mon chef m'appelle tous les jours. 2. Elle est invitée au restaurant par son collègue. 3. Cette maison est habitée par un jeune couple. 4. La secrétaire envoie le courrier chaque soir. 5. Il y a toujours quelqu'un qui la contrôle. 6. Elle est préoccupée par cette histoire. 7. On me propose une promotion.

**c.** 🗨️ 🎧 Je ne suis comprise par personne !

**Écoutez la conversation entre les deux jeunes femmes et continuez-la.**

◆ Personne ne m'aide ➜ Tout le monde m'énerve, tout me fatigue, personne ne me comprend, personne ne m'aime, tout le monde me déteste, personne ne m'invite, rien ne m'intéresse...

## 3. Le coup de foudre

*Il a demandé une promotion, mais elle a dû lui être refusée !*

– Comment tu l'as rencontré ?

– Ah ! Ça a été le coup de foudre ! J'ai vraiment été séduite d'un seul coup. J'ai d'abord été étonnée par sa taille (il est grand), puis j'ai été intéressée par ce qu'il disait. Lui, il ne m'a pas *draguée.

*\* draguer = chercher à séduire.*

**a. Observez :**

| Le passif *(suite)* |
|---|
| – On vous **a expliqué** le projet ? – Oui, il nous **a été expliqué** pendant une réunion. |
| – Qui le **présentait** ? – Il **était présenté** par le directeur de l'entreprise. |
| – On **avait prévenu** tout le monde ? – Oui, tout le monde **avait été prévenu** par téléphone. |
| – Quand est-ce qu'on **finira** le travail ? – Il **sera fini** dans un mois. |

**b. Vérifiez que vous comprenez en transformant les phrases de l'actif au passif ou inversement, et en respectant les temps.**
**1.** Qui a préparé le repas ? **2.** La pièce a été écrite par Ionesco. **3.** Personne n'utilisait cet appareil. **4.** Un groupe d'étrangers va visiter l'entreprise. **5.** Pourvu qu'elle réussisse son exposition ! **6.** Qui l'a félicité ? **7.** Quelque chose la préoccupait.

# 4. Je t'ai expliqué pourquoi il était jaloux ?

> – Et ta vie professionnelle ?
> – Je t'ai déjà dit que mon ami était jaloux et qu'il se méfiait de mon chef ?

*On vous a déjà dit que vous aviez de beaux yeux ?*

**a. Observez :**

| Le discours indirect au passé (1) |
|---|
| – Je vais démissionner ! ➜ Je lui ai dit que j'allais démissionner. |
| – Vous êtes sûr ? Vous étiez pourtant un bon employé. ➜ Il m'a demandé si j'étais sûr et il a ajouté que j'étais un bon employé. |

**b. Vérifiez que vous comprenez en répondant comme dans le modèle.**
*Ex. : Il va démissionner ? ➜ Il a dit qu'il allait démissionner.*
**1.** Elle peut partir maintenant ? – Elle a demandé … **2.** Ils veulent s'en occuper ? – Ils ont affirmé … **3.** Il sait faire ça ? – Il a prétendu … **4.** Vous l'achetez maintenant ? – Je me suis demandé … **5.** Et qu'est-ce qu'il a dit encore ? Il est content ? – Oui, il a ajouté … **6.** Elles sont d'accord ? – Elles ont répondu ….

**c. Lisez la suite de la conversation.**
– Il faut que je te dise que mon chef m'aime bien…
– Ah ! Ça explique pourquoi ton ami est jaloux.
– Oui, mais attends, c'est ridicule, il a soixante-trois ans et il prend bientôt sa retraite !

– Ton ami prend sa retraite ?
– Mais non, mon chef ! Mon ami prétend qu'il me drague.
– C'est vrai ?
– Mais non, c'est faux ! Il est gentil, c'est tout, comme avec toutes les collègues, d'ailleurs. Si c'était vrai, je démissionnerais tout de suite !

**d. Maintenant, racontez cette conversation.**
*« Elle a dit que son chef l'aimait bien, et son ami a pensé que ça expliquait pourquoi son ami était jaloux… »*

## 1. Une visite chez le psychologue

Complétez le récit avec les mots suivants : *a, accueillie, allait, allait, avait, cause, dès, est, était, été, explications, faut, par, que, retourner.*

Elle … rentrée chez elle, en retard bien sûr, à … de sa visite chez le psychologue, et elle … été étonnée … le silence. Il … dire que d'habitude elle est … par la musique … son ami écoute … qu'il rentre. Elle s'est dit qu'il … en retard pour la première fois. Elle a commencé à attendre et puis elle s'est demandé pour-quoi elle n'… pas pensé plus tôt à écouter le répon-deur. Il y avait un message : « Je reste au bureau pour travailler avec une collègue. Ne m'attends pas, je ren-trerai très tard. » « Avec une collègue ! Et il … ren-trer très tard ! » D'abord, elle s'est dit qu'elle aussi, elle … demander des … . Puis elle a … amusée par la situation, et finalement elle a décidé de ne pas … chez le psychologue !

## 2. Interview

### MARTIN WINCKLER, DOCTEUR ÈS LETTRES

L'auteur de *La Maladie de Sachs* vit au Mans avec une femme qu'il adore et leurs huit enfants.

C'est un homme étonnant. Médecin, écrivain, amoureux, Martin Winckler a 45 ans. Le personnage de son roman, Sachs, est médecin comme lui, mais il prétend que ce n'est pas vraiment lui. Mari depuis douze ans de Pascale, il l'adore et la vouvoie. « Et ça ne met pas de dis-tance entre nous, bien au contraire. Certains utilisent des diminutifs amoureux du genre "chéri" ou "minou", nous, c'est "vous". » À eux deux, ils ont huit enfants entre 2 et 18 ans. Trois en commun, plus trois à lui et deux à elle, qui trouve encore le temps d'être belle et drôle et de jouer du violoncelle. Le bonheur, pour moi, dit-elle, c'est ça.

*(D'après* Elle, *n° 2833)*

Racontez l'interview de Martin Winckler.

« La journaliste lui a dit que Sachs était médecin comme lui et lui a demandé si c'était lui… »

## 3. Quelle est la situation ?

a. Imaginez et expliquez précisément la situa-tion (qui parle à qui, de quoi, où, quand, comment, pourquoi, qu'est-ce qui a été dit avant ?) pour chacune des conversations qui suivent.

**1.** – Je ne sais pas, il me semble un peu prétentieux. Vous aimeriez l'avoir comme collègue, vous ?
– Encore moins comme chef ! Vous avez raison, on va prendre le premier.
**2.** – Ça commence bien, on n'est déjà pas d'accord !
– Mais écoute ! C'est toi qui es vraiment trop autoritaire !
– Autoritaire parce que c'est moi qui ai préparé ce voyage ?

b. Choisissez une des situations et faites-en un récit.

# 1. Deux histoires drôles

a.  Trouvez un titre à cette histoire.

b. Si le journaliste était une femme, et l'écrivain un homme, l'histoire serait-elle aussi amusante ?

# 2. Théâtre (Extrait de *Rhinocéros* [1959], Eugène Ionesco, acte III, Folio Gallimard, 1978)

DUDARD : M. Papillon a donné sa démission.

BÉRANGER : Pas possible !

DUDARD : Puisque je vous le dis.

BÉRANGER : Cela m'étonne. C'est à cause de cette histoire d'escalier ?

DUDARD : Je ne crois pas. En tout cas, ce n'est pas la raison qu'il a donnée.

BÉRANGER : Pourquoi donc alors ? Qu'est-ce qu'il lui prend ?

DUDARD : Il veut se retirer à la campagne.

BÉRANGER : Il prend sa retraite ? Il n'a pourtant pas l'âge, il pouvait encore devenir directeur.

DUDARD : Il y a renoncé. Il prétendait qu'il avait besoin de repos.

*donner sa démission : démissionner.*

**Pourquoi est-ce que Béranger est étonné ? Est-ce que Dudard connaît la raison de la démission de Papillon ?**

# 3. Savoir-vivre (Extrait de *Le Savoir-vivre*, Sabine Denuelle, Larousse, 1999)

GALANTERIE

Pour ou contre la galanterie ? Héritée d'une vieille tradition française de bonnes manières, elle marque encore le savoir-vivre d'un homme auprès d'une femme, [...]. Il est galant de tenir une porte pour laisser passer une femme, de lui ouvrir la portière lorsqu'elle descend de voiture, de l'aider à mettre son manteau, de lui porter sa valise, de se baisser pour ramasser ce qu'elle a laissé tomber.

**Et pour vous, qu'est-ce qui est galant ? Qu'est-ce qui n'est pas galant ?**

# 4. Statistiques (Extrait de *Francoscopie*, Gérard Mermet, Larousse *1999*)

*Tout ce que vous avez toujours voulu savoir sur l'amour*

*Sentiment amoureux* **64%** des Français se sentent amoureux actuellement (34 % non).

*Amour et âge* **95%** estiment qu'on peut tomber amoureux à n'importe quel âge (29 % non).

*Amour toujours* **69%** pensent que pour qu'un couple dure, il faut qu'il sache changer sa façon d'aimer (26 % non).

*Amour et bonheur* **65%** pensent qu'il faut être amoureux pour être vraiment heureux.

*Aimer aujourd'hui* **41%** trouvent qu'aimer est aujourd'hui plus difficile qu'autrefois (56 % non).

*Amour pluriel* **41%** considèrent que l'on peut être amoureux de deux personnes à la fois (56 % non).

**Êtes-vous d'accord avec la majorité des Français ?**

## 1. Sur le répondeur

Vous travaillez dans le bureau d'un journal. Vous arrivez à votre bureau et vous trouvez ce message sur votre répondeur. Qu'est-ce que vous faites ?

## 2. Ils parlent de quoi ?

Vous êtes près d'une personne qui parle. De quoi est-ce qu'elle parle ?
a. le …   b. une …

## 3. Histoires

Décrivez précisément ce qui s'est passé avant et / ou ce qui va se passer après les scènes des trois dessins, puis jouez quelques conversations en rapport avec ces scènes.

## 4. Démission ?

Choisissez votre rôle (A p. 139 ou B p. 140) puis choisissez un caractère ou une attitude (hésitant, timide, autoritaire, en colère, énervé, rêveur, etc.). Jouez la conversation.

Les autres doivent dire ensuite quelle attitude vous aviez choisie.

## 5. Déclaration d'amour d'un timide

Continuez cette lettre :

« Depuis que je vous ai vue, je ne dors plus, je ne mange plus… »

# COMMENT EST-CE POSSIBLE ?

**Objectifs :**
Exprimer ses buts, ses intentions. Montrer son étonnement,
montrer son irritation et son indignation. S'excuser.

## BAGAGES

## 1. Pourquoi pas ?

Ouah !... *ça fait classe !

– Tu sais quoi ? Je m'ai, pardon... je
me suis décidé à prendre des leçons
de français.
– Ah bon ? Quelle idée de prendre des
leçons ?
– Pour améliorer mon français, tiens !
J'avais honte de mes fautes !
– D'accord. Mais dans quel but tu veux
l'améliorer ?

Enfin, parle
correctement !
On dit : « Comme
c'est élégant ! »

**a. Observez :**

| Pour exprimer le but / l'intention | | |
|---|---|---|
| Dans quel but ? | Il a fait ça **dans le but de** visiter la ville. | |
| Dans quelle intention ? | Il avait **l'intention de** prendre son temps. | *+ infinitif* |
| Qu'est-ce qu'il veut / voulait faire ? | Il est passé par Aix **de façon à / pour** y rencontrer un ami. | |
| Pour quoi faire ? | Il a apporté le journal **pour que / afin que** vous le lisiez. | *+ subjonctif* |

**b. Vérifiez que vous comprenez en complétant.**
**1.** Il a fait tout ce travail ... être libre la semaine suivante. **2.**
J'ai acheté le programme ... nous sachions ce qui se joue ce
soir. **3.** Il n'a pas répondu parce qu'il ... de téléphoner plus
tard. **4.** ... on soit bien d'accord, je répète la date et
l'heure. **5.** – Tu vas à Aix ... ? – ... prendre des photos. **6.** Tu
crois qu'il ... de partir sans payer ?

**c.** 🎧 🗨 **Écoutez la conversation, puis jouez-en
d'autres.**
◆ Améliorer mon français ➜ apprendre une autre langue
étrangère / parler plusieurs langues / devenir hôtesse de
l'air / voyager beaucoup / connaître le monde / prendre un
rendez-vous chez un psychologue / lui parler de mes problèmes / me comprendre mieux moi-même / m'énerver
moins souvent contre les autres.

## 2. Leçon de français : premier moment

Avec le professeur, ça a commencé comme ça.
– La langue française, c'est simple mais il y a quelques
petites choses dont il faut bien se souvenir...
– ... « dont il faut » ! Vous trouvez ça simple, vous ?
Pourquoi pas « qu'il faut... » ?
– Parce qu'on dit « se souvenir de » !

**a. Observez :**

| **Le pronom relatif « dont »** |
|---|
| « Dont » correspond à la question « de quoi ? » ou « de qui ? ».<br>– Vous avez besoin **de** cet appareil ? ➜ Voilà l'appareil **dont** vous avez besoin.<br>– Le salaire **de** cet employé a été augmenté. ➜ C'est l'employé **dont** le salaire a été augmenté. |

– C'est justement le genre de \*truc... je m'en souviens jamais !
– Non ! Vous devez employer« dont », justement !
– Bon, alors je dois dire : « C'est justement le genre de truc dont je me souviens jamais » ?
– ... le genre de chose dont je ne me souviens jamais ! Voilà !

**b.** Continuez la leçon.

◆ Genre de \*truc / je m'en souviens jamais ➜ C'est justement le film / on en a parlé hier ; l'article / j'en ai entendu parler ; la lettre / j'ai perdu la copie de cette lettre ; la voiture / j'ose même pas en rêver ; la collection / elle en est très fière ; les vacances / il en est le plus content ; les fautes / j'en ai honte.

# 3. Deuxième moment : qu'est-ce que c'est compliqué !

– La leçon a continué sur les autres pronoms... comment ils s'appellent déjà ? ... relatifs !
– Lesquels ?
– Oui, lesquels ! Comment t'as deviné ?
– Je ne sais pas moi, je te demande lesquels !

**a. Observez :**

| **Les pronoms relatifs composés** | | | |
|---|---|---|---|
| Préposition avec **de**<br>(à cause de, près de…) | **duquel**<br>**de laquelle** | **desquels**<br>**desquelles** | C'est l'hôtel *en face* duquel j'habite.<br>Voilà les gens *près* desquels j'étais assis. |
| Verbe ou préposition<br>avec **à** | **auquel**<br>**à laquelle** | **auxquels**<br>**auxquelles** | Il a eu une idée *à* laquelle personne n'avait pensé.<br>C'est un livre *grâce* auquel j'ai passé un bon moment. |
| Complément avec<br>une autre préposition | **lequel**<br>**laquelle** | **lesquels**<br>**lesquelles** | C'est la machine *avec* laquelle il travaille.<br>C'est un projet *pour* lequel je prévois un an de travail. |

**b. Vérifiez que vous comprenez en complétant.**

**1.** C'est une question à ... j'aimerais répondre. **2.** Voilà les skis avec ... j'ai fait plus de 1 000 km. **3.** C'est le courrier ... j'ai répondu ce matin. **4.** C'est une situation contre ... j'ai déjà protesté. **5.** Ceux ... je pense ne sont pas encore arrivés. **6.** Voilà l'ami grâce ... j'ai trouvé du travail. **7.** C'est l'ordinateur à cause ... tout est tombé en panne.

# 4. Troisième moment : c'est vraiment étonnant !

> Moi, j'étais de plus en plus étonné : c'est vraiment compliqué tous ces *trucs !

**a. Observez :**

| S'étonner, montrer sa surprise | |
|---|---|
| **familier** | **correct** |
| Ben dis donc ! J'aurais jamais cru ! | Quelle surprise ! Vraiment, cela m'étonne. |
| Ça alors, j'en reviens pas ! C'est pas vrai, ma parole ! | Comment est-ce possible ? |
| Non, mais attends là ! Je rêve ou quoi ? | Je suis absolument ahuri(e). |

**b.** 💬 **Vous rencontrez quelqu'un dans la rue que vous n'avez pas vu depuis longtemps.**

**Jouez la conversation.**
**1.** C'est votre ancien chef. **2.** C'est un(e) copain / copine.

# 5. Quatrième moment : on se calme !

> Alors, à un moment, le professeur s'est énervé :
> – Mais enfin ! Vous ne comprendrez donc jamais ?

**a. Observez :**

| Se montrer indigné ou irrité | |
|---|---|
| **familier** | **correct** |
| *Ah zut alors ! *Ça me fait suer ! *Non mais ça va pas ? *(grossier)* *Ah merde (alors) ! | Ça me met de mauvaise humeur ! Mais enfin ! C'est vraiment irritant ! Je ne supporte pas ! |

> Je me suis préparé à partir, alors il s'est excusé.

**b. Observez :**

| Demander de s'excuser, s'excuser, excuser quelqu'un | | |
|---|---|---|
| Demande pardon. | Excusez-moi (s'il vous plaît)… | Ce n'est rien, il n'y a pas de mal, |
| Tu pourrais t'excuser. | (je vous demande) Pardon ! | Je vous en prie, ça ne fait rien. |
| J'attends vos excuses. | (je suis) (vraiment) Désolé(e)… | Vous êtes tout excusé(e). |
| | | N'y pensons plus, n'en parlons plus. |

**c.** 💬 **Jouez une conversation (irritation, excuses).
Vous marchez sur le pied de quelqu'un, vous faites
tomber quelque chose dans un magasin…**

## 1. Politesse (D'après *Francoscopie,* G. Mermet, Larousse, 1999)

83 % des Français pensent que les adolescents d'aujourd'hui sont plus grossiers qu'avant. Ce que les Français trouvent le plus grossier : cracher dans la rue (95 %), ne pas offrir une place assise dans un bus à une personne âgée (91 %), doubler les gens dans une file d'attente (90 %), jeter des papiers par terre (89 %), laisser son chien faire ses besoins sur un trottoir, dire des gros mots (86 %), allumer une cigarette sans demander l'avis des gens (80 %), parler de sa richesse dans une conversation (78 %), ne pas tenir une porte à une dame (76 %), téléphoner sur son portable dans un lieu public fermé (63 %) [...]

a. Et pour vous, qu'est-ce qui est le plus grossier ?

b. Faites une enquête dans votre groupe et écrivez un court article.

## 2. Bien parler

Les Français ont des difficultés avec leur langue... De nombreux livres proposent des exemples de phrases auxquelles il faut faire attention. En voici quelques-uns :

**NE DITES PAS**

Je m'en rappelle.

C'est un espèce de bateau.

Je me demande qu'est-ce que tu fais.

C'est les gens que j'ai vus hier.

Il est en colère après moi.

La cravate fait sérieux.

Oui, c'est bien de ce film dont il parle.

C'est lui dont sa femme n'est pas là.

Après qu'il soit parti...

Il est allé au médecin.

Je m'excuse.

Je préfère la campagne que la banlieue.

**MAIS DITES**

Je me le rappelle.

**Cherchez ce qu'il faut dire puis écoutez l'enregistrement.**

En cas d'infraction au règlement sanitaire, le contrevenant est passible d'une amende pouvant atteindre 3000 F. (Art. 99.6 du règlement sanitaire).

*J'aime mon quartier, je ramasse.*

Dépliez et ouvrez le sac.

Enfilez ce sac comme un gant et prenez la déjection.

Retournez le sac autour de votre main.

Fermez hermétiquement le sac et jetez-le dans la poubelle la plus proche.

**MAIRIE DE PARIS** *Propreté*

AIDEZ-NOUS À GARDER **LES RUES PROPRES**

## 3. Jeunes snobs

**Remettez les éléments de ce récit dans le bon ordre.**

Quelque temps après, il est retourné dans son village. Comme c'est le village où je passe mes vacances, je pense souvent à cette histoire avec regret : nous croyions être des gens supérieurs et nous n'étions que de petits imbéciles !

........................................................................

Nous avions un camarade qui était assez différent de nous, jeunes snobs, tous fils de familles assez riches et nous avions l'habitude de nous moquer de lui à cause de son accent de la campagne et de ses vêtements.

........................................................................

Cette histoire s'est passée quand j'étais jeune, à une époque où je jouais les snobs avec quelques amis. Encore maintenant, j'y pense avec honte.

........................................................................

Mais, comme il n'avait pas l'habitude d'aller au restaurant, il ne savait pas que faire et nous regardait avec l'air ahuri pendant que le serveur attendait et que nous riions.

........................................................................

Un jour, nous avons décidé de manger dans un grand restaurant, et nous l'avons invité avec l'intention de rire de lui. Quand le serveur a apporté le vin, j'ai montré notre camarade, et c'est donc dans son verre que le serveur a mis un peu de vin, pour qu'il le goûte.

## SORTIES

### 1. Théâtre (Extrait de *Exercices de conversation et de diction françaises pour étudiants américains*, Eugène Ionesco, Gallimard, 1970)

#### Leçon sur la politesse

LE MONSIEUR : Oh, madame, pardon et mille excuses, si je viens de vous heurter (si je vous ai heurtée) au passage. Je ne l'ai pas fait exprès. La faute en est à la cohue. Vous ai-je fait mal ?

LA DAME : Pas du tout, monsieur, ce n'est rien, ne vous excusez pas et ne me demandez pas pardon, vous m'avez tout juste un peu frôlée du coude.

1er CHAUFFEUR, au second chauffeur : Alors, quoi, tu ne sais pas conduire ? Espèce d'imbécile (de haricot, d'asperge), tu as (t'as) failli entrer dans ma voiture avec la tienne (avec ta trottinette).

2e CHAUFFEUR, au premier : Pourquoi me tutoyez-vous, monsieur ? Je ne vous connais pas. Tu viens de la gauche et je viens de la droite. C'est à moi de passer.

**Des quatre personnages, quels sont ceux qui parlent une langue correcte et ceux qui parlent une langue familière ?**

### 2. Linguistique (Extrait de *Le Français dans tous les sens*, Henriette Walter, Robert Laffont, 1988)

De nos jours, c'est notre propre attitude devant notre langue qui étonne les étrangers lorsqu'ils nous entendent ajouter, après certains mots que nous venons de prononcer : « Je ne sais pas si c'est français » ou même : « Excusez-moi, ce n'est pas français. » Cette phrase est si courante chez nous qu'elle n'étonne que les étrangers. [...] Tout en comprenant parfaitement le sens de telle expression française, à leurs yeux incorrecte, ils n'hésitent pas à déclarer contre toute logique qu'elle n'est pas française.

**Par quel adjectif pourrait-on remplacer « français » dans ce que disent les Français d'après cet extrait :** *gentil, beau, joli, poli, correct, vrai, agréable, utile, simple ?*

### 3. Savoir-vivre (Extrait de *Le Savoir-vivre*, Sabine Denuelle, Larousse, 1999)

**Excuses**
Sachez présenter des excuses chaque fois que c'est nécessaire. La formule « je m'excuse » doit être remplacée par « excusez-moi » ou « je vous prie de m'excuser ». Il faut présenter ses excuses, par exemple, lorsqu'on dérange quelqu'un en passant devant lui, lorsqu'on le bouscule, lorsqu'on arrive en retard, et cette habitude doit se prendre très jeune.

**Quand est-ce qu'on s'excuse, aussi, d'après vous ?**

Oh ! Excusez-moi !

### 4. Chanson *J'suis snob* (Boris Vian, Méridian, 1954)

🎧 **Ce snob parle un langage plutôt correct ou plutôt familier ?**

## 1. Sur le répondeur

Vous rentrez chez vous, il est 22 h 30, et vous trouvez ce message sur votre répondeur. Qu'est-ce que vous faites ?

## 2. Ils parlent de quoi ?

Vous êtes près de deux personnes qui parlent. De quoi est-ce qu'elles parlent ?

## 3. Qu'est-ce qui s'est passé ?

Par groupes, imaginez une histoire à partir de ces trois images. Puis donnez votre récit à un autre groupe pour qu'il le joue.

## 4. Grossier personnage !

Jouez les situations suivantes.
– A fait quelque chose de grossier. B proteste. A s'excuse.
– A fait quelque chose de grossier. B proteste. A n'accepte pas : « Je fais ce que veux, occupez-vous de vos affaires ! », etc.
*NB.* Choisissez un caractère ou une attitude pour A ou B : agressif, gentil, prétentieux…

## 5. C'est correct ?

Choisissez votre rôle (A p. 139, ou B p. 140) puis jouez la conversation.

## 6. Alors il s'est excusé

Écrivez puis racontez une courte histoire qui comprendra obligatoirement les phrases suivantes :
*Alors il s'est excusé. / C'était insupportable. / Il avait le temps. / Elle n'a pas ri. / Il avait honte.*

*Quatrième Escale*

**TEST 1. Complétez avec un pronom relatif** *(qui, que, où, dont, lequel, auquel...)*.

◆ **a.** Il y a une chose … je voudrais demander.
◆ **b.** Il y a quelqu'un … voudrait parler.
◆ **c.** Il y a une question … je voudrais parler.
◆ **d.** Il y a une question … j'aimerais poser.
◆ **e.** Il y a un risque … il faut faire attention.
◆ **f.** Il y a des gens … attendent.
◆ **g.** Il y a des rues … on ne peut pas passer.
◆ **h.** Il y a une collection … ils sont très fiers.
◆ **i.** Il y a des collègues avec … je ne voudrais pas travailler.
◆ **j.** Il y a un collègue … ne peut pas venir.
◆ **k.** Il y a un ami … je n'ai pas invité.

**TEST 2. Dites le contraire, comme dans le modèle.**

*Ex. : Elle a oublié cette histoire ≠ Elle se souvient de cette histoire.*

◆ **a.** Je suis fier de cette histoire.
◆ **b.** Il est très impatient.
◆ **c.** Il a fait ça sans problème.
◆ **d.** La situation s'est détériorée.
◆ **e.** Il est toujours stressé.
◆ **f.** Elle est pressée.
◆ **g.** Il hésite à l'acheter.
◆ **h.** C'est une personne très intéressante
◆ **i.** Elle parle peu. ≠ Elle est … .
◆ **j.** Il rit beaucoup. ≠ Il est toujours … .
◆ **k.** Ce sont seulement des célibataires.
◆ **l.** Il est plutôt pauvre.

**TEST 3. Complétez le tableau.**

| | tenir | s'asseoir | s'apercevoir | prétendre | rire |
|---|---|---|---|---|---|
| en *(gérondif)* | … | s'asseyant | … | … | … |
| vous *(imparfait)* | … | … | … | … | riiez |
| tu *(passé composé)* | … | … | t'es aperçu | … | … |
| je *(futur)* | … | … | … | … | … |
| on *(présent)* | … | … | … | prétend | … |
| nous *(conditionnel)* | tiendrions | … | … | … | … |
| ils *(présent)* | … | … | … | … | … |

**TEST 4. Transformez comme dans l'exemple.**

*Ex. : On avait préparé le repas. → Ah ? Il avait été préparé par qui ?*

◆ **a.** On a envoyé le courrier.
◆ **b.** On accueille les invités.
◆ **c.** On fera le travail.
◆ **d.** On améliorait les résultats.
◆ **e.** On avait appelé le client.
◆ **f.** On a approuvé le projet.
◆ **g.** On discutera l'idée.
◆ **h.** On pourrait étudier la question.
◆ **i.** On va trouver une solution.

**TEST 5. Transformez comme dans l'exemple.**

*Ex. : Je lui ai demandé (Pourquoi est-ce que tu pars ?)*
*→ Je lui ai demandé pourquoi il / elle partait.*

◆ **a.** On se demande (Il va où ?).
◆ **b.** Il répondait toujours (Je ne comprends pas.)
◆ **c.** Vous lui avez dit (C'est fini) ?
◆ **d.** Je me suis dit (C'est trop tard.)

◆ **e.** On s'est demandé (Tu vas comment ?)
◆ **f.** Elle a ajouté (Je n'étais pas invitée.)
◆ **g.** Il lui a téléphoné (Je suis en retard.)
◆ **h.** Elle a prétendu (Je n'en ai jamais vu.)
◆ **i.** Il affirme (Je ne le ferai plus.)
◆ **j.** J'ai avoué (J'ai essayé.)

**TEST 6. Transformez comme dans l'exemple.**

*Ex. : On ne prépare pas un projet en dix minutes.*
*→ Un projet ne se prépare pas en dix minutes.*

◆ **a.** On l'écrit comme on le prononce.
◆ **b.** On l'a toujours fait.
◆ **c.** On le prend en mangeant.
◆ **d.** On louera l'appartement encore plus cher.
◆ **e.** On le répètera partout.

# ÉVALUATION DE COMPRÉHENSION ET D'EXPRESSION

**80** millions d'appels téléphoniques en France chaque jour sur 33 millions de lignes. Est-ce que ceux qui ont inventé le téléphone imaginaient son importance dans notre vie actuelle ?

# Au téléphone

Pendant longtemps, comme il était difficile d'avoir une ligne de téléphone (il fallait attendre plusieurs mois) et que cela coûtait cher, les cabines téléphoniques étaient très utilisées.

Elles marchaient avec des pièces de monnaie ; depuis quelques années, la plupart des cabines marchent avec des cartes de téléphone ou télécartes. La France est le premier pays du monde pour l'utilisation de ces cartes, et il y a beaucoup de gens qui les collectionnent.

Mais le nombre des cabines téléphoniques va-t-il diminuer ? C'est probable avec l'augmentation de celui des téléphones mobiles (on dit aussi « portables ») : Vingt millions d'appareils ont été vendus en France, et ce n'est certainement pas fini !

Il y a plusieurs possibilités pour chercher un numéro de téléphone : d'abord, les annuaires en papier qui sont changés chaque année, raison pour laquelle on les a appelés annuaires. L'annuaire électronique (par le Minitel ou Internet) est consulté 2 500 000 fois par jour. On peut aussi appeler les renseignements en faisant le 12 ; c'est gratuit depuis une cabine téléphonique.

Quand ils répondent au téléphone, les Français n'ont pas l'habitude de se présenter : ils se méfient toujours un peu et ils disent « Allô ! » ou « Allô oui ? » et attendent que celui qui a appelé se présente. Ils n'aiment pas beaucoup donner leur numéro de téléphone et demandent assez souvent qu'il soit sur la « liste rouge », c'est-à-dire qu'il ne soit pas dans les annuaires.

---

**Phrases les plus fréquentes entendues au téléphone**
– Attends, je ne t'entends pas bien. Là, ça va maintenant.
– Vous m'entendez ?
– Quel temps il fait, chez vous ?
– Je t'appelle de mon portable / d'une cabine.
– C'est de la part de qui ? Ne quittez pas, je vous le passe.
– Bon, je raccroche, salut !
– Bien, je ne vous dérange pas plus longtemps.
– Merci de ton appel / de ton coup de fil. Merci d'avoir appelé.
– Je vous appelle parce que… pour…

– Je ne vous dérange pas ?
– Attends, je te passe Daniel, il veut te parler. Je t'embrasse !
– J'appelle pour savoir ce que tu deviens / pour avoir de tes nouvelles / des nouvelles de Jean.

**Phrases qu'on n'entend jamais au téléphone**
– Là, je te vois très bien !
– J'ai été très content de t'avoir vu.
– Comme c'est vous qui avez appelé, je vais vous raconter une très longue histoire.

---

## compréhension orale

**Écoutez la conversation et répondez aux questions.**
**a.** Expliquez pourquoi Julien Peretti téléphone à Daniel Davoust.
**b.** Ils ne se sont pas vus depuis combien de temps ?
**c.** Que sait-on de la situation de famille de Julien Peretti ? De l'âge de ses enfants ?

## compréhension et expression orales

**D'après ce que vous avez entendu, vous pouvez deviner la suite de la conversation entre Julien et Daniel.**

## expression orale

(jeu de rôles à trois)
**a.** Jouez, en utilisant les phrases les plus fréquentes, une ou plusieurs conversations téléphoniques.
**b.** La petite annonce. Choisissez votre rôle : A ou B1, B2, B3 puis regardez la fiche de jeux de rôles (A p. 139, B p. 141), et jouez les trois conversations.

*Quatrième Escale*

Bien sûr, on pense qu'un bureau de tabac est un magasin dans lequel on vend du tabac. Et c'est vrai : les cigares et les cigarettes s'achètent au bureau de tabac, et on ne peut pas, en France, en acheter dans d'autres magasins. On y vend aussi tout ce qui va avec le tabac : briquets, allumettes, pipes, etc. Mais même si on ne fume pas, on peut y aller dans d'autres buts, agréables ou non. Ils font partie des magasins ouverts très longtemps (beaucoup sont ouverts aussi le dimanche matin), et ils sont très nombreux : 43 000 en France. Ce sont des « commerces de proximité », c'est-à-dire des magasins qu'on trouve près de chez soi, et où on va pour de petits achats qu'on fait souvent, au moment où on en a besoin ou envie.

Quels sont les petits achats que les enfants et les adultes font souvent, dont on a envie tout à coup sans avoir prévu qu'on en aurait envie ? Vous avez deviné ? Les confiseries bien sûr : chewing-gums, bonbons et autres friandises. On y achète aussi des cartes de téléphone, des timbres-poste et on y trouve du papier à lettres et des enveloppes (qu'on ne trouve pas dans un bureau de poste), c'est pratique, non ? On y trouve également une autre sorte de timbre : les timbres fiscaux. Ils se mettent par exemple sur les passeports, et ils servent à payer les contraventions. Si vous avez laissé votre voiture dans un lieu interdit, vous risquez de trouver en revenant un petit papier sur lequel on dit que vous avez à payer 30 ou 50 euros. Vous achèterez un timbre fiscal que vous collerez sur le papier et que vous enverrez, ainsi votre contravention sera payée.

Vous pensez que c'est tout ? Pas du tout ! Beaucoup de bureaux de tabac vendent aussi des journaux, des magazines, des billets de loterie, et c'est là qu'on peut jouer au Loto ou à d'autres jeux qui permettent de gagner de l'argent. Enfin, certains bureaux de tabac sont aussi des bars. Bien sûr, la vitrine ne montre pas de cigarettes, alors comment sait-on que c'est un bureau de tabac? Grâce au losange rouge au-dessus de la porte.

AU BUREAU DE TABAC

### compréhension écrite

**Répondez aux questions.**

**a.** On peut généralement voir des cigarettes dans la vitrine des bureaux de tabac. Vrai ou faux ?

**b.** Pourquoi dit-on qu'il y a des raisons agréables ou non de venir dans un bureau de tabac ?

**c.** Qu'est-ce que, d'après le texte, on vend seulement dans les bureaux de tabac ?

**d.** Faites la liste des autres produits qu'on peut aussi trouver dans les bureaux de tabac, d'après le texte.

### expression écrite

**Écrivez un petit article dans lequel vous présentez un commerce typique pour des francophones qui se préparent à visiter votre pays. Ou, si vous en connaissez un, présentez un autre commerce français que vous trouvez typique.**

# UNE VALISE POUR DEUX

À la radio, on entendait la voix triste et forte d'Aznavour qui chantait : « … *Quand on est rentrés / La vie t'a reprise / T'as fait ta valise / T'es jamais rev'nue…* »

« Eh bien, c'est justement ce que je vais faire, dit calmement Michel, en fermant la radio.

– Tu vas faire quoi ? » lui a demandé Michèle, sa femme, qui était dans la cuisine.

À chaque fois qu'ils se présentaient, les gens disaient d'eux : « C'est amusant : un Michel marié avec une Michèle. Michel et Michèle, ça va bien ensemble. Ils sont faits l'un pour l'autre. C'est le couple parfait. »

C'était vrai. Enfin, ça avait été vrai jusqu'à hier soir. Parce qu'hier soir, ils avaient eu une dispute. La première après dix ans de mariage. Dans la journée, Michel avait eu un désaccord avec son directeur, ils avaient beaucoup discuté, et il était rentré à la maison assez irrité. Il avait essayé d'expliquer à Michèle le pourquoi et le comment de la chose. Mais Michèle avait eu elle aussi une dure journée au bureau. Elle avait dû remplacer une de ses collègues et rester une heure de plus pour aider la secrétaire du directeur qui avait des problèmes avec son ordinateur. Michel et Michèle travaillaient dans la même entreprise, mais à des étages différents. Tout allait bien pour eux. Sauf qu'hier…

Michèle avait donc essayé elle aussi d'expliquer à Michel ce qui s'était passé. Mais aucun n'écoutait vraiment l'autre. Chacun restait préoccupé par son problème, si bien qu'à un moment, Michel a cru voir son directeur en face de lui, et Michèle, la secrétaire du directeur. Et ce qu'ils n'avaient pas pu dire au bureau, ils l'ont dit à ce moment. Ils ont commencé à se disputer et se sont mis à crier. Michel, le premier, a hurlé à sa femme qu'il n'aimait pas cette robe rouge qu'elle aimait tant. Elle lui a aussitôt répondu, en colère, qu'elle avait horreur de sa cravate bleue (un cadeau de la mère de Michel). Alors, chacun a commencé à critiquer la famille de l'autre. Et le téléphone a sonné au moment où Michèle tenait le vase de porcelaine du salon (c'était aussi un cadeau de la mère de Michel, un cadeau de mariage) en disant : « Si tu continues, je… » C'était un couple ami qui les invitait au restaurant pour leur anniversaire de mariage, le soir même.

La soirée s'était très bien passée, mais au retour, Michel était allé se coucher au salon, sans dire un mot. C'était maintenant l'heure du petit déjeuner et Michel venait de répéter :

« C'est justement ce que je vais faire : ma valise.

– Tu t'en vas ? Où ? a demandé Michèle.

– Je m'en vais. Et ne me demande pas pourquoi.

– Mais qu'est-ce qui te prend ?

– Tu ne te souviens pas d'hier soir ?

– Hier soir ? À cause de cette petite dispute ?

– Tu appelles ça une petite dispute ? Une vraie scène de ménage, et la première ! »

Et il est parti chercher la valise. Ils avaient une grande valise – une seule pour deux – parce qu'ils avaient toujours tout mis en commun. Et ils ont recommencé à se disputer. Michèle voulait bien qu'il parte, mais sans la valise. Chacun la tirait de son côté. Si bien qu'elle s'est partagée en deux et chacun est tombé de son côté avec une demi-valise ! Alors, Michèle a ri, Michel aussi, et Michel n'est pas parti. Il n'a pas quitté Michèle. Tous deux ont décidé de continuer à vivre ensemble :

« Dix ans de plus, a dit Michèle, après, on verra.

– Pourquoi dix ans ? a demandé Michel.

– Hier, c'était notre première dispute après dix ans de mariage. La prochaine dispute devrait avoir lieu dans dix ans, mais on ne sait pas comment elle finira, celle-là ! Il faudra penser à acheter une nouvelle valise avant ! »

# CE N'EST PAS UN BRUIT QUI COURT...

**Objectifs :**
Exprimer des hypothèses, une certitude ou un doute (2). Faire connaître une information ;
préciser, citer ses sources. Localiser dans le temps (2).

## BAGAGES

## 1. Si j'avais su...

Le commissaire Martel se disait qu'il aurait dû
interroger plus tôt le cousin de M. Desmaret,
la victime. Cet homme avait disparu le lendemain
du crime. La fille au pair aussi, d'ailleurs.
– Monsieur le commissaire, il y a du nouveau !
On les aurait vus ensemble à « La Coupole »,
vers 18 heures !

*Si j'avais su
Je n'aurais pas
fait tout ça !*

**a. Observez :**

| Le conditionnel (3) |
| --- |
| • **Quand c'est peu probable** |
| – Si je pouvais, je **changerais** d'appartement. |
| – Selon les experts, l'inflation **serait** nulle cette année. |
| • **Quand c'est trop tard** |
| – Si j'avais pu, j'**aurais changé** de voiture. |
| – Il **aurait fallu** que j'y pense plus tôt. |
| – Oui, c'est dommage, tu **aurais dû** le faire avant. |

**b. Vérifiez que vous comprenez en complétant les phrases.**
**1.** Si le commissaire avait pensé à interroger le cousin de la victime, l'enquête … *(pouvoir avancer).* **2.** Mais pour cela, il … *(falloir)* mettre un policier devant chez lui. **3.** Il … *(devoir)* aussi en mettre un autre devant l'immeuble où ce type travaillait. **4.** Mais s'il avait fait tout cela, le cousin … *(ne pas partir)* aussi rapidement et … *(ne pas être)* immédiatement le suspect N° 1. **5.** Finalement, Martel avait bien fait d'interroger la fille au pair : sans cela, elle … *(ne pas se méfier).* **6.** Elle … *(ne pas aller)* retrouver le cousin de Desmaret. **7.** Et l'enquête … *(ne pas pouvoir)* progresser.

**c.** 💬 **C'est dommage, non ?**
– Vous avez téléphoné à notre client ?
– Non, pourquoi ? J'aurais dû le faire ?
– Oui c'est dommage, il aurait fallu lui téléphoner.

**Jouez cette conversation et imaginez-en d'autres.**
◆ Tu ➜ écrire à ta mère. Il ➜ arrêter de fumer. Ils ➜ offrir des fleurs à l'actrice. Vous ➜ se débarrasser de ces vieux papiers…

# 2. Ce n'était pas un faux bruit...

L'enquête, qui aurait pu tourner en rond encore quelque temps, venait tout à coup de progresser.
À en croire deux policiers, Kate Mansfield, la fille au pair, était arrivée au restaurant avec une valise. Elle y avait retrouvé Albert Brun qui s'y trouvait déjà. Tous deux semblaient énervés et inquiets.

**a. Observez :**

| **Rapporter une information / préciser ses sources** |
|---|
| • **Source précise :** D'après / selon le journal... / De source sûre... / À en croire les journaux... / On dit dans le journal, je cite : « ... ». |
| • **Source imprécise :** Il semble / il paraît que... J'ai entendu dire que... / On dit que... (c'est un bruit qui court / c'est ce que dit la rumeur publique). |
| • **L'information est sûre** (*indicatif*) : Selon le journal, il **est arrivé** hier. |
| • **L'information n'est pas sûre** (*conditionnel*) : Selon le journal, il **serait arrivé** hier. |

**b. Vérifiez que vous comprenez en complétant les phrases (utilisez l'indicatif ou le conditionnel).**
**1.** Grâce à leurs photos, un passant ... *(reconnaître)* les deux suspects. **2.** C'est fait : l'affaire ... *(être classée)*. **3.** Ce n'est qu'un bruit qui court, mais l'enquête ... *(être terminée)*. **4.** À en croire la rumeur publique, le prix de l'essence ... *(devoir)* encore augmenter. **5.** Je cite le *Journal officiel* qui écrit que l'inflation ... *(être)* nulle l'année dernière. **6.** Je le ... *(savoir)* de source absolument sûre.

# 3. J'aimerais en être sûr...

Martel réfléchissait... Il pouvait donner l'ordre d'arrêter Brun et Kate Mansfield.
– Qu'est-ce qu'on fait ? On les arrête ? a demandé l'inspecteur.
– Je doute que ce soit la bonne solution, a répondu Martel. Vous êtes toujours trop pressé, Da Costa.

– Mais la petite Anglaise et sa valise...?
– Justement. J'aimerais être sûr qu'ils partent bien ensemble. Da Costa, vous allez immédiatement à « La Coupole » et vous les suivez partout où ils iront. Tenez-moi informé !

**a. Observez :**

| Exprimer une certitude ou un doute (2) | |
|---|---|
| **+** | **?** |
| J'en ai la certitude absolue. | J'aimerais / je voudrais en être sûr... |
| C'est l'évidence même. | Vous avez peut-être raison, mais... |
| C'est sûr et certain. | Vous n'avez sans doute pas tort, mais... |
| Il n'y a aucun doute / Ça ne fait pas de doute. | * Non, sans blagues ! * Tu parles ! |
| | • Verbe « douter » ou verbe d'opinion à la forme négative + *subjonctif* : |
| | Je doute fort / il n'est pas certain que ce soit... |
| | Il ne (me) semble pas qu'il faille... |
| | Je ne crois vraiment pas qu'on puisse... |

*Je doute fort qu'il soit passé par là !*

**b.** **Vérifiez que vous comprenez en indiquant si les personnes expriment une certitude ou un doute.**
1..., 2..., 3..., 4..., 5..., 6..., 7..., 8...

# 4. C'est à ce moment que...

Moins de deux heures plus tard, Da Costa téléphonait au commissariat. Il avait arrêté les deux suspects à l'aéroport au moment où ils se présentaient au comptoir d'Air France. Auparavant, il avait pris contact avec les deux policiers devant « La Coupole ». Juste à ce moment-là, Albert Brun et Kate Mansfield en sortaient. Da Costa avait suivi leur taxi et, peu de temps après donc, l'affaire était classée, comme il disait. Da Costa était certain que Martel lui-même n'aurait pas fait mieux !

**a. Observez :**

| Récit (localiser dans le temps) | | |
|---|---|---|
| **avant ←** | **↓** | **→ après** |
| L'année précédente / l'année d'avant, auparavant / peu de temps avant, ... *ils s'étaient rencontrés...* | À cette époque-là, / cette année-là, / ce jour-là, / à ce moment-là, ... *ils s'étaient mariés.* | L'année suivante / l'année d'après, plus tard / peu de temps après, ... *ils avaient eu leur premier enfant.* |

**b. Vérifiez que vous comprenez en complétant.**
**1.** Je suis arrivé à l'usine un 15 février. **2.** Le mois ..., la direction avait acheté le nouveau matériel informatique. **3.** Il est arrivé la semaine ... : j'ai donc pu le brancher deux ou trois jours ... car, ..., j'avais vérifié tout le système. **4.** Cette ..., on n'a eu aucun problème, mais l'année ..., il a fallu changer de bureau, déménager, quoi ! **5.** Et tout recommencer comme ... .

**c.** L'inspecteur au rapport !
L'Inspecteur Da Costa informe son chef par téléphone, comme convenu :
– J'ai arrêté les deux suspects ! [...]

**Écrivez la suite, puis jouez-la. (Da Costa est très précis dans son explication !)**

## 1. L'enquête est terminée

Complétez l'extrait du rapport écrit de l'inspecteur à l'aide des mots suivants : *ai attendu, ai suivis, Anglaise, arrêtés, arrivés, attendaient, aurait fallu, comme, doutais, être vus, il faille, inquiets, l'ordre, ont affirmé, ont pris, Peu de temps après, présenté, pris contact, protester, puissent, quitter, soient, sortir, suis présenté, suivre, surpris, suspects.*

« M. le commissaire m' … à … les deux … de l'affaire Desmaret, et …, dans une enquête, il ne me semble pas qu' … perdre une seule seconde, j'ai tout de suite … avec les policiers qui m'… devant le restaurant La Coupole. Ils m'… que Brun et la petite … semblaient … . Je … fort qu'ils … trouver un moyen de … du restaurant sans … . …, ils sont … . Ils … un taxi et je les … seul, avec ma voiture. Ils cherchaient bien à … le pays, c'était évident. Malheureusement pour eux, il … qu'ils y pensent plus tôt. Nous sommes donc … ensemble à l'aéroport. J' … qu'ils … au comptoir de la compagnie Air France. Ils ont … leurs billets. C'est alors que je me … . Je les ai … sans problème. Ils étaient trop … pour … . Pour moi, l'affaire était classée. »

## 2. Dans le journal

## 3. Question de confiance

Écoutez l'interview et continuez l'article que le journaliste a écrit.

# Sommes-nous **trop** informés ?

On l'appellera Monsieur « X »… M. X, donc, ne croit que ce qu'il voit. Il trouve qu'interroger les gens, c'est…

## 4. COURRIER des LECTEURS

« Bonjour… Quand j'étais à l'école, les professeurs écrivaient sur mes cahiers : "Peut mieux faire !" ou "Devrait pouvoir mieux faire !" Plus tard, à l'usine, on me disait : "Tu pourrais en faire plus !" Et ma femme, à la maison : "Tu devrais faire ci ou ça…" Depuis quelques années, je me dis : "Tu aurais peut-être pu… ; tu aurais sans doute dû… ; il aurait fallu que tu… ; tu aurais mieux fait de…" D'après-vous, qu'aurais-je dû faire ? »

(Marcel, 55 ans)

Vous répondez à ce monsieur.

« Il aurait fallu parler plus tôt de votre problème ! Avec vos parents, d'abord, quand vous étiez enfant. À cette époque-là, vous auriez dû… »

# CRIME DE VITROLLES **Deux suspects arrêtés**

**N**os lecteurs se souviennent du crime découvert dans la banlieue de Vitrolles et de la mort de M. Desmaret, l'industriel bien connu (notre édition précédente).

La police a arrêté deux suspects hier soir à l'aéroport de Marseille-Marignane : ils allaient prendre l'avion pour Ankara (Turquie). Selon des sources bien informées, l'un des suspects serait le cousin de l'industriel, l'autre, une jeune fille au pair qui travaillait auparavant chez M. Desmaret. Ils sont actuellement interrogés par le commissaire Martel. Leur responsabilité dans cette affaire ne semble pas faire de doute ■

Écrivez les questions que le journaliste a pu poser à la police pour écrire son article, au moment de l'arrestation des deux suspects.

## 1. Littérature (Extrait de *Pietr-le-Letton*, G. Simenon [1903-1989], Presses de la Cité, 1977)

Le commissaire Maigret [...] relut le télégramme et traduisit à mi-voix : « Commission internationale de police criminelle à Sûreté Générale, Paris : police Cracovie signale passage et départ pour Brême de Pietr-le-Letton. » [...]

Maigret attira vers lui un second télégramme, rédigé lui aussi en « polcod », langage international secret utilisé dans les relations entre tous les centres policiers du monde. Il traduisit à vue :

« Polzei-praesidium de Brême à Sûreté de Paris : Pietr-le-Letton signalé en direction Amsterdam et Bruxelles. »

Un troisième télégramme, émanant de la Nederlansche centrale in Zake internationale Misdadigers, le GQG de la police néerlandaise, annonçait :

« Pietr-le-Letton embarqué compartiment G 263, voiture 5, à 11 heures matin dans l'Étoile du Nord, à destination Paris. »

La dernière dépêche en « polcod » émanait de Bruxelles et disait :

« Vérifié passage de Pietr-le-Letton 2 heures Étoile du Nord à Bruxelles compartiment désigné par Amsterdam. »

Au mur, derrière le bureau, se déployait une carte immense devant laquelle Maigret se campa, large et pesant, les deux mains dans les poches, la pipe au coin de la bouche.

Son regard alla du point qui figurait Cracovie à cet autre point désignant le port de Brême, puis de là, à Amsterdam et à Bruxelles. Une fois encore, il regarda l'heure. Quatre heures vingt. L'Étoile du Nord devait rouler à cent dix à l'heure.

*GQG : grand quartier général.*

**Que fait Pietr-le-Letton ? Qu'est-ce que l'« Étoile du Nord » ?**

*« Georges Simenon reste le plus lu et le plus admiré des romanciers belges, dans le monde entier. Avec Hergé. » (La Libre Belgique, mai 2000.)*

## 2. Littérature (Extrait de *Cherokee*, Jean Échenoz, Éditions de Minuit, 1983)

*[Fred sonne à la porte. Une dame vient lui ouvrir.]*
– Je cherche mon chat, dit Fred, vous ne l'auriez pas vu ? Un chat jaune avec une courroie verte autour du cou ?
– Non, répondit la dame. Il n'y a que des chiens dans le quartier.
– J'ai eu aussi un chien, dit Fred. Il était malade chaque fois que le mois commençait par un vendredi.
– Entrez, dit la dame.
Il entra. Salon Louis XV, tentures bouton d'or, vastes miroirs, tableaux façon Fragonard ou Boucher, tapis de la Savonnerie, rideaux superposés plein les fenêtres. Elle referma la porte.
– Vous avez trouvé facilement ?
– Pas de problèmes, répondit Fred. Il n'y a que ce mot de passe qui est un peu exagéré.
– Vous venez de la part de Gibbs ?
– Pas de nom, dit Fred.
La dame se mit à rire.
– Mais si, dit-elle, justement. Des noms. Vous êtes là pour ça.

*courroie : collier de cuir – bouton d'or : de couleur jaune.*

**Pourquoi la dame fait-elle entrer Fred ? De quelle sorte de roman s'agit-il ?**

## 1. Sur le répondeur

En rentrant chez vous, vous écoutez ce message. Qu'est-ce que vous faites ? Pourquoi ?
Écrivez et jouez à deux la conversation qui pourrait avoir lieu au téléphone.

## 2. Ils parlent de quoi ?

Vous êtes près de deux personnes. Essayez de deviner de quoi elles parlent.

## 3. Jeu de l'histoire improvisée

(deux équipes) L'équipe A commence : « Si j'avais mieux réfléchi avant... »
L'équipe B continue : « ... je ne serais pas allé à Nice... »
L'équipe A prend la suite : « ... où je n'aurais jamais dû aller... »
L'équipe B, à son tour : « Mais si je n'y étais pas allé... »
L'équipe gagnante est celle qui finit l'histoire ( = quand l'autre s'arrête).

*NB. Ceux qui ne jouent pas peuvent aider l'une ou l'autre équipe quand celle-ci hésite.*

## 4. On en parle...

Le sujet du jour : Certaines eaux minérales seraient dangereuses pour la santé...

a. Vous êtes toujours sûr(e) de vous et de tout : vous écrivez un courrier des lecteurs très « affirmatif ».

b. Vous êtes journaliste au magazine et vous répondez à A (vous êtes très prudent et très nuancé).

c. Vous êtes lecteur du magazine et vous avez lu le courrier de A et la réponse de B. Vous n'êtes pas satisfait de la réponse et vous écrivez un courrier encore plus « affirmatif ».

# ¡IL NE FAUT PAS SE FAIRE D'ILLUSIONS...

### Objectifs :
Raconter un événement. Présenter des arguments.

## BAGAGES

## 1. Quelle émotion !

M. Duchemin avait horreur du hasard. Il n'était pas
d'accord avec le cliché : « Le hasard fait bien
les choses. » Il aimait les faits et les chiffres.
Il réfléchissait toujours longtemps avant d'agir.
Il avait les pieds sur terre, lui !
Un jour, il était en train d'étudier des statistiques
dans son bureau lorsque tout s'était mis à trembler.

*Oh, arrête !
T'es toujours en train
de\*rouspéter !*

**a. Observez :**

\* rouspéter : se plaindre (\* râler).

| En train de *(+ infinitif)* |
|---|
| • **Être en train de** + *infinitif* |
| – La lettre est prête ? – Non, pas encore, je suis en train de l'écrire. |
| Il était en train de se préparer quand il a appris la mauvaise nouvelle. |
| • **Sans le verbe « être »** |
| La police l'a surpris en train de voler une voiture. |

**b.** 💬 Ce n'est pas bientôt fini ?

– Vous avez déjà fini votre travail ?
– Non, je suis en train de le finir.

**Jouez ce dialogue et faites-en d'autres.**
◆ Finir votre travail ➜ Apprendre votre texte ; changer d'appartement ; choisir un cadeau ; faire la cuisine ;
lire le journal ; traduire ce document ; réfléchir au projet ; taper la lettre ; ramasser des champignons...

## 2. On ne peut pas tout prévoir...

Le temps lui avait semblé long. En fait,
le tremblement de terre (car c'en était un)
n'avait pas duré plus de quelques secondes.
Il avait quand même provoqué une petite
panique. M. Duchemin avait lu tellement

d'articles sur la question qu'il se croyait
préparé. Mais il était si énervé qu'il avait
couru vers l'ascenseur. Il était tombé et
s'était blessé.

### Exprimer la conséquence (1)

**• Conséquence simple**

*Donc / c'est pourquoi / par conséquent :* Les gens sont optimistes, par conséquent, la consommation augmente en Europe.

*Si bien que... :* Ils consomment toujours plus, si bien qu'on peut dire qu'ils sont optimistes.

**• Conséquence + intensité**

Verbe + *tellement... que...* : Elle a tellement insisté pour me voir que j'ai fini par accepter.

*Si* + adjectif + *que* : C'est si bon que je vais en reprendre.

**• Verbe**

*Provoquer :* Cet événement a provoqué une grande panique.

**a. Vérifiez que vous comprenez en complétant.**

**1.** J'ai ... mangé ... je ferais bien une petite sieste. **2.** Il n'a pas le temps, ..., il ne vient jamais la voir. ... elle est toujours en colère contre lui. **3.** Il était ... heureux ... il n'a pas dormi de la nuit. **4.** Trop manger ... l'envie de dormir. **5.** Il avait ... travaillé ... il a demandé un mois de vacances.

**b.** 🗨️ 🗨️ De cause à effet...

**Écoutez cette conversation et jouez-en d'autres.**

◆ La consommation augmente ➜ L'activité s'accélère ; l'activité s'accélère ➜ le chômage baisse ; le chômage baisse ➜ la consommation augmente ; la consommation augmente ➜ l'optimisme revient... (etc.)

## 3. Les absents ont toujours tort

*Il est si distrait qu'il n'a pas vu la porte !*

Une semaine plus tard, M. Dompert, un collègue de bureau, le rencontrait par hasard dans la rue.
– Duchemin !! Comment allez-vous ? On ne vous voit plus depuis une semaine !
– Ah, Dompert... Bonjour. Depuis ce tremblement de terre, ça ne va pas.

La fatigue, sans doute...
– Plutôt l'émotion... Mais quand vous aurez repris le travail, tout ira mieux !

**a. Observez :**

### Futur antérieur

**« Avoir » ou « être » au futur + participe passé**

Quand / au moment où vous partirez, j'aurai terminé mon travail depuis longtemps.

Dès que vous lui aurez parlé, vous m'appellerez, d'accord ?

*On l'utilise aussi pour supposer, donner une explication probable.*

Il a l'air fatigué : il aura mal dormi. (= Il a sans doute mal dormi.)

**b. Vérifiez que vous comprenez en complétant ces phrases.**

**1.** Téléphonez-nous dès que vous ... *(arriver)*.

**2.** Au moment où nous quitterons Paris, nos enfants ... *(terminer)* leurs études.

**3.** Nos clients ne sont pas venus : ils ... *(oublier)* sans doute le rendez-vous.

**4.** Elle rentre plus tôt d'habitude : j'espère qu'elle ... *(ne pas avoir)* de problèmes.

**5.** Quand vous lirez cette lettre, j'... *(quitter)* le pays.

# 4. Le travail, c'est la santé

> Duchemin avait suivi ce conseil et il allait mieux. D'une part, ses chères statistiques l'avaient convaincu qu'il n'y aurait pas de nouveaux tremblements de terre avant 258 ans, d'autre part, une nouvelle jolie collègue venait de commencer au bureau.

**a. Observez :**

| Argumenter (1) | |
|---|---|
| **• En présentant une alternative**<br>*Ou (bien)…, ou (bien)… / soit…, soit… :* Soit il accepte, soit il refuse.<br><br>**• En présentant des parallèles**<br>*D'une part…, d'autre part… :* Ne fumez pas ! D'une part, ça vous coûte cher ; d'autre part, c'est dangereux pour la santé.<br><br>**• En ajoutant une idée**<br>*De plus…/ en outre… / par ailleurs… :*<br>Ils ne travaillent que 35 heures par semaine ; par ailleurs, ils ont six semaines de vacances par an. | **• En présentant des idées en opposition**<br>*Mais… / par contre… :* Ce projet est intéressant ; par contre, il est cher.<br><br>**• Pour introduire une objection**<br>*Cependant :* Il joue beaucoup au Loto ; cependant, il ne gagne jamais. |

**b. Vérifiez que vous comprenez en complétant ce texte.**

**1.** Si vous avez besoin d'un logement, vous pouvez … le louer, … l'acheter.

**2.** …, il faudra vous décider entre un appartement et une maison.

**3.** …, il faudra choisir la meilleure solution entre centre-ville et banlieue.

**4.** En banlieue, les logements sont moins chers ; …, si on travaille en ville, on perd du temps dans les transports.

**5.** … il faut savoir que, …, une maison coûte plus cher et que, …, il y a plus de bruit dans un immeuble.

**6.** …, il y a beaucoup plus d'immeubles dans le centre qu'en banlieue.

**7.** Ils sont … plus difficiles à louer ou à acheter. Rien n'est parfait !

**c.** Vous ne manquez pas d'arguments !
**Sur le modèle du texte ci-dessus à propos de logement, écrivez un autre texte.**
Si vous voulez commencer une collection…

ITALIE    FRANCE    ANGLETERRE

**Le meilleur football ça se discute.**
**Pas le meilleur magazine télé.**

télé
**7**
JOURS  Câble · Satellites

**Le meilleur magazine télé.**

## 1. Dans le journal local

Un journaliste a interviewé M. Duchemin (voir le début de son article ci-contre).

*Transcrivez l'interview (le dialogue) qui a pu avoir lieu. Continuez l'article à partir de ce témoignage :*

*Par exemple, M. Duchemin qui…*

## PLUS DE PEUR QUE DE MAL !

Le léger tremblement de terre d'hier n'a heureusement fait ni dégâts, ni victimes dans notre région.

Par contre, tout le monde a été surpris. Ce phénomène – le premier de notre histoire locale – n'a duré que quinze secondes : de 11 h 37 et 5 secondes à 11 h 37 et 20 secondes (fait confirmé par l'Institut national de géophysique, qui s'interroge sur son origine). Cependant, l'émotion des habitants a été grande. [...]

## 2. Test : Dis-moi de quoi tu as peur et je te dirai qui tu es

### Vous avez peur...

- que les petits hommes verts de la planète Mars viennent sur Terre. OUI NON
- que les usines nucléaires aient un accident grave toutes en même temps. OUI NON
- qu'il n'y ait plus de différences entre les cultures. OUI NON
- que le ciel vous tombe sur la tête. OUI NON
- qu'il y ait un tremblement de terre. OUI NON
- qu'il fasse nuit 24 heures sur 24. OUI NON

**Résultats :**

**a.** Vous avez six OUI : vous avez peur de tout.

**b.** Vous avez quatre ou cinq OUI : vous êtes d'une nature inquiète.

*Écrivez le résultat pour c (2 ou 3 oui) et d (moins de 2 oui) et ajoutez quelques phrases à ce test.*

## 3. Puzzle

**Mettez ces phrases dans leur ordre logique.**

En outre, je suis plus grand et moins gros qu'à l'époque où nous étions ensemble à l'école. / De plus, il était en train de regarder une vitrine. / J'ai rencontré Blanchard par hasard, l'autre jour dans la rue. / Par ailleurs, j'avais le soleil dans le dos. / Je suis cependant plus jeune que lui. / Il est vrai que, d'une part, nous ne nous étions pas vus depuis plus de dix ans, / Je lui ai dit bonjour. Lui, par contre, ne semblait pas me reconnaître. / J'avais donc le choix : soit je continuais ma promenade, soit je l'invitais à prendre un café : j'ai évidemment choisi la deuxième possibilité. / et que, d'autre part, j'étais à bicyclette et lui, à pied. / J'ai pensé : de deux choses l'une, ou il ne voit pas bien, ou j'ai vraiment vieilli !

## 4. Le COURRIER des LECTEURS

« Je suis abonné à votre journal depuis quarante ans. Or, un tremblement de terre, un "séisme" comme vous dites, a eu lieu ce matin. Votre journal ne l'avait pas prévu, ni annoncé. Vous nous informez mal. »
(Georges, 80 ans)

*Vous répondez à cette personne.*

« Cher monsieur, je comprends votre petite colère. Nous avons tous été surpris par cet événement que personne n'attendait. Mais il est presque impossible de prévoir… »

# SORTIES

## 1. Sur la Toile : une page d'accueil

### QUE FAIRE EN CAS DE SÉISME ?

Aucune région au monde n'est protégée d'un séisme. Cependant, cela ne veut pas dire que la terre va bientôt trembler ! C'est pourquoi nous vous donnons quelques conseils de prudence.
Par exemple :

**Que faire avant ?**
- Prévoyez des réserves d'eau et d'aliments pour trois jours.
- Évitez de stocker des produits dangereux.
- Mettez les objets lourds par terre.
- N'ayez pas trop de meubles (ni trop gros, ni trop nombreux).

**Que faire pendant ?**
- Restez calme et sortez lentement de chez vous.
- N'utilisez pas les ascenseurs.
- Restez loin des fenêtres, des glaces, des cheminées et des meubles.
- Ne courez pas dans les rues. Allez vers les grandes places.

**Que faire après ?**
- Restez calme et écoutez les instructions à la radio.
- Restez loin des plages et des fleuves.
- Protégez-vous la tête et mettez des vêtements chauds.
- Ne venez pas au secours des gens sans les instructions des équipes spécialisées.

**Quel est, selon vous, le principal conseil à donner avant, pendant et après ?**

## 2. Article de journal (« La légende de la Vraie Croix renaît à Arezzo », par Michel Bôle-Richard, *Le Monde*, 20-21 janvier 2000).

Quinze années ont été nécessaires pour sauver le chef-d'œuvre de Piero Della Francesca.

Il aura fallu quinze ans pour venir à bout de ce sauvetage. Cinq années d'études pour évaluer les dégâts et mettre au point les meilleurs remèdes et dix autres années de travail pour restituer la splendeur du chef-d'œuvre de [...] l'église San Francesco à Arezzo. [...] Au cours des siècles, l'église San Francesco a été soumise à diverses modifications architecturales qui ont accentué les dégâts. [...] À cela, il faut ajouter les différents tremblements de terre [...]. Cette [église], fondée en 1290 sur d'anciennes constructions médiévales mal assises, a sans cesse été exposée à l'humidité [...].

*venir à bout de : réussir à terminer.*
*accentuer les dégâts : détériorer encore plus.*
*sans cesse : sans arrêt.*

**Le sauvetage de la fresque d'Arezzo (Italie) a commencé en quelle année ? Trois causes principales ont produit cet effet (ou cette conséquence) : lesquelles ?**

La fresque d'Arezzo, peinte par Piero Della Francesca (1416-1492).

## 1. Ils parlent de quoi ?

Vous êtes près de deux personnes qui discutent. Vous entendez la conversation et vous essayez de comprendre de quoi elles parlent.

## 2. Dernière lettre

Continuez cette lettre par équipes de trois. L'équipe qui gagne est celle qui aura écrit la lettre la plus longue et la plus argumentée.

« Quand tu recevras cette lettre, j'aurai fait mes valises et quitté Paris. En effet, j'en avais assez de… Soit…, soit,… . Cependant,… »

## 3. Test

Imaginez et écrivez à plusieurs un test que vous proposerez ensuite aux autres groupes.

*De quoi rêvez-vous ? Quelles sont vos habitudes ? Que prévoyez-vous pour l'avenir ? etc.*

## 4. Peut-on jamais être sûr ?

À propos de grandes catastrophes : accidents nucléaires, cyclones ou ouragans, éruptions volcaniques…

Choisissez un rôle (par exemple : A = celui qui est pour la construction d'une centrale nucléaire dans sa région ; B = celui qui est contre) et jouez la conversation.

## 5. Interview à la radio

Choisissez un rôle (A p. 139 ; B p. 141) et jouez la conversation. Ceux qui ne jouent pas le / la journaliste et la personne interviewée peuvent téléphoner à l'émission pour communiquer leur expérience.

# L'ESPOIR FAIT VIVRE

**Objectifs :**
Demander, accepter de faire. S'informer de la santé de quelqu'un.
Parler de son état de santé et des questions de santé dans la société.

## BAGAGES

## 1. Tout nouveau, tout beau ?

> À cette époque de ma vie, je terminais mes études de médecine. Et j'en étais très fier. J'ai commencé à travailler à l'hôpital de la Pitié. Le premier jour, je me suis fait indiquer l'entrée du personnel médical. Mais on ne m'a pas laissé entrer comme ça !...

**a. Observez :**

| Faire + *infinitif* | Laisser + *infinitif* |
|---|---|
| • **Faire + *infinitif*** = demander / vouloir que quelqu'un fasse quelque chose.<br>Je vous ai fait venir. = Je vous ai demandé de venir.<br>Je l'ai fait appeler. = J'ai demandé qu'on l'appelle.<br>Je ne comprenais pas ce document ; je l'ai fait traduire par un traducteur professionnel.<br>• **Se faire + *infinitif***<br>Elle s'est fait couper les cheveux. | • **Laisser + *infinitif*** = accepter que quelqu'un fasse quelque chose.<br>Je vous laisse choisir. = J'accepte que vous choisissiez / Je vous permets de choisir.<br>Laisse-moi t'expliquer… = Permets-moi de…<br>Laissez-la parler ! / Laisse-moi faire !<br>• **Se laisser + *infinitif***<br>Je me suis laissé dire… = J'ai entendu dire que… |

**b. Vérifiez que vous comprenez en complétant ces phrases.**
**1.** J'ai … réparer mon ordinateur. **2.** Le directeur veut la … changer de bureau. **3.** Il ne l'a pas … parler. **4.** Il n'a encore rien dit : …-le parler, voyons ! **5.** … taper cette lettre tout de suite ! **6.** Elle s'est … offrir une voiture pour ses vingt ans !

**c.** 🎧 💬 Il faut faire respecter le règlement !

**Écoutez la conversation, puis racontez ce qui est arrivé au jeune médecin.**

**d.** 💬 Il ne faut pas confondre !
– Tiens, la lettre est tapée ! Tu l'as tapée toi-même ?
– Tu plaisantes ? Je l'ai fait taper !
– Ah ? Moi, je n'ai jamais fait taper mes lettres !

**Jouez d'autres conversations.**
◆ Taper une lettre ➜ réparer la machine ; préparer le café ; traduire le texte…

> Je me suis fait faire un *chouette costard à 550 euros !

> Eh ben, dis donc, *tu t'es fait avoir !

*costard : costume – *tu t'es fait avoir : on t'a fait payer trop cher.

## 2. Moi, ça me rend malade !

> Je me souviens que ce petit événement de ma vie professionnelle m'avait alors rendu un peu agressif. Mais il m'avait fait réfléchir. En effet, on ne peut pas entrer dans un hôpital comme dans un moulin, comme on dit. Bref, ça m'avait rendu modeste.

**a. Observez :**

| La conséquence (2) |
|---|
| • **Rendre** + *adjectif*<br>La musique classique me rend triste (je suis triste à cause d'elle). / Ce livre l'a rendu célèbre (il est devenu célèbre grâce à ce livre).<br>Ça me rend malade de voir ça. = Il suffit que je voie ça pour être tout de suite malade. |
| **N.B.** *Cette construction n'est pas possible avec un participe passé :* rendre + fatigué ➜ fatiguer (quelqu'un). |

**b. Vérifiez que vous comprenez en transformant ces phrases, comme dans le modèle.**

*Ex. : Elle est tombée malade à cause de ces fruits. ➜ Ces fruits l'ont rendue malade.*

**1.** Grâce à ces vacances, je suis plus calme. **2.** Il est devenu vantard à cause de ses succès sportif. **3.** La route est devenue dangereuse avec la neige. **4.** Je suis nerveux parce que je bois tous ces cafés. **5.** Le problème devient compliqué avec tous ces avis différents.

## 3. Moins on voit les médecins, mieux on se porte...

> J'ai eu, ce jour-là encore, une autre surprise en écoutant par hasard une conversation entre deux membres du personnel de l'administration : ils parlaient de leur santé...

**a. Observez :**

| Questions de santé | |
|---|---|
| • **Faire préciser** | • **Répondre** |
| – Comment vous sentez-vous ? | – Je me sens faible / fatigué / en (pleine) forme. |
| – Vous avez de la fièvre ? | – Ce n'est rien, juste un peu de fatigue, mais ça va passer. |
| – Vous avez mal quelque part ? / De quoi vous plaignez-vous ? | – J'ai mal à la tête, au ventre, aux dents... |
| – Vous ne vous soignez pas ? | – J'ai un (gros) rhume / une petite grippe, mais rien de grave. |

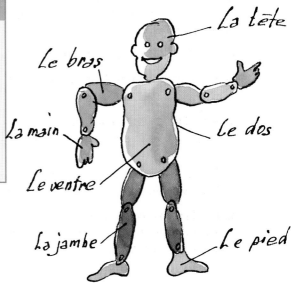

*La tête / Le bras / La main / Le ventre / La jambe / Le dos / Le pied*

**b.** 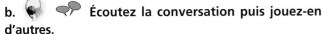 **Écoutez la conversation puis jouez-en d'autres.**

◆ Tu ➜ vous ; avoir mal à la tête ➜ avoir de la fièvre / mal aux dents, au dos / aller voir un « vrai » médecin, etc.

# 4. Personnellement, ça m'étonnera toujours...

Je ne m'attendais pas à ça, surtout de la part du personnel de l'hôpital, où j'étais moi-même médecin ! Est-ce que la même conversation pourrait avoir lieu maintenant ? Probablement. Cependant, les gens considèrent actuellement la médecine autrement. Ils ont moins peur des médecins et plus confiance en eux.

**a. Observez :**

| Les adverbes en « -ment » |
|---|
| • Adjectif + *(e)ment* = adverbe :<br>La médecine **actuelle** fait vivre les gens plus longtemps.<br>(**Actuellement**, la médecine fait vivre...)<br>La médecine fera **probablement** encore des progrès.<br>(Il est **probable** que la médecine fera...) |

**b.** 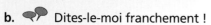 Dites-le-moi franchement !
– Les soins sont gratuits dans les hôpitaux publics ?
– Oui, on vous y soigne gratuitement.

**Jouez d'autres conversations.**
◆ Les soins sont gratuits ? ➔ Le voyage en bus est économique ? L'entrée de ce magasin est libre ? Le travail ici est agréable ? Entre les taxis et les bus, le choix est facile ? Avec ce numéro vert, l'appel est gratuit ? Dans ce pays, les pluies sont rares ? etc.

# 5. Je ne regrette pas ma décision

Après quelques années à l'hôpital, j'ai quitté mes patients pour ouvrir un cabinet de consultation. Le choix du lieu n'a pas été facile, ma clientèle sait que la médecine générale est ma passion et que je ne suis pas un « distributeur d'ordonnances » !

**a. Observez :**

| **Dr. Jean GERMAIN**<br><br>MÉDECINE GÉNÉRALE<br><br>Consultations : 10 h-12 h<br>15 h-19 h<br>Sauf samedi et dimanche<br><br>*Sur rendez-vous* |
|---|

| Noms et verbes : quelques nominalisations | | |
|---|---|---|
| Un oubli / oublier | Une fin / finir | Une présentation / présenter |
| Une étude / étudier | Une offre / offrir | Une consultation / consulter |
| Un regret / regretter | Un choix / choisir | Une acceptation / accepter |
| Un essai / essayer | | Une consommation / consommer |
| Un espoir / espérer | | |

**b. Vérifiez que vous comprenez en transformant ces phrases, comme dans le modèle.**
*Ex. : Tu as fait ton choix ? ➔ Tu as choisi ?*
**1.** Tu peux me donner une explication ? **2.** Je ne souhaite qu'une chose. **3.** Tous les médecins rêvent d'augmenter leur clientèle. **4.** Ils font le change des dollars. **5.** Tu fais la collection de voitures ? **6.** Pasteur a fait l'essai de ce médicament.

# PARCOURS

## 1. Il n'y a pas à discuter !

Écoutez et jouez cette conversation, puis transformez-la. La personne qui parle est encore plus autoritaire et utilise souvent les impératifs ! Commencez par :

*Il n'y a qu'un conseil à vous donner : faites-vous…*

## 2. C'est pour une consultation…

Maintenant, complétez ce dialogue qui a eu lieu dans le cabinet d'un médecin.

– … ?
– Eh bien,…
– Vous êtes fatiguée le matin aussi ?
– Oui, et puis …
– Où exactement ?
– Partout, je vous dis, mais j'ai surtout mal à la tête.
– … ?
– Non, pas au ventre. C'est … ?
– Mais non, ce n'est qu' …
– Ah bon, j'ai une grippe ?
– Oui. Je vous fais une … . Mais il faut surtout que vous…
– Moi ? Rester trois jours au lit, jamais !

## 3. Quelle est la situation ?

**a.** Expliquez précisément la situation (qui parle à qui, de quoi, où, quand, pourquoi… ?) pour chacun des trois petits dialogues qui suivent.

**1.** – C'était un excellent repas !
– Laissez-moi payer… Garçon !
– C'est hors de question. C'est moi qui vous ai invité !

**2.** – Ça s'est bien passé, hier soir ?
– Ils ont tellement insisté pour que j'y aille…
– Tu veux dire que tu regrettes d'y être allée ?
– Presque… La musique m'a rendue dingue !

## 4. Quelle est votre conclusion ?

### SANTÉ
#### LA CONSOMMATION DES FRANÇAIS

Les Français sont les plus gros consommateurs de médicaments de l'Europe !

Nombre de médicaments par personne et par an, en moyenne :

| | | |
|---|---|---|
| F : 30 | D : 15 | B : 10 |
| | | USA : 6 |
| I : 20 | E : 15 | DK : 6 |

*(D'après Francoscopie, G. Mermet, 1999.)*

## Le COURRIER des LECTEURS

Il y a trop de malades imaginaires ! D'ailleurs, il n'y a qu'à regarder les statistiques de la consommation des médicaments en France. Quand on sait qu'on ne peut obtenir la plupart de ces médicaments dans une pharmacie qu'avec une ordonnance et que cette ordonnance, c'est le médecin qui la donne… Je vous laisse conclure… !

Lisez les deux textes ci-dessus et dites si c'est vrai ou faux.

1. En France, on peut acheter des médicaments sans ordonnance.

2. Aucun médicament ne peut s'acheter sans ordonnance.

3. Les Français consomment beaucoup de médicaments sans aller chez le médecin.

4. En France, la consommation des médicaments n'est pas plus importante qu'ailleurs.

5. Si la consommation de médicaments est si forte, c'est que les Français vont plus souvent qu'avant chez le médecin.

6. La plupart des médecins font trop d'ordonnances.

## 1. Littérature (Extrait de la Préface de *Pierre et Jean*, Guy de Maupassant [1850-1896])

Le public est composé de groupes nombreux
qui nous crient :
– Consolez-moi.
– Amusez-moi. […]
– Faites-moi rêver.
– Faites-moi rire.
– Faites-moi frémir.
– Faites-moi pleurer.
– Faites-moi penser.
Seuls, quelques esprits d'élite demandent à l'artiste :
– Faites-moi quelque chose de beau. […]
L'artiste essaie, réussit ou échoue.

*frémir : trembler – échouer ≠ réussir.*

Guy de Maupassant

**Complétez la liste des « *faire faire* » : que peut-on demander d'autre à un artiste ?**

## 2. Théâtre (Extrait de *Rhinocéros,* acte III, Eugène Ionesco [1912-1994], Gallimard)

BÉRANGER : Vous n'avez pas grand' chose, puisque vous avez faim. Cependant, vous devriez quand même vous reposer. Ce sera plus prudent. Avez-vous fait venir le médecin ?

JEAN : Je n'ai pas besoin de médecin.

BÉRANGER : Si. Il faut faire venir un médecin !

JEAN : Vous n'allez pas faire venir un médecin, puisque je ne veux pas faire venir le médecin. Je me soigne tout seul.

BÉRANGER : Vous avez tort de ne pas croire à la médecine.

JEAN : Les médecins inventent des maladies qui n'existent pas.

BÉRANGER : […] C'est pour le plaisir de soigner les gens.

JEAN : Ils inventent des maladies ! Ils inventent des maladies !

BÉRANGER : Peut-être les inventent-ils… Mais ils guérissent les maladies qu'ils inventent !

*guérir : soigner, rendre la santé.*

**a.**  **Qui veut convaincre qui : Béranger ? Jean ? À quoi servent les médecins pour Béranger ? pour Jean ?**

**b.** **Essayez d'apprendre les répliques de cette scène et jouez-la à deux (comme au théâtre, parlez fort !). Puis écrivez une suite à cette scène (au moins deux répliques).**

## 3. Théâtre (Extrait de *Knock ou le triomphe de la médecine*, Jules Romains, Gallimard, 1924)

**Écoutez l'enregistrement.**

**a. Répondez aux questions :**

**– Pourquoi est-ce que le docteur Knock veut se dépêcher ?**

**– Quel âge a le Tambour ?**

Le Tambour est le patient du docteur Knock. C'est l'homme qui, dans un village, faisait les annonces en jouant du tambour.

**b. À partir de ce que vous comprenez, essayez de jouer la scène (vous pouvez modifier un peu le texte).**

## 1. Sur le répondeur

Vous téléphonez au laboratoire d'analyses médicales et vous écoutez ce message (il est 18 h 30, et on est samedi). Dites ce que vous faites et expliquez pourquoi.

## 2. Les miracles, ça existe !

Un médicament miracle.
Mettez ces dessins dans l'ordre pour former une histoire, puis faites parler les personnages.

## 3. Ils parlent de quoi ?

Vous êtes près de deux personnes. L'une vient de poser une question. L'autre répond. Vous essayez de deviner de quoi elle parle.

## 4. C'est grave, docteur ?

Choisissez votre rôle (A p. 139 ; B p. 141) et jouez la conversation.

## 5. Société et santé

Par groupes de trois et en trois minutes, écrivez une question à un médecin qui donne chaque semaine des conseils dans un magazine de santé.
Échangez vos questions et répondez-y comme si chaque groupe était le médecin.

Cinquième Escale

**TEST 1. Mettez les verbes entre parenthèses au conditionnel présent ou passé.**

◆ **a.** – C'est vrai, il … *(falloir)* que j'y pense, mais j'oublie tout ! – Trop tard ! Il … *( falloir)* que tu y penses plus tôt !
◆ **b.** Il … *(falloir)* vraiment que tu y ailles. En fait, tu … mieux *(faire)* d'y aller plus tôt.
◆ **c.** Je crois que tu y … *(aller)* plus tôt si tu l'avais vraiment voulu.
◆ **d.** Si j'… *(pouvoir)* il y a vingt ans, j'… *(finir)* mes études de médecine.
◆ **e.** L'année dernière … *(être)* excellente pour le vin sans ces pluies catastrophiques.

**TEST 2. Écrivez le contraire de ces expressions.**

◆ **a.** Tu as raison.
◆ **b.** On n'avance pas.
◆ **c.** Ce n'est qu'une rumeur.
◆ **d.** Le mois précédent.
◆ **e.** Ça ne fait aucun doute.
◆ **f.** C'est difficile à décrire.
◆ **g.** Heureusement, c'était un léger tremblement de terre.
◆ **h.** On ne le trouve nulle part.
◆ **i.** Ça me rend modeste.
◆ **j.** Ici, on laisse entrer tout le monde.
◆ **k.** J'ai tapé cette lettre moi-même.

**TEST 3. Mettez les verbes entre parenthèses à l'indicatif ou au subjonctif.**

◆ **a.** Permettez-moi de vous … *(dire)* que je ne crois pas que votre attitude … *(être)* la bonne.
◆ **b.** À l'heure où nous parlons, il ne semble pas que la police … *(pouvoir)* arrêter les suspects.
◆ **c.** Je ne suis pas certaine que vous … *(avoir)* raison.
◆ **d.** Je ne suis pas loin de croire que vous … *(avoir)* raison.
◆ **e.** Il est sûr et certain que la police … *(aller)* arrêter les suspects.

**TEST 4. Quel est le verbe qui correspond au nom ?**

*Ex. : une acceptation* → *accepter.*

◆ un doute
◆ un paiement
◆ un tremblement
◆ une surprise
◆ une accélération
◆ une explication
◆ un traducteur
◆ un arrêt
◆ une décision
◆ une réponse
◆ un départ
◆ une lecture
◆ une communication
◆ une activité.

**TEST 5. Complétez ce texte en mettant les verbes entre parenthèses au futur antérieur.**

◆ Je vois les choses comme ça : ils … *(ne pas se lever)* avant 9 heures ce matin. De plus, ils … *(prendre)* tranquillement leur petit déjeuner. Tu les connais, hein ? Bon. En outre, ils … *(faire)* leurs valises : tu sais bien qu'ils ne font jamais ça la veille de leur départ ! Après ça, ils … *(rester)* dans la salle de bains une bonne heure. Disons, vers 11 heures, ils … *(descendre)* pour mettre leurs valises dans la voiture. Tu vois ? Avec ça, ils … *(ne pas partir)* avant 11 heures et demie. Attends ! Après une heure de route, ils … *(avoir)* faim. Donc, ils … *(s'arrêter)* dans un bon restaurant. Moi, je ne m'étonne pas qu'ils ne soient pas encore arrivés ici !

**TEST 6. Quel est l'adjectif (au masculin) qui correspond à l'adverbe ?**

*Ex. : heureusement* → *heureux.*

◆ lentement
◆ différemment
◆ sportivement
◆ richement
◆ précédemment
◆ patiemment
◆ légèrement
◆ faussement
◆ rarement
◆ franchement
◆ professionnellement
◆ publiquement
◆ personnellement
◆ naïvement
◆ longuement

**TEST 7. Complétez en exprimant la conséquence avec : *donc, c'est pourquoi, le résultat, faire, rendre, tellement que.***

◆ **a.** J'adore la musique. … je vais au concert tous les soirs.
◆ **b.** J'adore … la musique que je vais au concert tous les soirs !
◆ **c.** Ma passion pour l'opéra … ma vie de famille quelquefois difficile.
◆ **d.** Ma passion pour l'opéra est … de nombreux petits drames familiaux.
◆ **e.** Ma passion pour la musique me … acheter des montagnes de disques compacts.
◆ **f.** J'ai une passion pour l'opéra, et je passe … des heures à en écouter.

# ÉVALUATION DE COMPRÉHENSION ET D'EXPRESSION

## Dans le MÉTRO

« Le métropolitain », c'est ainsi qu'on appelait le métro parisien à l'origine. Il est très ancien, mais moins cependant que les métros de Londres (1863), New York (1868) et Budapest (1896). La première ligne du métro parisien (Vincennes-Porte Maillot) a été ouverte au public le 19 juillet 1900. Le métro a été créé par l'ingénieur Fulgence Bienvenüe (avec un tréma sur le « u », s'il vous plaît !). D'ailleurs, une des plus grandes stations de métro porte son nom : « Montparnasse-Bienvenüe ».

Paris garde encore quelques « bouches » de métro dont l'auteur est Hector Guimard, l'inventeur de l'Art Nouveau. Elles sont peintes en vert et on les reconnaît de loin !

Quand on vit à Paris, on n'est jamais à plus de 500 mètres d'une station de métro, et c'est bien pratique !

Les 13 lignes du métro font plus de 200 km et il existe 368 stations. Aux heures de pointe (7-9 heures et 19-21 heures), il y a une rame (un train) toutes les 95 secondes. Plus de 6 millions de voyageurs prennent le métro chaque jour. Le réseau express régional (RER) relie la grande banlieue à Paris (4 lignes, 120 km et 200 gares). Lille, Lyon, Marseille, Toulouse ont aussi leur métro.

---

**Les phrases les plus fréquentes entendues au guichet d'une station**
– Un billet, c'est combien ?
– Un carnet, s'il vous plaît.
– Un ticket « carte orange » trois zones.
– Le tarif est marqué devant vous.
– Je peux vous demander un petit plan du métro ?
– Ça vous coûte plus cher à l'unité.

**Les phrases qu'on n'entend jamais aux guichets**
– Dites, votre carnet, il n'a que neuf billets au lieu de dix !
– Un billet de 1re classe.
– La fumée vous dérange ?
– À quelle heure passe la prochaine rame ?

---

## compréhension et expression écrites

**Répondez aux questions.**
**a.** Pour quelle raison une station de métro s'appelle-t-elle « Bienvenüe » ?
**b.** Le premier métro du monde a été celui de Paris. Vrai ou faux ?
**c.** Toutes les bouches de métro sont « Art Nouveau ». Vrai ou faux ?
**d.** Il faut beaucoup marcher dans Paris pour trouver une station de métro. Vrai ou faux ?
**e.** Comment comprenez-vous : « heure de pointe » ?
**f.** Quelles sont les phrases dites par l'usager (le client) du métro et celles dites par l'employé(e) ?

## compréhension orale

**Écoutez et répondez aux questions.**
**a.** Qu'est-ce qu'on peut faire avec un billet de métro ?
**b.** Qu'est-ce qu'un « carnet » ?
**c.** Comment comprenez-vous : « faire la queue » ?
**d.** Qu'est-ce que le « billet de tourisme » ?

## expression écrite

**Faites le récit de ce qui se passe ensuite : ce touriste ne reste que 24 heures à Paris et il n'a dans sa poche qu'un billet de 20 euros.**

# à la Pharmacie

**D**ans les villes françaises, on va à « la pharmacie du coin », comme on va à « l'épicerie du coin », au « tabac du coin », à « la boulangerie du coin » ou au « café du coin ». Il y en a en effet « à tous les coins de rue », comme on dit.

On les reconnaît facilement à leur croix verte lumineuse. Si on entend souvent demander : « Est-ce qu'il y a un bureau de poste dans le coin ? », on entendra rarement demander la même chose pour une pharmacie !

Si on a un rhume, si on a mal au dos, au ventre, aux dents ou à la tête, si on s'est blessé en faisant la cuisine ou en bricolant ou même si on ne se sent pas bien, on « passe à la pharmacie »... c'est naturel. On y trouvera toujours un remède ou un médicament pour les petits accidents de la vie quotidienne.

Le pharmacien est là pour vous aider et vous donner des conseils. On a confiance en lui ; on le respecte. Ensuite, on paie et on s'en va avec son aspirine, sa crème pour les muscles ou la peau, son sirop pour la toux, etc.

Quand vraiment ça ne va pas, on se décide à aller chez le médecin (souvent sur les conseils du pharmacien) ; mais aucun Français ne pourrait comprendre qu'on puisse sortir de chez le médecin sans ordonnance ! Alors, on va aussitôt à la pharmacie pour avoir les médicaments ordonnés par le médecin.

Heureusement que la Sécurité sociale rembourse ces achats, quelquefois jusqu'à 100 % !

Beaucoup de Français considèrent la pharmacie comme une sorte de supermarché (on y vend même des produits de beauté). Et, depuis quelques années, les « parapharmacies », où l'on trouve aussi des crèmes et des cosmétiques mais pas de médicaments, font de la concurrence aux pharmacies pour ces produits.

## compréhension écrite

**Répondez par vrai ou par faux.**

**a.** Il y a autant de bureaux de poste que de pharmacies en France.

**b.** Les pharmacies françaises sont considérées comme les supermarchés du médicament.

**c.** On reconnaît les pharmacies françaises à leur croix rouge.

**d.** Les médecins français font rarement d'ordonnances.

**e.** On vend aussi des médicaments dans les « para-pharmacies ».

## expression écrite

**Écrivez un petit texte pour présenter les pharmacies de votre pays à un(e) ami(e) français(e).**

---

**Dans le dictionnaire « Le Robert » [1996]**

**PHARMACIE** [farmasi] n.f.-1575 ; *farmacie* « remède » 1314 ; bas lat. *pharmacia*, gr. *pharmakeia*, de *pharmakon* « poison, remède ».
[...] ( 1732 ) Local où l'on vend les médicaments (spécialités ou préparations), des substances à usage thérapeutique, des produits, objets et instruments destinés aux soins du corps (hygiène, toilette), éventuellement de l'herboristerie et de la parfumerie [...]. ◆ (déb. xxᵉ) Au Canada, établissement commercial comprenant une pharmacie, un débit de tabac et parfois un comptoir où l'on sert des rafraîchissements, des repas légers et où l'on vend des produits de beauté et de menus articles [...].

# Valise diplomatique

Il y a des mots magiques... qui devraient toujours garder leur secret ou leur mystère. Des mots qu'on aime prononcer et répéter, des mots qui font rêver.

Il y avait bien longtemps de cela, Rémy était un petit garçon de 6 ou 7 ans. Il accompagnait tous les dimanches sa grand-mère à l'église. Il était très fier de marcher à côté d'elle. Un dimanche, sans explication, sa grand-mère, à la sortie de l'église, lui avait demandé de l'attendre là car, avait-elle dit, elle avait quelque chose d'important à faire. Seule. Et, curieusement, elle lui avait donné son sac de cuir noir – qui ne la quittait jamais – en lui disant : « Tiens, Rémy, je te le confie. Tu le gardes pour moi jusqu'à mon retour. Fais-y bien attention et n'oublie pas : *tu es mon porteur de valise diplomatique.* » Elle avait insisté sur ces derniers mots, l'air très sérieux.

Il s'était donc assis à la porte de l'église et il avait attendu, le sac sur ses genoux qu'il avait entouré de ses bras. Il avait attendu longtemps. Il était fier de sa mission, de la confiance de sa grand-mère, mais il était gêné par le regard interrogateur des passants et des autres enfants de son âge, dont la plupart se moquaient de lui. Mais il était resté là, assis sans changer de place, la « valise diplomatique » contre son cœur, prêt à la défendre contre tout et tous. Heureusement, il ne pleuvait pas, mais il avait un peu froid. Et puis, enfin, sa grand-mère était revenue. Elle avait l'air un peu bizarre.

Elle lui avait repris le sac et lui avait donné une grosse pièce en lui demandant de garder le secret le plus absolu. Il avait promis : avec cette pièce-là, il pouvait s'acheter au moins un kilo de bonbons !

Bien plus tard (il avait alors presque trente ans), il avait été nommé vice-consul de France dans une ville importante d'un pays d'Amérique latine. C'était son premier poste à l'étranger. À son arrivée dans la capitale de ce pays, il devait passer par l'ambassade de France pour se présenter d'abord à l'ambassadeur, avant de prendre ses fonctions au consulat. Cette rencontre avait été très cordiale. À la grande surprise de ses collègues plus anciens, l'ambassadeur l'avait gardé avec lui plus de deux heures dans son bureau, aussi vaste que l'intérieur de l'église de son village où il accompagnait jadis sa grand-mère. À la fin de leur entretien, l'ambassadeur lui avait dit : « Mon cher, aujourd'hui mercredi, c'est jour de valise. Puisque vous partez dans une heure, je vous demanderai de la prendre avec vous. Cela nous évitera d'envoyer un courrier spécial vers votre consulat. » Et l'ambassadeur avait lui-même donné les ordres nécessaires au téléphone.

Tout fier de cette mission de confiance, le jeune vice-consul était sorti du bureau de l'ambassadeur. Au moment où il allait entrer dans l'ascenseur, quelqu'un lui avait rapidement confié « la valise ». Ce n'était qu'un vieux sac postal de grosse toile, fermé par un cordon et un cachet de cire rouge. Rémy avait signé le reçu dans une sorte de rêve. Aujourd'hui âgé de soixante ans, il se souvient encore de sa surprise.

Dans l'avion qui l'emmenait vers son consulat, à plus de mille kilomètres de là, il avait dû voyager avec « sa » valise entre les genoux, attachée à son poignet par une chaîne d'acier. Comme le sac de sa grand-mère jadis, et sous le regard interrogateur des autres passagers, il avait « gardé » cet objet bizarre mais précieux. Il en était responsable. Il ne devait laisser personne s'en approcher. Il avait fini par conclure que, finalement, cette expérience l'amusait. Cependant, il était déçu. Pourquoi fallait-il que sa première valise diplomatique ne soit pas une « vraie » valise ? Par la suite, il ne les avait plus comptés, ces sacs postaux !

Il y a vraiment des mots magiques qui devraient toujours le rester !

# LE RÈGLEMENT, C'EST LE RÈGLEMENT !

**Objectifs :**
Comprendre des interdictions et obligations officielles, en parler, protester par écrit.

## BAGAGES

## 1. Vos papiers, SVP !

Je savais que la vitesse était limitée à 70 km/h, mais je conduisais quand même à 100 km/h, au lieu de respecter la limitation. Les gendarmes m'ont arrêtée. Heureusement, contrairement à mon habitude, j'avais mon permis de conduire dans la poche. Ils m'ont demandé mes papiers, puis m'ont donné une contravention de 500 € pour excès de vitesse.

**a. Observez :**

| L'opposition | |
|---|---|
| **Mais, pourtant, ...quand même :** | Il y avait un avion, mais j'ai quand même pris le train. |
| **Contrairement à :** | J'ai pris le train, contrairement à mes amis. |
| **Au lieu de** *(+ infinitif)* **:** | Au lieu de prendre l'avion, j'ai pris le train. |

**b.** 💬 Excuse-moi !

– Quoi ? Tu es parti au lieu de l'attendre, contrairement à ce que je t'avais demandé ?
– Oui. Je devais l'attendre, mais je suis parti quand même. Excuse-moi !

**Jouez d'autres conversations.**
◆ Partir / attendre ➜ s'arrêter / continuer ; économiser de l'argent / tout dépenser ; déménager / rester ici ; la féliciter / se mettre en colère ; se lever à 7 h / dormir jusqu'à 10 h ; etc.

## 2. Des tonnes de papiers...

C'est fou le nombre de documents que l'on accumule avec eux : ils nous délivrent une carte d'identité, un passeport, une carte de séjour pour les étrangers, une carte de Sécurité sociale et

d'autres attestations. On leur remplit des tonnes de formulaires administratifs et des tas de déclarations qu'on a l'impression d'avoir déjà remplies 36 fois.

**a. Observez :**

| Un grand nombre de... |
|---|
| Des centaines de (X fois 100), des milliers de (X fois 1 000), des millions de... |
| *36, *des tas de, *des tonnes de (1 tonne = 1 000 kg). |
| *Je n'en ai pas des tas / des tonnes. = J'en ai très peu / Je n'en ai presque pas. |
| *Il n'y a pas 36 solutions. = Elles sont très peu nombreuses. / Il n'y en a qu'une seule. |

**b.**  Je te l'ai déjà dit 36 fois !
– Ne mets pas autant de beurre sur ton pain !
– Tu exagères ! Je n'en ai pas mis des tonnes !

**Jouez d'autres conversations.**
◆ Mettre du beurre. ➜ Acheter des chaussures, fumer (des cigarettes), ramasser des champignons, écrire des cartes postales, boire de l'eau minérale, manger, etc.

## 3. Quels formulaires !

> « Eux », c'est l'administration et les fonctionnaires. J'ai horreur de leur langue administrative : « J'ai l'honneur de vous informer que... » (comme si c'était un honneur !) ou « domicile » (au lieu de « adresse »), ou « réclamer ne vous dispense pas de payer vos impôts », ou tous ces « Veuillez » (au lieu de « vous devez »).

**a. Observez :**

| L'obligation |
|---|
| (en langue administrative) |
| Veuillez (+ *infinitif*)... |
| Prière de / vous êtes prié(e) de... |
| Vous êtes dans l'obligation de... |
| Vous n'êtes pas dispensé(e) de... |

**b. Vérifiez que vous comprenez en écrivant ces obligations comme dans une lettre ou un formulaire administratif.**
**1.** Présentez-vous au commissariat de police lundi à 15 h.
**2.** Payez quand même l'amende. **3.** Écrivez votre nom de famille en lettres capitales. **4.** Remplissez quand même ce formulaire. **5.** Payez vos impôts par carte bancaire.

**c. Pouvez-vous deviner à quoi correspondent :**

| | |
|---|---|
| **1.** Parlez à... | **a.** « Nous vous demandons de bien vouloir nous faire parvenir... » |
| **2.** Demandez... | **b.** « Veuillez agréer, monsieur, nos salutations distinguées. » |
| **3.** Envoyez-nous... | **c.** « Veuillez vous adresser à... » |
| **4.** Au revoir... | **d.** « Je vous serais reconnaissant de vous faire délivrer... » |

## 4. Une déclaration de vol

Je me suis fait voler ma voiture. On me l'a volée dans le parking, bien qu'elle soit fermée à clé, et malgré

l'alarme. Alors, je suis allée au commissariat de police, pour « porter plainte contre X », comme ils disent.

**a. Observez :**

| La concession |
| --- |
| **Malgré** *(+ nom).* Malgré la détérioration de la situation, il reste optimiste.<br>**Bien que** *(+ subjonctif).* Bien que la situation se soit détériorée, il reste optimiste.<br>**Même si.** Même si la situation s'est détériorée, il reste optimiste.<br>**Alors que.** Il reste optimiste alors que la situation s'est détériorée.<br>*Attention :* « alors que » *signifie aussi* « pendant que ». *C'est le contexte qui permet de comprendre.* |

**b. Vérifiez que vous comprenez en utilisant *bien que* et/ou *même si*.**
*Ex. : Je l'avais fermée à clé mais on me l'a volée quand même.* → *Bien que je l'aie fermée à clé, on me l'a volée.*
**1.** On leur a rempli des formulaires, mais ils en veulent de nouveaux. **2.** Tu le dis et tu me le répètes, mais je ne te crois pas. **3.** Il a mangé des tonnes de pâtes à midi mais il a encore faim. **4.** Malgré les informations qu'il m'a données, je n'arrive toujours pas à trouver sa maison.

**c.**  Écoutez cette déclaration, puis jouez-la.

## 5. L'association

J'ai créé l'Association contre la lenteur des services publics et la complication des formulaires administratifs (ACLSP-CFA).

**a. Observez :**

| MODÈLE DE LETTRE DE PROTESTATION |
| --- |
| **Monsieur**<br>**Ce matin/il y a une semaine/le 12 décembre, j'ai…** (vous expliquez ce qui vous est arrivé ou ce que vous avez fait)<br>**Mais vous n'avez pas** (vous expliquez qu'ils n'ont toujours pas répondu à votre lettre ou à votre demande au téléphone, ou qu'ils n'ont pas tenu compte de vos explications)<br>**Je vous rappelle…** (vous leur rappelez leur responsabilité, leur obligation d'être au service du public. Si vous êtes vraiment en colère, dites que vous jugez cette lenteur inadmissible ou même scandaleuse)<br>**C'est pourquoi je vous prie de … très rapidement.**<br>**Veuillez agréer mes sincères salutations.** |

*Même si on aime bien se plaindre des fonctionnaires, on est assez content de l'administration.*

Pour l'instant, nous ne sommes que douze membres, mais je vous recommande de visiter notre site Internet sur lequel nous avons mis des modèles de lettres.

**b. Vérifiez que vous comprenez en écrivant une lettre de protestation.**
Vous avez écrit une lettre à l'administration (le 05/04) pour savoir pourquoi le bus de minuit (ligne n° 17, entre la gare et l'hôpital) a été supprimé. On est maintenant le 21/04, et vous n'avez pas encore reçu de réponse !

## 1. Statistiques

Bien qu'ils soient eux-mêmes fonctionnaires, **15 %** des fonctionnaires estiment qu'il y a trop de fonctionnaires en France.

**39 %** des Français pensent que l'administration a besoin de profonds changements, alors que **61 %** des Français jugent que l'administration publique fonctionne assez bien ou même très bien.

**19 %** des Français souhaitent que leurs enfants deviennent fonctionnaires.

**38 %** des Français trouvent leurs impôts raisonnables, alors que **60 %** les trouvent insupportables, ou même excessifs.

**22 %** des Français ont des difficultés pour comprendre ou remplir les formulaires administratifs.

En France, **80 %** des automobilistes arrêtés pour excès de vitesse sont des hommes.

a. Que pense-t-on des fonctionnaires et de l'administration dans votre pays ?
Vous-même, souhaitez-vous devenir fonctionnaire ? Dans votre pays, trouve-t-on aussi que les impôts sont excessifs ? Pourquoi ?

b. Pourquoi, d'après vous, est-ce que ce sont surtout des hommes qui sont arrêtés pour excès de vitesse ?

## 2. Le portefeuille

Transformez ce récit en un dialogue (d'abord oralement, deux par deux, puis par écrit).

Je suis passé ce matin au commissariat de police, pour la déclaration du vol de mon portefeuille. Le fonctionnaire n'avait pas l'air d'être très intéressé. Il m'a demandé si c'était pour l'assurance. Comme je ne comprenais pas, il m'a expliqué qu'il y avait peu de chances de retrouver ce portefeuille, mais que si j'étais assuré… Je lui ai dit que je voulais faire ma déclaration. Il m'a fait asseoir et j'ai dû répondre à une série de questions sur moi (mon nom, mon domicile, etc.) et sur mon portefeuille : sa couleur et ce qu'il y avait dedans. Il m'a demandé deux fois – il voulait en être sûr – si j'étais certain qu'il n'y avait pas de papier avec le numéro de code de ma carte bancaire, dedans, et où exactement on me l'avait volé. Mais je savais seulement où et quand je m'en étais aperçu. Pendant qu'il tapait lentement mes réponses sur son ordinateur, il me demandait ce que je pensais de la Belgique, si c'était la première fois que je venais ici, etc. Il avait l'air beaucoup plus intéressé par les impressions d'un touriste étranger à Bruxelles que par mon portefeuille, et moi, j'ai dû plusieurs fois lui rappeler poliment pourquoi j'étais venu au commissariat. À la fin, il m'a donné une attestation.

Vos objets de valeur peuvent intéresser des indélicats, ne les tentez pas !

Gendarmerie Nationale

## 3. Où est-ce ?

a. À quel lieu et quelle situation correspond chacun de ces trois petits dialogues ?

b. Écrivez un petit récit pour l'ensemble de ces trois épisodes (elle s'appelle Stéphanie).

N.B. Il n'est pas nécessaire de tout comprendre !

## 1. Autobiographie (Extrait de *Les Ritals*, F. Cavana, Belfond, 1978)

[En 1933-35] Mon cousin Silvio, Silvio Nardelli – avoir un cousin de plus de quarante ans, ça me fait drôle –, qui a travaillé en Angleterre, même que les maçons, là-bas, ça l'a soufflé, travaillent en chapeau melon avec le col dur et la cravate, pour le reste, ils sont habillés en maçons, [...]. Oui, Silvio raconte, quand tu arrives en Angleterre, que tu te présentes au bureau pour la carte de travail, le fonctionnaire te demande : « Italian ? » « Yes. » « De quelle région ? » Tu dis la région. Au mur, il y a une grande carte de l'Italie. Au milieu de la carte, juste à la hauteur de Florence, il y a un gros trait rouge rajouté à la main, un gros trait rouge qui coupe l'Italie en deux, en bas il y a le Sud, le pied de la botte, en haut il y a le Nord. Le fonctionnaire cherche ton patelin sur la carte. Il met le doigt dessus. Si c'est plus haut que le trait rouge, ça va, il te fait ta carte de travail. Si ça tombe en dessous du trait, il te dit *sorry, sir*, nous avons atteint le quota, pas de carte de travail, il faut *return to Italy*. Silvio est tout fier de raconter ça et les autres sont contents aussi, ils se marrent.

* même que : et il dit même que.
* ça l'a soufflé : ça l'a beaucoup étonné.
* patelin : petite ville, village. * se marrer : rire, s'amuser.

**D'où vient Silvio ?**

## 2. Sur la Toile

**Début des « Informations sur les études universitaires en Suisse », mai 2000.**

Le nombre d'étudiants inscrits dans les universités et hautes écoles en Suisse ne cesse d'augmenter. C'est pourquoi il n'est pas toujours possible pour un candidat étranger – malgré la mobilité croissante des étudiants – d'être admis à l'université de son choix. Vouloir suivre des études en médecine ou pharmacie relève de l'utopie, aucune place n'étant disponible pour l'instant.

Les ressortissants du Liechtenstein, les réfugiés politiques reconnus, les étrangers domiciliés en Suisse qui bénéficient d'un permis de travail suisse depuis au moins cinq ans, [...] et les enfants de diplomates sont traités de la même manière que les candidats suisses. [...] Les étrangers paient des finances de cours nettement plus élevées. Ils doivent donc prouver qu'ils disposent de moyens financiers suffisants...

Il y a douze universités et hautes écoles reconnues en Suisse...

**Pourriez-vous faire des études en Suisse ? À quelles conditions ?**

Veuillez prendre contact par écrit avec l'université choisie afin de demander une place, en indiquant les études que vous souhaitez suivre. Vous êtes prié(e) de joindre à votre demande les documents suivants : un curriculum vitae détaillé et une photocopie de vos diplômes. Si vous obtenez l'accord de l'université, elle vous délivrera une attestation d'admission.

Après votre arrivée en Suisse, vous devez demander un permis de séjour auprès de la Police des étrangers. Attention : vous serez dans l'obligation de renouveler votre permis de séjour chaque année. Bien que vous ayez déjà une attestation de l'université, ce permis ne vous sera délivré que si le financement de vos études est garanti par une attestation bancaire. Il est actuellement impossible aux étudiants étrangers d'obtenir un permis de travail en Suisse, même pendant les vacances. Pour l'université de Fribourg dans laquelle l'enseignement se fait en allemand et/ou en français, vérifiez sur votre site Internet dans quelle langue se fait l'enseignement que vous avez choisi de suivre.

## 1. Ils parlent de quoi ?

🎧 Vous êtes près de deux personnes qui discutent. Vous entendez la conversation et vous essayez de comprendre de quoi parle le monsieur.

## 2. Valise perdue

🗣 A est un passager (voir fiche jeu de rôles, p. 139). B travaille à l'aéroport (voir fiche jeu de rôles, p. 141).

## 3. Demande de visa

✒ Sauriez-vous remplir ce formulaire ?

| RÉPUBLIQUE FRANÇAISE | | |
|---|---|---|
| MINISTÈRE DES AFFAIRES ÉTRANGÈRES | | cerfa |
| **FORMULAIRE DE DEMANDE DE VISA** | | N° 13-0021 |

| CACHET DU POSTE (VILLE) | EMPLACEMENT DU TALON | RÉSERVÉ A L'ADMINISTRATION |
|---|---|---|
| | | DATE : |
| | | NUMÉRO DE DEMANDE |

IMPORTANT : Toutes les rubriques doivent être complétées en MAJUSCULES. En cas d'erreur ou d'omission, il ne pourra être donné suite à votre demande

1. NOM

2. AUTRES NOMS (NOM A LA NAISSANCE, ALIAS, PSEUDONYME, NOMS PORTÉS ANTÉRIEUREMENT)

3. PRÉNOM(S) — 4. SEXE(*) M F

5. DATE ET LIEU DE NAISSANCE J M A A — 6. PAYS

7. NATIONALITÉ(S) ACTUELLE(S) — NATIONALITÉ D'ORIGINE

8. SITUATION DE FAMILLE : a) (*) CÉLIBATAIRE MARIÉ(E) SÉPARÉ(E) DIVORCÉ(E) VEUF(VE)

*b)* CONJOINT : NOM
AUTRE(S) NOM(S), PRÉNOM(S)
DATE ET J M A
LIEU DE NAISSANCE A — NATIONALITÉ(S)

SI VOTRE CONJOINT VOYAGE AVEC VOUS ET EST INSCRIT SUR VOTRE DOCUMENT DE VOYAGE, COCHER LA CASE SUIVANTE

*c)* ENFANTS : NE REMPLIR LA RUBRIQUE "ENFANTS" QUE SI CEUX-CI VOYAGENT AVEC VOUS ET SONT INSCRITS SUR VOTRE DOCUMENT DE VOYAGE
NOMS, PRÉNOMS — DATE DE NAISSANCE J M A — LIEU DE NAISSANCE — NATIONALITÉ(S)

*d)* NOM ET PRÉNOM(S) DES PARENTS

JUSTIFICATIFS PRÉSENTÉS
TITRE DE SÉJOUR, RESSOURCES, BILLET DE TRANSPORT HÉBERGEMENT, VISA DE RETOUR, ...

9. NATURE DU PASSEPORT OU DU DOCUMENT DE VOYAGE
(*) PASSEPORT ORDINAIRE AUTRE DOCUMENT (PRÉCISER LEQUEL)
NUMÉRO — ÉTAT OU ENTITÉ ÉMETTEUR DU DOCUMENT
DÉLIVRÉ LE J M A A — EXPIRANT LE J M A

## 4. Une lettre de protestation

✒ Vous avez répondu à la petite annonce ci-contre, loué l'appartement et payé pour une semaine.

Quand vous êtes arrivé(e) sur place, après un long voyage, on vous a donné les clés d'une grande chambre triste donnant sur le parking.

**Écrivez une lettre de protestation à l'agence Merazur. Décidez d'abord si vous allez leur demander des excuses, ou le remboursement d'une partie du loyer, ou...**

*2 PIÈCES*

**À LOUER** petit 2 pièces tout confort à Nice.
Vue sur la mer. 120 € / semaine.

**Agence Merazur,
BP 120, 06101 Nice.**

*Quelle belle vue !*

# ÇA N'ARRIVE QU'À MOI !

**Objectifs :**
Se plaindre. Plaindre et rassurer quelqu'un. Faire des promesses.

## BAGAGES

## 1. Si vous saviez ce qui m'arrive !

*Je crois que je commence à paniquer.*

Mon voisin est toujours en train de se plaindre. Chaque fois que je le rencontre, il lui est arrivé un nouveau malheur. Il m'arrête dans l'escalier en me disant : « Dites, mademoiselle Leclerc, je suis désespéré ! » Et il m'explique que sa voiture est tombée en panne, ou qu'on lui a volé son portefeuille, etc. La première fois qu'il m'a parlé, j'ai cru que c'était pour se rendre intéressant et qu'il voulait me *draguer.

**a. Observez :**

| Se plaindre |
|---|
| Je ne me sens pas bien : je suis complètement mort de fatigue / je suis malade et déprimé… |
| Je commence à *paniquer : ma femme veut me quitter, je me demande si ma fille se drogue… |
| Ça ne va plus du tout : dans le journal, ils ne parlent que de grèves, d'attentats et de guerres. |
| Je n'ai pas de chance : je suis ruiné, les actions baissent à la Bourse. |
| (Familier) *J'en ai marre / *J'en ai ras-le-bol / Je suis complètement *crevé (= mort de fatigue). |

**b. 💬 Que peuvent-ils dire avant ?**

– Mes clients annulent tous leurs rendez-vous !
– J'ai répondu à 36 annonces, mais je suis toujours au chômage !

– Ma vidéo est en panne et je ne pourrai pas voir le match de rugby !
– Je n'ai plus la santé, je vieillis mal.

## 2. Mon pauvre ami !

Au début, je lui ai répondu qu'il n'avait vraiment pas de chance et que tous ses malheurs me faisaient beaucoup de peine. Comme il est plutôt beau garçon, j'aurais pu le serrer contre moi pour lui montrer ma sympathie, mais il m'ennuyait un peu trop, avec ses malheurs.

**a. Observez :**

| Plaindre quelqu'un |
|---|
| Oh, quel malheur ! Je suis désolé pour vous / toi. C'est terrible ! |
| Tu es bien à plaindre ! Ça me fait de la peine / J'ai beaucoup de peine pour vous / toi. |
| Mon pauvre ami / monsieur Duval, vous n'avez vraiment pas de chance ! Vous ne méritiez pas ça ! |

**b.** 🗨 **Jouez deux ou trois des conversations suivantes.**
◆ Dans l'escalier entre Mlle Leclerc et son voisin : il a eu un accident de voiture, et c'est de sa faute / il a mal aux dents et doit aller à 14 h chez le dentiste / ils exigent qu'il paie encore plus d'impôts / sa femme est jalouse d'une collègue du bureau / il est en train de perdre complètement l'appétit / etc.

# 3. Pas de panique !

Alors j'ai essayé une autre tactique en lui affirmant que ce n'était pas si grave, que ça allait certainement s'améliorer, qu'il ne fallait ni paniquer ni

démissionner, et qu'il devait avoir du courage. Après un certain temps – dix minutes dans l'escalier –, ça allait mieux.

**a. Observez :**

| Rassurer / réconforter quelqu'un |
|---|
| Rassurez-vous, ça va passer. Tout va s'arranger rapidement. Il n'y a pas de quoi désespérer. |
| Ne vous faites pas de soucis, ce n'est pas une catastrophe, malgré tout ! |
| Tu n'as rien à craindre, je suis là et je reste à tes côtés. Tu peux compter sur moi ! |
| Pas de panique, ne t'affole pas, tu n'es pas le premier à qui cela arrive. Il faut s'y faire… |
| Du courage et de la volonté, voyons ! Tâche de / essaie de garder ton calme ! |

**b.** 🗨 **Tâche de garder ton calme !**
– Ça ne va plus du tout : ma situation est complètement désespérée !
– Rassure-toi : ta situation n'est pas si désespérée que ça !
– Je suis vraiment malade !
– Ne t'inquiète pas : tu n'es pas si malade que ça !

# 4. Je vous le garantis !

Dix minutes dans l'escalier, c'est un peu long, d'autant plus que je ne suis pas du genre infirmière. Alors j'ai essayé autre chose : les promesses. Je lui ai promis que sa femme reviendrait et je lui ai juré qu'il allait s'en sortir encore une fois. Vous pouvez penser qu'il était un peu naïf, mais il m'a crue, et il a vite retrouvé le sourire et le moral.

**Jouez d'autres conversations (en rassurant l'autre).**
◆ Malade ➜ mort de fatigue, ruiné, voiture abîmée, café trop chaud, texte compliqué, etc.

**Besoin de vous changer les idées ?**
**Retrouvez le moral : évadez-vous !**

**a. Observez :**

| Faire des promesses | |
|---|---|
| Je vous promets de / que… : | Je vous promets de m'en occuper demain. |
| Je vous garantis / je vous assure que… : | Je vous garantis que je m'en occuperai demain. |
| Je te jure, je te donne ma parole que… : | Je te jure que c'est vrai. Je t'en donne ma parole ! |
| **Faire des demi-promesses** | |
| Je ne vous promets rien, mais je vais faire mon possible pour m'en occuper ! | |
| Elles n'ont pas pu vraiment m'assurer qu'elles auraient le temps de s'en occuper demain. | |

**b. Vérifiez que vous comprenez en faisant des promesses ou des demi-promesses.**

*Ex. : Elle vient nous voir demain. → Elle nous a promis qu'elle viendrait nous voir demain.*

**1.** Ils vont rester avec moi. **2.** Je serai libre dimanche. **3.** Il dit que tout est arrangé. **4.** Je ne mens pas. **5.** Ce n'est pas une rumeur mais la vérité. **6.** Nous n'avons rien à craindre.

**c. Écrivez un petit mot (2 à 3 lignes) pour un ami qui a eu une mauvaise note à son examen de français. Vous le réconfortez.**

# 5. Au secours !

Le jour où je l'ai entendu crier au feu, j'ai pensé qu'il s'affolait pour rien, encore une fois. Mais quand j'ai senti la fumée, je me suis rappelée : « Pas de fumée sans feu… » Heureusement, il avait déjà appelé les pompiers (c'est le 18).
C'est comme ça qu'il m'a sauvé la vie, mon voisin.

**a. Observez :**

| Appeler à l'aide, demander du secours |
|---|
| Au secours ! Au secours ! À l'aide ! Au secours, de l'aide ! |
| *En cas d'incendie :* Au feu ! Au feu ! Évacuez la maison ! Appelez les pompiers ! |
| *En cas de vol :* Au voleur ! Rattrapez-le ! Au voleur ! Appelez la police ! |
| *En cas de meurtre :* À l'assassin ! *En cas d'accident :* Appelez une ambulance, vite ! |

**b. Vérifiez que vous comprenez en complétant.**

**1.** À … ! Je n'arrive pas à ouvrir la porte !
**2.** Au … ! On m'a pris ma valise !
**3.** Au … ! Il y a de la fumée dans le magasin ! … !
**4.** À … ! Je suis blessé ! … !

## 1. Les films comiques

**Remettez les lignes de ce texte dans le bon ordre.**

**a.** arrive un tas de catastrophes. Dans ce genre de film, le type ne s'affole pas; il n'est pas

**b.** désespéré, il ne se fait pas de soucis. Alors on le trouve ridicule au lieu de le plaindre, et les

**c.** etc., et je dérangeais tous les spectateurs. Non, vraiment, je vous jure que les films comiques,

**d.** Hier, je suis allée au cinéma. Mon petit ami m'avait assuré que c'était un excellent film et que

**e.** je n'ai jamais pu m'y faire ! Peut-être suis-je trop naïve ?

**f.** je rirais beaucoup. J'aurais dû me méfier, mais comme il avait envie d'aller au cinéma, je n'ai

**g.** mais évidemment, je ne peux pas puisque je suis dans la salle et que ce n'est qu'un film. Déjà,

**h.** pas le type drôle. Au contraire, j'ai de la peine pour lui. J'ai envie de l'aider, d'être à ses côtés,

**i.** pas refusé. Pourtant, je sais que je sors complètement déprimée du cinéma si je vois un film

**j.** quand j'étais petite, je criais pour le prévenir, pour lui dire de faire attention dans les escaliers,

**k.** que les autres trouvent comique. C'est plus fort que moi : on nous montre un type sympathique

**l.** qui est distrait et qui se trompe de porte ou de fille, qui tombe dans les escaliers, et à qui il

**m.** spectateurs rient. Eh bien, je vous jure que moi, ça ne me fait même pas sourire et je ne trouve

## 2. Rien ne va plus !

**a.** 💬 **Vous êtes au café. À la table voisine, une personne téléphone de son portable, et vous entendez seulement ce qu'elle dit. Proposez / écrivez ce que l'autre a pu lui dire (7 répliques).**

Allô ? Christiane ? Devine ce qui m'arrive ! **(1)** Eh bien, tu sais, j'ai travaillé tout le mois dernier pour l'université de Lyon, et ils ne m'ont pas encore payée. **(2)** Mais je ne m'affole pas ! Je leur ai demandé pourquoi. Ils m'ont dit qu'il y a un règlement administratif et qu'ils ne vont pas me payer avant la fin avril. Tu te rends compte ? **(3)** Oui, c'est vrai. Vraiment, je suis

bien à plaindre. Dis, tu peux me prêter de l'argent ? **(4)** À peu près 200 €. C'est possible ? **(5)** Je ferai l'impossible pour te les rendre le plus rapidement possible. **(6)** Non, pas après le 15 avril, je te le promets. **(7)** Je savais que je pouvais compter sur toi. Merci.

**b.** 🎧 **Écoutez ensuite la conversation.**

## 3. Je suis désolé pour vous

**Vous travaillez à la réception d'un hôtel, et vous vous apercevez qu'on a pris trop de réservations. Vous devez donc envoyer un fax à un client à qui vous ne pourrez pas donner de chambre le lendemain, bien qu'il ait réservé. Sur l'ordinateur de l'hôtel, il y a le canevas de la lettre que l'on envoie pour s'excuser (et ne pas perdre le client) :**

« … Je suis désolée… J'admets que nous avons fait une erreur… Je vous propose… sauf si vous préférez… pour le même prix… Je vous promets de faire l'impossible pour… J'attends votre réponse… Avec tous mes regrets, veuillez… »

## SORTIES

### 1. Théâtre (Extrait de *Rhinocéros,* acte I, Eugène Ionesco [1912-1994], Gallimard, 1959)

BÉRANGER : Écoutez, Jean. Je n'ai guère de distractions, on s'ennuie dans cette ville, je ne suis pas fait pour le travail que j'ai... tous les jours, au bureau, pendant huit heures, trois semaines de vacances seulement en été ! Le samedi soir, je suis plutôt fatigué, alors, vous me comprenez, pour me détendre...

JEAN : Mon cher, tout le monde travaille et moi aussi, moi aussi comme tout le monde, je fais tous les jours mes huit heures de bureau, moi aussi, je n'ai que vingt et un jours de congé par an, et pourtant, pourtant, vous me voyez. De la volonté, que diable !...

BÉRANGER : Oh ! de la volonté, tout le monde n'a pas la vôtre. Moi, je ne m'y fais pas. Non, je ne m'y fais pas, à la vie.

JEAN : Tout le monde doit s'y faire. [...] L'homme supérieur est celui qui remplit son devoir.

BÉRANGER : Quel devoir ?

JEAN : Son devoir... son devoir d'employé par exemple...

*les congés : les vacances.*

**De quoi Béranger se plaint-il ? Que croyez-vous qu'il fait le samedi soir ? Est-ce que Jean l'aide bien ?**

### 2. Littérature (Extrait de « Le Bon Coin », in *Four roses for Lucienne,* R. Topor, Christian Bourgois, 1967)

*[L'homme et l'enfant parlent ensemble.]*
– Vous avez été à la guerre ?
– Non, même pas. Je n'ai pas vu beaucoup plus de choses que toi, tu sais.
– Quand même. Vous avez été marié ?
– Oui, deux fois.
– Et elles vous ont quitté ?
– Une fois c'est elle, et une fois c'est moi.
– Vous en aviez marre ?
– Je crois. Oui, je crois que c'est ça : j'en ai eu marre.
– Vous avez des enfants ?
– Non.
– C'est mieux.
« C'est mieux pour les enfants, ajouta le gosse après un instant de réflexion. Sinon, ils sont désaxés. »
L'homme éclata de rire.
– Tu en sais des choses !
L'enfant eut un sourire blasé.
– Je ne suis pas tellement naïf, vous savez. J'ai pigé un certain nombre de choses.
– Quel genre de chose ?
– Oh, des choses. On attend toujours mieux, on espère toujours mieux, et rien ne vient. C'est plutôt pire. Plus ça va, moins ça s'arrange. Jusqu'au jour où on se demande à quoi ça sert de continuer.
– Faut tout de même pas exagérer !
– Vous dites ça parce que je suis jeune, mais vous en avez marre...

*piger : comprendre – tout de même : quand même.*

R. Topor

**Quel est le plus pessimiste des deux ?**

## 1. Titres de journaux

# Le nouveau ministre propose une réduction des impôts

## Amélioration de la situation à Liège

## Baisse de 5 % du chômage

*Ce week-end, très beau temps sur toute la Belgique*

Les journaux annoncent souvent de mauvaises nouvelles ou même des catastrophes. Écrivez quelques titres d'articles de journaux présentant des nouvelles plus ou moins bonnes.

## 2. Ils parlent de quoi ?

Vous êtes près de deux personnes qui discutent. Vous entendez la conversation et vous essayez de comprendre de quoi parle le monsieur.

## 3. Rien ne va plus !

Protester est le meilleur moyen pour entrer en conversation avec des inconnus : « Vous pensez qu'on va l'attendre encore longtemps, ce bus ? », ou « Quel sale temps, n'est-ce pas ! »

Vous attendez le bus dans une rue de Toulouse, et vous voulez entrer en contact avec la jeune fille / le jeune homme à côté de vous. Proposez six entrées en matière différentes.

## 4. Mes papiers !

Vous avez oublié la veille dans la chambre de votre hôtel des papiers qui sont extrêmement importants pour vous (il s'agit d'un contrat de trois pages).

Vous envoyez un fax à l'hôtel : il faut qu'on fasse l'impossible pour retrouver ces papiers et qu'on vous les envoie.

## 5. Allez ! Oublie tes problèmes !

*Allez ! Oublie tes problèmes.*

Choisissez votre rôle puis jouez-le : A dit que tout va très mal et B dialogue avec lui pour le réconforter.

# ᵮÉLICITATIONS !

**Objectifs :**
Exprimer cause et conséquence (suite). Exprimer des souhaits et féliciter à l'occasion de fêtes.

## BAGAGES

## 1. Je suis un militant...

J'habite à Vaulnaveys, petite commune à 20 km de Grenoble. J'ai été militant d'une association de défense de l'environnement. Notre travail a permis de sauver le bus local, et nous avons réussi, à force de faire signer des pétitions, à éviter la création d'un supermarché et d'une usine de produits chimiques sur la commune. Ce résultat n'est pas seulement dû au travail de l'association : la majorité des habitants le souhaitait.

**a. Observez :**

| Cause et conséquence | |
|---|---|
| Être dû / due / dus / dues à : | Ma chance n'est pas due au hasard. |
| À force de (+ inf. ou nom) : | À force d'acheter des billets de loterie, j'ai fini par gagner le gros lot. |
| Permettre de (+ inf.) : | Ce gros lot m'a permis d'acheter enfin la voiture de mes rêves. |
| Être (de) la faute de quelqu'un : | C'est la faute des autres si j'ai dépensé tout le reste de l'argent. |

**b. Vérifiez que vous comprenez en transformant (en utilisant une des quatre expressions).**

*Ex. : Je suis fatigué parce que je suis stressé.* ➔ *Ma fatigue est due au stress.*

**1.** Elle a connu son ami grâce à une fête. **2.** Je mets tellement mes lunettes n'importe où qu'à la fin, je les perds. **3.** Il est absent car il est malade. **4.** Elle plaisante tellement qu'elle n'est plus prise au sérieux. **5.** Il n'a pas fini ses études à cause de sa famille.

## 2. Ce n'est pas tous les jours fête !

L'automne dernier, j'ai été candidat aux élections. J'ai été élu, et je suis devenu le maire de Vaulnaveys, un maire *écolo ou « vert », comme on dit. Ce dont je ne me doutais pas, c'est que les réunions du conseil municipal seraient aussi difficiles, surtout pour tout ce qui concerne le vote du budget. Par exemple, l'environnement, qui est ce à quoi je m'intéresse le plus, provoque de très longues discussions.

\* *écolo : écologiste.*

### a. Observez :

| Ce qui / ce que / ce dont / ce à quoi... |
|---|
| Il se méfie de tout ce qui est gratuit, **ce que** je ne comprends pas. |
| **Ce que** chacun souhaite, c'est que la zone verte commence chez son voisin. |
| – **Ce dont** je me souviens bien, c'est de son sourire. – C'est tout **ce dont** vous vous souvenez ? |
| **Ce à quoi** je pense souvent, c'est à mon mariage. |

### b. Vérifiez que vous comprenez en complétant les phrases.

**1.** J'aime ... coûte cher et je déteste tout ... est bon marché. **2.** Ce n'est pas ... vous croyez. **3.** Le mode d'emploi explique ... sert ce truc. **4.** Il est distrait, ... il se vante ! **5.** ... elle rêve est exactement ... j'ai horreur. **6.** ... il s'excuse, c'est de son retard. **7.** ... il ose faire est incroyable ! **8.** C'est tout ... vous trouvez à dire ?

## 3. Faites la fête !

Un maire doit faire de nombreux discours : pour l'inauguration d'une piscine, à l'occasion du 14 juillet ou de cérémonies comme les mariages. « Passer devant le maire » signifie « se marier », et comme je connais souvent personnellement les mariés, je fais un petit discours pour les féliciter et leur présenter tous mes vœux de bonheur.

### a. Observez :

| Féliciter |
|---|
| Je vous félicite pour... votre réussite à l'examen / votre mariage / ce travail / votre courage. |
| Toutes mes félicitations (pour...). Bravo ! Bravo pour... C'était formidable ! *Chapeau ! |

| Souhaits pour une fête |
|---|
| Tous mes vœux de bonheur... Recevez tous mes vœux pour l'année 2002. |
| Bonnes fêtes de fin d'année et meilleurs vœux. Bonne et heureuse année 2003 ! |
| Je vous souhaite beaucoup de bonheur, de nombreux enfants. |
| Fêtes et anniversaires : Bonne fête ! Bon anniversaire ! |

| Calendrier des fêtes |
|---|
| Le 1er janvier (jour de l'An) et le 1er mai (fête du Travail) : jours fériés (tout est fermé). |
| Fêtes nationales : le 14 juillet en France, le 21 juillet en Belgique et le 31 août en Suisse. |
| Fêtes religieuses : en mars / avril, Pâques (le lundi de Pâques est férié), en mai / juin, l'Ascension (le jeudi de l'Ascension est férié), la Pentecôte (le lundi de Pentecôte est férié), le 15 août (férié), Noël (le 25 décembre est férié). |

### b. 🎧 Écoutez et dites pour chaque phrase à quelle occasion elle a été prononcée.

# PARCOURS

## 1. Statistiques

■ Pour **6 %** des Français, la fête de Noël est l'occasion de bien manger (des huîtres, du saumon, des volailles), et pour **13 %**, c'est l'occasion de donner ou recevoir des cadeaux.

■ Pour **33 %**, c'est avant tout la fête des enfants, alors que pour **39 %**, il s'agit avant tout d'une fête religieuse, et pour **28 %** d'une tradition à laquelle il faut se conformer.

■ **71 %** des Français définissent Noël comme une fête de famille, ou entre amis, et **68 %** sont pour la tradition du Père Noël.

Qu'est-ce que Noël, pour vous, et dans votre pays ? Est-ce que les enfants trouvent des cadeaux le 25 décembre au matin, cadeaux qui seraient laissés par le Père Noël, comme en France ? Existe-t-il une autre fête qui ressemble à Noël ?

## 2. Tous mes vœux !

Complétez cette lettre de vœux avec les mots suivants : *approuveras, bien, bonheur, complet, emploi, environnement, espère, éviter, heureuse, limite, militants, nouvelle, nuages, obtenir, pétitions, pis, t', vents.*

*Dans quelques jours, ce sera une … année qui commencera pour toi. J'… que tu as décidé de changer un peu ton … du temps. Je sais bien que l'… est important et qu'il faut des … pour faire signer les …, mais cela ne doit pas te faire oublier que tu as ton baccalauréat à passer, et que tu devras travailler dur jusqu'en juin pour l'…, si tu veux … ce qui serait une catastrophe à mes yeux. Je me doute … que tu n'… pas entièrement ces conseils ennuyeux, mais tant … . Je te souhaite un ciel sans … pendant toute l'année, des … favorables, un succès … à tes examens, une excellente santé, un compte en banque sans …, beaucoup de bonne humeur, beaucoup de …, une bonne et … année.*

*Je … aime et je t'embrasse.*

## 3. Discours

Écoutez ces extraits de quatre discours différents. En quels lieux et pour quelles circonstances ces quatre discours ont-ils été prononcés ?

## 4. Tu parles, Charles !

Transformez cette conversation entre jeunes en un dialogue en français « standard ».

– Moi, le boulot, ça me fait vachement suer. Je préfère aller au cinoche. Ça, ça me branche !

– Sans blagues ? Tu es toujours en train de rouspéter, tu en as marre de tout… Cool, le mec ! Je sais que c'est pas tous les jours marrant de bosser, mais faut pas exagérer !

– OK, OK. Dis, j'ai passé un coup de fil à ta copine, Martine…

– Martine ? C'est une nana sympa, mais c'est pas ma copine ! Qui c'est qui t'a raconté ces salades ?

– Là, j'en reviens pas. C'est dingue, ça ! C'est pas ta copine ?

## 1. Essai (Extrait de *À mon fils, à l'aube du 3ᵉ millénaire,* G. Sinoué, Gallimard, 2000)

Rien qu'en Amazonie, plus de 60 000 km² de forêts ont été purement et simplement rayés de la carte entre 1995 et 1997. 60 000 km², cela équivaut à vingt-trois fois la taille du Luxembourg, deux fois celle de la Belgique. À cette cadence, les forêts tropicales seront anéanties d'ici une soixantaine d'années. C'est demain.

– Dans ce cas, qui arrêtera la machine ?
– Les individus, les anonymes dont tu fais partie, dont vous faites partie. Les enfants d'aujourd'hui.

**Quelle est la superficie (en km²) de la Belgique ? Et du Luxembourg ?**

Honoré de Balzac

## 2. Littérature (Extrait de *Paris au XXᵉ siècle,* Jules Verne [1863], Hachette-Le Cherche Midi, 1994)

– Que désirez-vous, monsieur, lui dit l'employé, chef de la Section des Demandes.
– Je voudrais avoir les œuvres complètes de Victor Hugo, répondit Michel.
L'employé ouvrit des yeux démesurés.
– Victor Hugo ? dit-il. Qu'est-ce qu'il a fait ?
– C'est un des grands poètes du XIXᵉ siècle, le plus grand même, répondit le jeune homme en rougissant.
– Connaissez-vous cela ? demanda l'employé à un second employé, chef de la Section des Recherches.
– Je n'en ai jamais entendu parler, répondit ce dernier. Vous êtes bien sûr du nom ? demanda-t-il au jeune homme.
– Parfaitement sûr.
– C'est qu'il est rare, reprit le commis, que nous vendions ici des ouvrages littéraires. Mais enfin, puisque vous êtes certain… Rhugo, Rhugo, … dit-il en télégraphiant.
– Hugo, répéta Michel. Veuillez demander en même temps, Balzac, de Musset, Lamartine.
– Des savants ?
– Non ! Des auteurs.
– Vivants ?
– Morts depuis un siècle.
– Monsieur, nous allons faire tous nos efforts pour vous obliger ; mais je crains bien que nos recherches ne soient longues, sinon vaines.
– J'attendrai, répondit Michel.

*un commis : petit employé de bureau (ancien). – vous obliger : vous faire plaisir. – vain/vaine : sans résultat, inutile.*

**De quel type de roman est extrait ce passage ? Selon vous, Jules Verne, l'auteur, est ironique ou sérieux ?**

Victor Hugo

Alfred de Musset

## SORTIES

### 3. Citations

Beaucoup de gens mettent des phrases célèbres dans leurs discours.

Voici sept phrases célèbres dites ou écrites par des auteurs français, ou traduites en français. Essayez de trouver qui a écrit ces phrases et discutez-en. Rajoutez ensuite à cette liste une phrase célèbre dans votre pays (traduite en français).

1. Être ou ne pas être, c'est là la question.
2. Et pourtant, elle tourne.
3. Je pense, donc je suis.
4. Il faut cultiver notre jardin.
5. Paris vaut bien une messe.
6. Ils se marièrent, vécurent heureux et eurent beaucoup d'enfants.
7. Toute vérité n'est pas bonne à dire.

### LES AUTEURS :

**anonyme (fin tradition-nelle des contes de fées)**

**Henri IV (roi de France, en 1593)**

**Descartes (dans *Le Discours de la méthode*)**

**Shakespeare (dans *Hamlet*)**

**anonyme (proverbe)**

**Galilée (astronome italien, en 1633)**

**Voltaire (dans *Candide*)**

### 4. Littérature (Extrait de *Lui ?*, Guy de Maupassant [1883], Flammarion, 1987)

Mon cher ami, tu n'y comprends rien ? et je le conçois. Tu me crois devenu fou ? Je le suis peut-être un peu, mais non pas pour les raisons que tu supposes.

Oui. Je me marie.

Et pourtant, mes idées, mes convictions [sur le mariage] n'ont pas changé. [...]

Et cependant je me marie.

J'ajoute que je connais guère ma femme de demain. Je l'ai vue seulement quatre ou cinq fois. Je sais qu'elle ne me déplaît point ; cela me suffit [...]. Elle n'est pas riche. Elle appartient à une famille moyenne. [...] On dit d'elle :

« Mlle Lajolle est bien gentille. » On dira d'elle : « Elle est fort gentille, Mme Raymon. » Elle appartient enfin à la légion des jeunes filles honnêtes « dont on est heureux de faire sa femme » jusqu'au jour où on découvre qu'on préfère justement toutes les autres femmes à celle qu'on a choisie.

Alors pourquoi me marier, diras-tu ?

J'ose à peine t'avouer l'étrange et invraisemblable raison qui me pousse à cet acte insensé.

Je me marie pour n'être pas seul !

*concevoir : comprendre. – guère : presque pas.*
*famille moyenne : qui n'est pas d'origine noble / aristocrate.*
*insensé : fou.*

**Quelles sont les idées ou convictions du personnage sur le mariage ? Et que pensez-vous de sa raison de se marier ?**

### 1. Faire-part de mariage

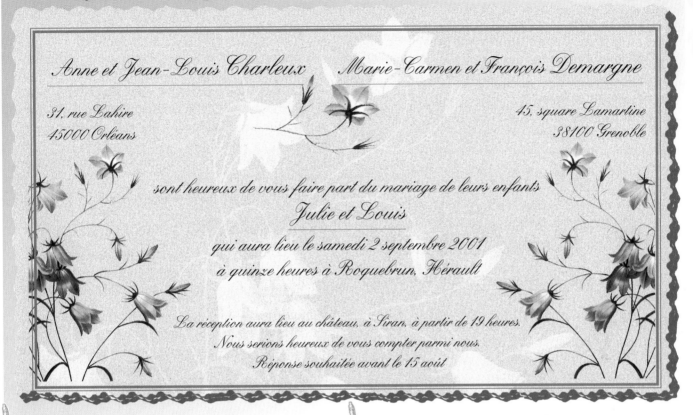

*Anne et Jean-Louis Charleux     Marie-Carmen et François Demargne*

*31, rue Lahire*
*45000 Orléans*

*45, square Lamartine*
*38100 Grenoble*

*sont heureux de vous faire part du mariage de leurs enfants*
*Julie et Louis*
*qui aura lieu le samedi 2 septembre 2001*
*à quinze heures à Roquebrun, Hérault*

*La réception aura lieu au château, à Siran, à partir de 19 heures.*
*Nous serions heureux de vous compter parmi nous.*
*Réponse souhaitée avant le 15 août*

Vous recevez ce faire-part avec l'invitation. Vous connaissez bien Julie et vous avez envie d'aller à la réception. Répondez à ses parents (n'oubliez pas de les féliciter pour le mariage de leur fille).

### 2. Une nouvelle fête

Il existe de nombreuses occasions de faire (plus ou moins) la fête : la fête des Mères, la fête des Pères, ou des fêtes européennes comme la fête de la Musique en juin, ou bien la journée de la Femme (le 8 mars)…

 Proposez une nouvelle « journée de… » ou « fête de… » originale. Justifiez votre proposition et expliquez aux autres étudiants ce qui se passera ce jour-là en France ou en Belgique.

### 3. Et l'heureux lauréat est…

Le concours Reine Elisabeth de Belgique est un concours pour de jeunes chanteurs (ténors et basses) et chanteuses (altos et sopranos). Le lauréat (ou la lauréate) du concours Reine Elisabeth de Belgique doit dire quelques mots (et remercie souvent à cette occasion son professeur de chant ou ses parents ou…).

Préparez-vous tous à recevoir ce prix (on donnera un 1er, un 2e et un 3e prix).

**musique3**

**Le Concours Musical International Reine Elisabeth de Belgique sur Musique 3**

**En Direct : Epreuves finales et proclamation des lauréats**

**Jeudi 25 mai :** 20H15 - Palais des Beaux-Arts de Bruxelles

**Vendredi 26 mai :** 20H15 - Palais des Beaux-Arts de Bruxelles

**Samedi 27 mai :** 20H15 - Palais des Beaux-Arts de Bruxelles

*Minuit environ : proclamation des résultats*

Commentaires : Michel Debrocq et Marc Castelain
Invités : Bernard Foccroulle, Pierre Bartholomée et Jean-Louis Grinda

Bruxelles/Brabant 91,2 FM - Namur 98,3 FM - Hainaut 96,6 FM
Liège/Verviers 99,5 FM - Tournai 102,6 FM - Luxembourg 94,1 FM

### 4. Discours de fin d'année

Préparez à plusieurs un petit discours pour remercier votre professeur pour le cours de français à la fin de l'année.

# ÉVALUATION DE GRAMMAIRE ET VOCABULAIRE

**TEST 1. Donnez un synonyme des mots ou expressions soulignés dans les phrases suivantes.**

◆ **a.** Il lui a promis que tout irait bien.
◆ **b.** Il a perdu des documents importants.
◆ **c.** Tâche de ne pas oublier, cette fois !
◆ **d.** Alors je me suis mis à paniquer et j'ai préféré partir.
◆ **e.** Quel est votre domicile ?
◆ **f.** Je l'ai acheté bien que je l'aie trouvé très cher.
◆ **g.** Tu dis ça pour me rassurer ?
◆ **h.** Ils l'ont jugé très intéressant.
◆ **i.** Il dit qu'il ne pourra jamais, pourtant je pense qu'il s'y fera.

**TEST 2. Complétez la phrase à l'aide du verbe entre parenthèses.**

◆ **a.** Il faudrait que vous ... votre permis de conduire sur vous. *(avoir)*
◆ **b.** Si je ... maire la semaine prochaine, ma femme me ... . *(ne pas être élu, réconforter)*
◆ **c.** Bien qu'ils me l'..., ils ne ... pas me prêter cet argent. *(promettre, pouvoir)*
◆ **d.** Même si vous ... tout votre possible, vous n'... pas la catastrophe. *(faire, éviter)*
◆ **e.** Pourvu qu'elle me ... de venir la voir ! *(permettre)*
◆ **f.** Il ... désespéré alors que je lui ... beaucoup d'argent hier. *(rester, prêter)*
◆ **g.** Je regrette que vous ... avec autant de retard à cette réunion. *(arriver)*

**TEST 3. Complétez ces phrases par un seul mot (il peut y avoir plusieurs possibilités).**

◆ **a.** Nous sommes tous les deux membres de la même ... .
◆ **b.** J'ai obtenu mon permis de ... .
◆ **c.** Quand il est arrivé, je l'ai serré dans mes ... .
◆ **d.** Il n'y a pas de fumée sans ... .
◆ **e.** En cas d'..., il faut évacuer le bâtiment.
◆ **f.** N'oubliez pas de signer en bas du ... .
◆ **g.** Le 25 décembre est un jour ... .
◆ **h.** Pour l'inauguration de la piscine, le maire a fait un très long ... .

**TEST 4. Complétez avec *ce qui, ce que, ce dont, ce à quoi*.**

◆ **a.** Vous avez déjà payé, ... ne vous dispense pas de payer à nouveau.
◆ **b.** Il lui est arrivé tout ... il voulait éviter.
◆ **c.** Les actions à la Bourse ont baissé, ... il n'a pas assez fait attention et ... l'a ruiné.
◆ **d.** ... le maire a parlé au cours de la cérémonie, c'est de toutes les pétitions qu'il a reçues.
◆ **e.** ... il pense souvent, c'est aux vacances formidables qu'il va prendre.
◆ **f.** Cette guerre est ... le déprime et ... il n'arrive pas à se faire.
◆ **g.** C'est ... je me suis aperçu tout de suite, heureusement.
◆ **h.** Vous avez trouvé ... vous souhaitiez ?

**TEST 5. Quels sont les verbes qui correspondent à ces noms ?**

*Ex. : une préférence → préférer.*

◆ une aide
◆ une limitation
◆ un permis
◆ une plainte
◆ une réclamation
◆ une garantie
◆ une promesse
◆ la volonté
◆ une élection
◆ un regret
◆ une inauguration
◆ un mariage
◆ un souhait
◆ une décision
◆ une dispute
◆ un ralentissement.

**TEST 6. Faites correspondre les questions et les réponses.**

◆ **a.** Pourquoi n'avez-vous pas respecté la limitation de vitesse ?
◆ **b.** Souhaitez-vous qu'on supprime les services publics ?
◆ **c.** Vous pouvez me montrer vos papiers ?
◆ **d.** Je n'ai pas déjà rempli ce formulaire, par hasard ?
◆ **e.** Vous avez un numéro de téléphone ?
◆ **f.** Vous vous êtes fait voler votre portefeuille ?
◆ **g.** Vous vous appelez vraiment Victor Hugo ?
◆ **h.** À quelle adresse est-ce que je dois vous faire parvenir votre déclaration ?

◆ **1.** Les voilà.
◆ **2.** Domicile ou bureau ? Ou les deux ?
◆ **3.** C'est écrit sur mon passeport, non ?
◆ **4.** J'allais à 120. C'est interdit ?
◆ **5.** Il y a quelques minutes !
◆ **6.** Sur mon lieu de vacances. Je vous donne mes coordonnées.
◆ **7.** Quelle idée ! Ça ne fonctionne pas si mal !
◆ **8.** Non, c'est le modèle B-2.

# ÉVALUATION DE COMPRÉHENSION ET D'EXPRESSION

# Au SUPERMARCHÉ

En France, le premier supermarché a été inauguré en 1958, et le premier hypermarché a été ouvert en 1963 dans la banlieue de Paris. C'est dans ces « grandes surfaces » (5 500 m² en moyenne pour les hypermarchés, et 1 000 m² pour les supermarchés) que l'on vend plus de la moitié des produits alimentaires. On n'y trouve pas seulement des aliments : dans les hypermarchés, on peut aussi acheter des vêtements, des livres, des télévisions, des bicyclettes, de la peinture, des ordinateurs, de l'essence pour la voiture (à prix réduit), etc.

L'hypermarché n'est pas un lieu où vous pourrez parler beaucoup et améliorer votre français, parce que les gens y parlent très peu entre eux. Ils sont généralement stressés : il y a les distraits qui y font des kilomètres et ne trouvent rien, les mères de famille qui doivent éviter que les enfants mettent tout ce qu'ils aiment dans le chariot, ceux qui regrettent les petites boutiques du centre-ville mais qui viennent parce que c'est meilleur marché, les inquiets qui, en entrant, pensent déjà au chariot plein, à leur budget, et à la queue devant la caisse… Ensuite, quand on a payé et qu'on est sorti, il faut encore retrouver sa voiture parmi des centaines de voitures sur le parking, ce qui n'est pas toujours facile.

Si vous avez l'intention de payer à l'aide d'une carte bancaire, vérifiez bien avant de remplir votre chariot que le magasin accepte le type de carte que vous avez dans la poche.

---

**Phrases les plus fréquentes entendues à la caisse**
– Vous payez comment ?
– Bonjour.
– Je peux avoir un autre sac ?
– Composez votre code.
– Et voilà votre ticket de caisse !
– Ça aussi, c'est à vous ?

– Pour la garantie, je fais quoi ?
– La caisse est fermée, monsieur !
– Il faut aller à l'accueil.

**Phrases qu'on n'entend jamais**
– Vous croyez qu'il est bon, ce fromage ?
– Ça fait 150 000 calories.

---

## compréhension écrite

**a.** Est-ce que les grandes surfaces sont importantes dans le commerce français ?

**b.** Composez un dialogue incluant le plus grand nombre des phrases les plus fréquentes. (Attention, il faudra compléter car certaines questions ou réponses manquent.)

## expression orale

**a.** Expliquez / discutez où vous préférez faire vos achats (dans une boutique normale ou dans un hypermarché ?). Pourquoi ?

**b.** Imaginez d'autres phrases qu'on n'entend jamais.

*Sixième Escale*

# LES SERVICES PUBLICS

Qu'est-ce que les « services publics » pour les Français ? Il est difficile de le dire. De nombreux Français pensent aux grandes entreprises publiques qui ont eu pendant longtemps le monopole en France : EDF[1] pour l'électricité, GDF[2] pour le gaz, ou France Telecom pour le téléphone, par exemple. Mais toutes ne sont pas restées publiques : en effet, de nombreux services qui étaient publics ont été privatisés dans les années 90. En même temps, bien qu'il existe depuis très longtemps des écoles privées à côté de l'« école publique », et de petits hôpitaux privés à côté des hôpitaux publics, l'école et la santé font partie des services publics pour la plupart des Français… Enfin, tous les Français sont d'accord pour classer l'administration et les fonctionnaires parmi les services publics.

Il existe une longue tradition en France de se plaindre des services publics : il y a trop de papiers à remplir, on ne sait jamais qui est responsable de quoi, il faut toujours faire la queue, les fonctionnaires ne travaillent pas assez, ils ne répondent pas aux lettres de réclamation, etc. Pourtant, malgré ces plaintes, la plupart des Français souhaitent que les services publics restent publics car leur rôle leur semble important pour l'égalité entre les citoyens et la démocratie. Simplement, il faudrait qu'ils s'améliorent. Bien que les fonctionnaires admettent qu'il faudrait améliorer les services, ils se mettent en grève dès qu'on parle de « réforme » ou de changement…

1. EDF : Électricité de France.
2. GDF : Gaz de France.

## compréhension écrite

**a.** Sur quoi les Français sont-ils d'accord / ne sont pas d'accord en ce qui concerne la définition des « services publics » ?

**b.** Pourquoi est-ce difficile d'améliorer ces services en France ?

## compréhension orale

🎧 **Écoutez cette conversation et racontez tout ce que vous avez compris.**

## expression écrite

**a.** Le rôle et l'importance des services publics varie beaucoup d'un pays à l'autre. Qu'est-ce que les « services publics » dans votre pays ?

**b.** Un(e) ami(e) a envie de venir passer une année dans votre pays pour faire des études. Expliquez-lui quelles sont les démarches administratives qu'il (elle) doit faire.

**c.** Vous avez été mal reçu(e) dans un service public. Écrivez une lettre de protestation au directeur du service.

**d.** Vous avez été particulièrement bien reçu(e) dans un service public. Écrivez une lettre au directeur du service dans laquelle vous exprimez votre satisfaction (lettre de félicitations).

## expression orale

**(jeu de rôles)**

Choisissez votre rôle : A travaille au commissariat de police (fiche jeu de rôles p. 139) et B y vient pour obtenir sa carte de séjour (fiche jeu de rôles p. 141).

# MOT-VALISE

« **E**spèce de cornifleur ! »

L'homme avait hurlé ce mot par la fenêtre ouverte de sa voiture qui passait à toute vitesse au feu orange. Il avait l'air en colère. C'est vrai que j'aurais pu attendre le feu rouge pour commencer à traverser l'avenue… Mais lui aurait dû s'arrêter puisque les piétons ont la priorité. C'était la première fois qu'on me traitait de « cornifleur » ! Je trouvais ça intéressant et même amusant. Si le conducteur s'était arrêté, je lui aurais demandé pourquoi il avait utilisé ce mot qu'il voulait agressif. Mais c'était trop tard. Sa voiture était loin maintenant. J'avais une course urgente à faire, mais je me suis arrêté sur l'autre trottoir pour réfléchir… Pourquoi « cornifleur » ? Le conducteur inconnu avait sans le savoir (mais peut-on jamais être sûr ?) mélangé deux mots, c'était évident : « cornichon » et « chou-fleur ». Il avait fait un « mot-valise ». Le savait-il ? Ou bien sa colère lui avait-elle fait mélanger ces deux mots ? Je ne le saurai jamais. Il avait quand même fait l'équation : *cornichon + chou-fleur = cornifleur*. Joli mot-valise, donc. Deux syllabes en moins et c'était plus vite prononcé : quand on est agressif, il faut être bref ! Quand même, dans ce mot-valise, il y avait le nom d'un légume : « cornichon », et « cornichon », ça veut dire aussi « imbécile » ou « idiot ». Ce monsieur n'avait donc pas été aimable avec moi. Même si « chou-fleur » n'a pas d'autre sens que « chou-fleur » et, de plus, est un légume délicieux : ma mère, excellente cuisinière, le fait très bien.

Mais ce monsieur n'avait pas vraiment dit : « cornichon ! »… ce qui, après tout, n'est pas une grave insulte. Il m'avait traité de « cornifleur » ! J'en étais presque fier. Moi qui suis informaticien, je n'aurais pas aimé qu'il me traite de « progiciel ! » … Je ne saurais pas dire pourquoi. « Cornifleur », c'était presque un mot amical, quelque chose qu'un adulte, « une grande personne », comme on dit, pouvait adresser à un enfant imprudent. Un mot qui voulait dire : « Regarde où tu mets les pieds et attention la prochaine fois, hein ?! » Le mot utilisé, « cornifleur », disait tout cela en trois syllabes, les deux premières venant d'un mot et la dernière, d'un autre. Quelle économie ! En plus, le conducteur (l'imprudent, c'était quand même lui !) avait utilisé un mot qui n'était pas dans le dictionnaire. Quel dommage qu'il soit parti si vite !

Mais s'il s'était arrêté pour commencer une dispute, il aurait fallu que moi aussi je lui réponde. Et est-ce que j'aurais trouvé, moi, comme ça, sans réfléchir, un autre mot-valise pour faire jeu égal avec lui ? Ce n'était pas sûr. J'en arrivais presque à la conclusion que j'avais eu affaire à un poète. Les poètes ne sont-ils pas créateurs de mots ? Ne donnent-ils pas un sens nouveau aux mots déjà existants ?

Ce monsieur savait-il qu'il était poète ? Poète imprudent, mais poète… Et c'est à ce moment-là, en courant pour rattraper mon retard, que j'ai décidé d'appeler mon nouveau progiciel :

« CORNIFLEUR » !

---

Extrait du dictionnaire *Le Robert*, 1993.

MOT-VALISE [movaliz] n.m. – 1952 ; de *mot* et *valise*, calque de l'angl. *portmanteau word* créé par Lewis Carroll. Mot composé de morceaux non signifiants de deux ou plusieurs mots (ex. motel, progiciel) = > aussi **acronyme** [mot formé de syllabes de mots différents]. *Des mots-valises.*

PROGICIEL [pʁɔʒisjɛl] n.m. – 1962 ; de *pro(duit)* et *(lo)giciel*

® Inform. Ensemble de programmes informatiques munis d'une documentation, commercialisés en vue d'une même application. […] *Progiciel de traitement de texte, de gestion de base de données.*

# FICHES DE JEUX DE RÔLES A

## UNITÉ 2, AVENTURE 3, P. 17

**A.** Vous êtes agent immobilier et un client vous téléphone. Vous avez un seul appartement à louer (libre tout de suite, 700 € par mois, quartier calme, près du centre-ville). Voici le plan. Essayez de louer cet appartement.

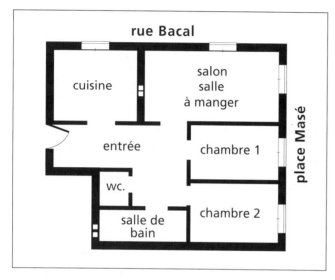

## UNITÉ 3, AVENTURE 3, P. 23

**A.** Vous êtes un(e) chanteur/chanteuse célèbre mais vous êtes aussi passionné(e) de géographie, de voyages et de cartes de géographie. Vous êtes invité(e) à la radio et un journaliste vous interroge sur votre dernier disque, mais vous avez surtout envie de parler de votre passion.

## UNITÉ 3, AVENTURE 5, P. 23

**A.** Vous êtes intéressé(e) par une annonce d'objet de collection à vendre : vous demandez des informations sur l'objet. Vous commencez la conversation par : « Allô ! je téléphone en ce qui concerne l'annonce… »

> **COLLECTION – DIVERS**
> **Vends 2** voitures jouets 1/43, marque Solido, modèles 2 CV-Citroën, couleur grise. Prix 450 F, et 403-Peugeot, couleur verte (prix à discuter).

## UNITÉ 4, AVENTURE 4, P. 33

**A.** Votre femme achète beaucoup de vêtements. Trop. Maintenant, il ne reste plus de place pour vos deux pantalons et vos trois chemises (vous au contraire, vous n'avez que ça, car vous en achetez très peu). Elle vient de rentrer à la maison, avec encore de nouveaux vêtements ! Trop, c'est trop ! Elle exagère vraiment ! Vous le lui expliquez. Mais vous ne voulez pas de scène de ménage. Vous commencez à parler.

## UNITÉ 5, AVENTURE 2, P. 39

**A.** Vous êtes une personne connue, célèbre. Choisissez pourquoi (sans le dire à B) : par exemple, vous venez de faire le tour du monde en bateau, ou vous êtes champion(ne) de tennis, ou acteur (actrice) de cinéma, ou prix Nobel de… C'était votre rêve de faire tout ce que vous avez fait. Vous répondez volontiers au journaliste, mais sans jamais dire pourquoi vous êtes célèbre (B ne le sait pas) : parlez de votre enfance, de vos parents, de vos amis, etc., mais pas de ce que vous faites actuellement (vous êtes en vacances). Si vous parlez de projets, dites que vous allez changer pour faire autre chose…

## UNITÉ 6, AVENTURE 4, P. 45

**A.** Vous êtes un enfant de 14-15 ans. C'est dimanche, et vous vous ennuyez à la maison (vous n'aimez pas lire, et tous les copains/copines sont partis en promenade, ou à la campagne, ou…). Vos parents, eux, aiment bien rester à la maison le dimanche pour se reposer après une semaine de travail, et ne rien faire, ou aller manger dans un restaurant (repas trop long, on s'ennuie)… Vous avez envie de faire quelque chose, de ne pas rester seulement devant la télévision. Proposez-leur une activité et essayez de ne pas aller au restaurant.

## DEUXIÈME ESCALE – AU CINÉMA, P. 47

**A.** Vous allez au cinéma avec votre enfant de 15 ans, un jour de pluie. Vous savez que le film est interdit aux moins de 16 ans, mais vous souhaitez voir le film tous les deux : discutez avec la personne à la caisse, et insistez… Vous n'êtes pas un père (une mère) sévère…

## DEUXIÈME ESCALE – À LA GARE, P. 48

**A.** Vous êtes un(e) jeune touriste qui ne parle pas français. Vous êtes à un guichet de la gare du Nord avec un(e) ami(e) qui parle français et votre langue, et qui vous aide à prendre un billet de train. Vous voulez aller à Lille… ou Amiens… ou Calais, vous hésitez beaucoup. Demandez les prix des billets, combien de temps dure le voyage, etc.

## UNITÉ 7, AVENTURE 5, P. 55

**A1.** Vous êtes très optimiste et vous devez obligatoirement prononcer le mot « avenue ».

**A2.** Vous êtes très pessimiste et vous devez obligatoirement prononcer le mot « automne »

## UNITÉ 8, AVENTURE 3, P. 61

**A.** Vous devez expliquer à B comment aller au bureau de tabac, mais vous n'aimez pas qu'il/elle

fume, vous êtes méfiant(e) et pessimiste, et vous voulez l'empêcher d'aller au bureau de tabac en insistant sur les dangers : il y a un pont à traverser, c'est loin, il y a beaucoup de voitures dans les rues à traverser, il fait froid et il va neiger, il peut faire de mauvaises rencontres, il fait bientôt nuit, etc.
Ne donnez le chemin, à la fin, que si B admet tous ces dangers, dit qu'il fera très très attention, et accepte de ne pas trop fumer. S'il est trop optimiste, refusez absolument de lui indiquer le chemin.

## UNITÉ 10, AVENTURE 5, P. 77

A. Vous êtes M. et Mme Arnal.
1. Vous invitez des amis (2 couples, les B – Blondin – et les C – Carré) pour fêter l'anniversaire de Mme Arnal. Vous leur téléphonez (chacun de vous téléphone à un couple) et vous précisez que vous ne voulez pas de cadeau et vous dites à chacun qui sera invité.
2. Les B et C arrivent ensemble chez vous pour la soirée.
3. Les B et C partent de chez vous après la soirée.

## UNITÉ 11, AVENTURE 4, P. 83

A. Vous voulez démissionner de votre entreprise. Vous n'êtes pas d'accord avec les dernières décisions prises, vous êtes fatigué du travail que vous faites. Vous téléphonez d'abord pour demander à votre chef si vous pouvez le rencontrer, puis vous allez dans son bureau pour l'informer de votre décision et vous expliquer.

## UNITÉ 12, AVENTURE 5, P. 89

A. Vous voulez parler très correctement, et vous demandez à un ami français si on dit : « je continue de parler » ou « je continue à parler ». Insistez pour obtenir une réponse.

## QUATRIÈME ESCALE – AU TÉLÉPHONE, P. 91

A. Vous êtes un(e) étudiant(e) d'Amérique du Sud, qui fait ses études en France et qui a mis une petite annonce dans son université : « Étudiant(e) colombien(ne) cherche étudiant(e) français(e) pour conversation en espagnol et en français et échange de connaissances. Je n'ai pas le téléphone, mais je peux vous rappeler. Si vous êtes intéressé(e) laissez votre numéro ici : .............. .
Après quelque temps, vous avez trouvé trois numéros de téléphone sur votre annonce. Appelez ces numéros (04 78 65 49 75 = B1 ; 04 72 87 65 23 = B2 ; 06 89 08 67 54 = B3). Vous ne savez pas si ce sont vraiment des étudiants intéressés qui ont laissé leur numéro, ou s'il s'agit d'une blague.

## UNITÉ 14, AVENTURE 5, P. 105

A. Vous êtes mère de famille (deux enfants). B, qui est journaliste, vous interroge après un séisme qui a beaucoup abîmé votre immeuble. En effet, vous ne pouvez plus y habiter. De plus, vous avez perdu beaucoup de choses. Par hasard, quelques semaines avant cet événement, vous aviez lu « Que faire en cas de séisme ? » [voir « Sortie 2, p. 104 »]. Vous n'avez donc pas été surprise. Vous avez fait ce qu'il fallait faire. Il n'y a pas eu de panique chez vous. Vous n'avez eu peur à aucun moment.

## UNITÉ 15, AVENTURE 4, P. 111

A. Vous êtes médecin. Vous détestez écrire des ordonnances. Vous croyez aux exercices physiques, au sport, aux repas légers, aux promenades en forêt ou à la montagne, à la marche en bord de mer, à la santé par les plantes. Vous essayez de convaincre B qui est un(e) client(e) difficile et exigeant(e) (il/elle en veut pour son argent !). En plus, c'est un(e) « malade imaginaire ».

## UNITÉ 16, AVENTURE 2, P. 121

A. Vous ne trouvez pas votre valise parmi les bagages à l'aéroport et vous allez faire une déclaration de perte. Vous êtes en colère, et vous trouvez que le personnel ne fait pas bien son travail. Pour montrer votre mauvaise humeur, obligez B à vous poser de nombreuses questions, en ne lui donnant que peu de renseignements dans chaque réponse. Vérifiez qu'il note bien tout. S'il ne note pas, protestez (il ne peut pas se souvenir de tout et en plus que va-t-il se passer quand il arrêtera son service à la fin de sa journée de travail ? etc.). Demandez-lui plusieurs fois s'il a assez de renseignements pour retrouver votre valise, rappelez-lui ses responsabilités, et n'ayez pas peur d'être agressif(-ve) !

## SIXIÈME ESCALE – LES SERVICES PUBLICS, P. 136

A. Vous travaillez au commissariat de police, au service des étrangers, pour délivrer les permis de séjour. Vous demandez à B ses papiers et attestations (passeport, attestation de la banque, trois photos et un timbre de 25 euros). Vous ne pouvez rien accepter si ce n'est pas complet. Vous ne pouvez pas accepter d'argent non plus. Le timbre de 25 euros est un timbre fiscal, un timbre spécial que l'on achète dans les bureaux de tabac, pas à la poste. Vous trouvez que B est sympathique, et vous avez envie de discuter un peu avec lui/elle.

# FICHES DE JEUX DE RÔLES B

### UNITÉ 2, AVENTURE 3, P. 17

**B.** Vous cherchez un appartement, et vous voulez l'habiter tout de suite. Vous téléphonez à un agent immobilier qui vous décrit un appartement. Dessinez le plan pour le présenter ensuite à votre famille.

### UNITÉ 3, AVENTURE 3, P. 23

**B.** Vous êtes journaliste à la radio et vous interrogez votre invité(e), un(e) chanteur/chanteuse célèbre, en ce qui concerne son dernier disque. Vous voulez savoir le nom de ce disque, les dates de ses prochains concerts, de quoi parlent ses chansons.

### UNITÉ 3, AVENTURE 5, P. 23

**B.** Vous êtes le fils/la fille d'un collectionneur/une collectionneuse qui a mis une annonce pour vendre un objet. Le téléphone sonne. Répondez. NB : Votre père/mère, le collectionneur ou la collectionneuse, est dans la salle de bains.

### UNITÉ 4, AVENTURE 4, P. 33

**B.** Vous venez de rentrer à la maison avec de nouveaux vêtements. Vous en achetez beaucoup. Vous voulez être à la mode. Vous faites ça pour votre mari : il peut ainsi être fier de vous. Vous savez qu'il pense que vous exagérez un peu, mais lui, il est vraiment mal habillé : il a seulement deux pantalons et trois chemises ! Vous êtes d'abord calme, mais vous vous énervez ensuite. C'est votre mari (A) qui commence à parler.

### UNITÉ 5, AVENTURE 2, P. 39

**B.** Vous êtes journaliste et venez voir A pour faire un reportage pour votre journal. Le nom de A est très connu, mais vous ne vous souvenez plus pourquoi. Vous vous intéressez à A et vous posez toutes les questions pour écrire votre reportage. C'est vous qui commencez à parler.

### UNITÉ 6, AVENTURE 4, P. 45

**B.** Vous êtes le père ou la mère de A, un enfant de 14 ou 15 ans. C'est dimanche et vous aimez bien rester à la maison pour vous reposer après une semaine de travail, et ne rien faire, ou aller manger dans un restaurant. Vous savez que cela ennuie votre fils/fille, mais vous êtes fatigué(e).

### DEUXIÈME ESCALE – AU CINÉMA P. 47, 3.

**B.** Vous travaillez à la caisse d'un cinéma. Une personne (A) arrive avec un enfant et veut acheter des billets pour voir le film. Vous demandez quel âge a l'enfant parce que le film est interdit aux moins de 16 ans. Vous avez vous-même des enfants et vous respectez les interdictions…

### DEUXIÈME ESCALE – À LA GARE, P. 48

**B.** (Vous parlez la langue de A et le français). Vous êtes à un guichet de la gare du Nord, pour aider votre ami(e) A, un(e) touriste qui ne parle pas français, à rendre un billet de train.

### UNITÉ 7, AVENTURE 5, P. 55

**B1.** Vous êtes très optimiste et vous devez obligatoirement prononcer le mot « appétit ».
**B2.** Vous êtes très pessimiste et vous devez obligatoirement prononcer le mot « gourmand ».

### UNITÉ 8, AVENTURE 3, P. 61

**B.** Vous voulez aller au bureau de tabac (vous fumez, et vous n'avez plus de cigarettes) et vous demandez le chemin à A. Vous êtes un optimiste, et vous n'avez jamais de problèmes dans la vie.

### UNITÉ 10, AVENTURE 5, P. 77

**B.** Vous êtes M. et Mme Blondin. M. Blondin est autoritaire et un peu agressif, Mme Blondin est toujours très (trop ?) gentille.
1. Vous recevez un coup de téléphone de vos amis les Arnal. D'abord, Mme Blondin répond, puis son mari arrive et il prend la communication.
2. Mme Blondin pense qu'il faut quand même faire un cadeau pour l'anniversaire. Elle téléphone aux C pour demander leur avis et proposer de faire un cadeau ensemble, et donc d'arriver ensemble chez A.
3. Vous arrivez chez A avec les C.
4. La soirée est finie. Vous partez.

### UNITÉ 11, AVENTURE 4, P. 83

**B.** A vous téléphone. Vous êtes le chef de A. Vous avez entendu parler de son intention de démissionner et vous n'êtes pas d'accord : tout le monde est content de lui dans l'entreprise, il doit prendre sa retraite dans cinq ans, et s'il démissionne maintenant il risque de rester au chômage…

### UNITÉ 12, AVENTURE 5, P. 89

**B.** Comme vous êtes français, un(e) ami(e) étranger(-ère) vous pose une question sur la langue française, mais vous ne connaissez pas la réponse. Vous essayez de ne pas répondre en disant que ce n'est pas important, que l'important c'est d'être compris, pas de faire des phrases correctes, qu'on peut dire les deux, etc. Peut-être, si A insiste beaucoup, vous devrez avouer que vous ne connaissez pas la réponse, mais essayez de ne pas le faire.

## Quatrième escale – Au téléphone, p. 91

**B1.** Vous êtes étudiant(e) (votre numéro de téléphone est le 04 78 65 49 75) et vous cherchez un étudiant étranger de langue allemande pour améliorer votre allemand. Vous avez l'intention de mettre une annonce mais vous ne l'avez pas encore fait. Votre téléphone sonne. Répondez.

**B2.** Vous êtes étudiant (votre numéro de téléphone est le 04 72 87 65 23), votre téléphone sonne, et vous n'aimez pas être dérangé pour rien : soyez agressif.

**B3.** Vous êtes étudiant (votre numéro de téléphone est le 06 89 08 67 54), votre téléphone sonne... On vous parle d'une idée à laquelle vous n'aviez pas pensé, mais finalement, vous êtes intéressé(e).

## Unité 14, aventure 5, p. 105

**B.** Vous êtes journaliste à la radio et vous interrogez une personne (A) après un tremblement de terre. Il n'a pas été très fort, mais il a fait beaucoup de dégâts dans la rue et l'immeuble où habite A. A est mère de famille. Vous essayez de lui faire dire qu'elle a eu peur, que c'était la panique, qu'elle ne savait plus que faire, qu'elle avait même oublié où elle se trouvait pendant le temps qu'a duré l'événement. Pour vous, il faut que l'émission soit la plus dramatique possible.

## Unité 15, aventure 4, p. 111

**B.** Vous ne vous sentez jamais vraiment en bonne santé. Vous avez mal partout. Vous allez souvent chez le médecin. Vous croyez que, plus vous prendrez de médicaments, mieux vous irez. Par ailleurs, vous aimez bien manger et boire. Vous fumez et vous faites très rarement du sport. En fait, vous regardez les sports à la télé. Votre médecin habituel est malade : vous avez donc pris rendez-vous chez le Dr A et vous essayez d'obtenir de lui une ordonnance bien remplie !

## Unité 16, aventure 2, p. 121

**B.** Vous travaillez à l'aéroport. On vous a mis(e) aujourd'hui au service des bagages perdus. Il y a eu de nombreux bagages perdus aujourd'hui, et vous n'avez plus de formulaires à faire remplir par les passagers. Vous êtes fatigué(e), et ces valises perdues ne vous intéressent pas spécialement.

## Sixième escale – Les services publics, p. 136

**B.** Vous avez fait la queue plus d'une heure au commissariat de police (service des étrangers) pour obtenir votre carte de séjour. Vous avez tous les papiers et attestations qu'on vous a demandés, et vous les présentez (passeport, attestation de votre banque, deux photos et 25 euros). Cela fait la deuxième fois que vous faites la queue car, la semaine précédente, vous aviez oublié les photos. Vous n'aimez pas les formalités administratives.

# FICHES DE JEUX DE RÔLES C

## Unité 3, aventure 5, p. 23

**C.** Vous êtes collectionneur/collectionneuse et vous avez mis une annonce pour vendre un objet. Vous êtes dans la salle de bains et le téléphone sonne. Votre fils/fille répond. Vous ne sortez pas, vous lui parlez à travers la porte.

> **COLLECTION – DIVERS**
> **Vends voiture jouet 1/43, marque Norev, modèle Dauphine-Renault, couleur rouge. Prix 450 F (à discuter).**

## Deuxième escale – À la gare, p. 48

| Départs | | Arrivées | | Train | Prix 2e cl. |
|---|---|---|---|---|---|
| Paris-Nord | 11 h 34 | Amiens | 13 h 22 | TER | 15 € |
| Paris-Nord | 14 h 13 | Amiens | 15 h 23 | TER | 15 € |
| Paris-Nord | 11 h 58 | Lille Flandres | 12 h 59 | TGV | 31,70 € |
| Paris-Nord | 12 h 58 | Lille Flandres | 13 h 59 | TGV | 31,70 € |
| Paris-Nord | 14 h 58 | Lille Flandres | 15 h 59 | TGV | 31,70 € |
| Paris-Nord | 11 h 34 | Amiens | 13 h 22 | TER | 30,35 € |
| Amiens | 15 h 36 | Calais Fréthun | 17 h 17 | TRAIN | |

**C.** Vous êtes employé(e) à la SNCF, à un guichet de la gare du Nord. Vous ne parlez que le français et il y a beaucoup de monde qui attend à votre guichet. Voici ci-contre les horaires des prochains trains pour Amiens, Lille et Calais.

## Unité 10, aventure 5, p. 77

**C.** Vous êtes M. et Mme Carré. M. Carré est timide et hésitant, Mme Carré est prétentieuse et très décidée.
1. Vous recevez un coup de téléphone de vos amis les Arnal. C'est Mme Carré qui répond.
2. Mme Blondin vous téléphone. D'abord, M. Carré répond, puis sa femme arrive et prend la communication. Elle accepte la proposition de Mme Blondin.
3. Vous arrivez chez les A avec les B.
4. La soirée est finie. Vous partez.

## UNITÉ 1

### Bagage 1b, p. 6

– Quels sont vos goûts ?

– Moi ? Oh vous savez, je suis un Français moyen, alors…

– Un Français moyen ? Et qu'est-ce qui intéresse un Français moyen ?

– Ah ah ! Bonne question ! Euh… D'abord, il aime bien manger, je crois.

– Oui, et puis… ?

– Il aime parler, il adore les vacances, le vin, le fromage, les parfums, la mode…

– C'est vrai ?

– Bof ! Tout ça c'est des clichés, je pense. Et vous ?

### Parcours 2, p.9

– Bon alors d'accord, je vous attends à l'aéroport.

– D'accord.

– Mais attendez, comment je vous reconnaîtrai ?

– Ah oui, c'est vrai ! Eh bien, c'est facile ; en voyage, j'aime être à mon aise. J'aurai des jeans et un tee-shirt euh… blanc.

– Et des chaussures de sport ?

– Des tennis, oui.

### Parcours 3a, p. 9

– Je peux vous aider ?

– Oui, je cherche un pull.

– Pour vous ?

– Oui, pour moi.

– Vous cherchez un pull comment ?

– Euh… je ne sais pas…

– Ah ! Vous n'avez pas une idée de ce que vous voulez ?

– Non, enfin… si, je veux un pull très chaud.

– Vous faites quelle taille ?

– Ma taille ? Je ne sais pas…

– Bon, je vais vous montrer quelques modèles…

– Celui-ci coûte combien ?

– Lequel ? Celui-ci ? Mais ce n'est pas un pull, c'est un tee-shirt !

– Ça ne fait rien, je le veux.

– Ah ? Bon !

### Sortie 2, p. 10

– Ça vous plaît d'habiter à Paris ?

– Bien sûr j'aime Paris, c'est très beau mais au bout d'un moment, quand on est né à la campagne, on a envie de rentrer, quand même, tout ça c'est très beau mais il y a un moment où on peut pas rester comme ça en ville…

– Alors vous n'êtes pas un vrai Parisien ?

– Non… J'ai un souvenir d'ailleurs c'est amusant car… un jour j'é… je me promenais sur les quais de la Seine, c'est très beau les quais de la Seine vous savez au printemps et j'ai rencontré un… un Pa… je, euh, je n'sais pas d'ailleurs si celui-là c'était un vrai Parisien… Bref je rencontre un Parisien au square Tino-Rossi, vous connaissez le square Tino-Rossi ? C'est un endroit que j'aime bien… et on se met à parler et je lui dis que je vais bientôt quitter Paris. Alors i'm'demande où j'vais aller et quand j'lui dis que j'retourne dans mon village, en Corrèze… c'est pas vraiment mon village c'est celui de mon oncle, mais c'est celui où j'ai passé une partie de mon enfance, et c'est aussi celui où j'ai de

meilleurs souvenirs, eh ben quand j'lui dis ça, que j'vais retourner dans mon village, i'm croit pas ! i'peut pas m'croire, lui, un Parisien ! Mais vous allez vous ennuyer qu'i m'dit ! Comment peut-on vivre ailleurs qu'à Paris ? C'est fou, non ?

### Sortie 4, p. 10

– Est-ce qu'on fait attention à la mode à Abidjan ? Est-ce qu'il y a une mode qui…

– Eh bien oui, en effet. Il faut considérer l'Afrique, la Côte d'Ivoire, Abidjan, la capitale, comme une métropole, une ville cosmopolite, euh…

– Une grande ville…

– Une grande ville, oui, ce qui veut dire que nous sommes au courant de tout ce qui se passe au niveau du prêt-à-porter en France et dans le reste du monde, c'est-à-dire les principales villes comme Paris, Londres, Milan, et tout… et puis le fait d'être dans un pays chaud, ça vous inspire au point de vue de la couleur, on se marie un peu avec l'environnement : il y a beaucoup de couleurs en Afrique, en Côte d'Ivoire, et ça, ça inspire beaucoup l'individu, quoi. Voilà. Donc, d'une manière générale, nous sommes très préoccupés par la mode.

– Quelle est la couleur à la mode, actuellement ?

– Il n'y a pas de couleur à la mode. C'est-à-dire que les Africains, en général, sont des gens qui aiment le mélange des couleurs…

– Donc beaucoup de couleurs ?

– C'est bariolé, beaucoup de couleurs, beaucoup d'imagination, oui…

### Aventure 1, p. 11

– Tu ne les trouves pas ?

– Non, pourtant elles sont dans cette valise !

– Mais tu cherches lesquelles exactement ?

– Les noires, celles que je mets avec ce pantalon.

– Tu vas mettre celles-là pour marcher dans la campagne ?

– Oui. Pourquoi pas ?

## UNITÉ 2

### Parcours 1, p. 15

– Dis, tu sais que je vais déménager ?

– Déménager ? Là, tout de suite ?

– Déménager, oui, ça veut dire changer de logement. Tu comprends ?

– Bien sûr je comprends, mais je suis surpris. Tu as déjà envie de changer d'appartement ?

– Non, pas d'appartement ! Je quitte la ville.

– Tu vas habiter où ?

– Dans un village. Tu comprends, j'en avais assez de la ville !

– Ah ? Tu préfères la campagne ?

– Je crois. Et puis je vais habiter dans une maison !

– Celle de tes parents ?

– Oui ! Comment tu as deviné ?

– Pas difficile ! Toi, quand tu parles d'un village, c'est toujours celui où tu es né.

### Parcours 2, p. 15

– Allô ! Je vous téléphone à propos de l'appartement à louer.

– Lequel ?

– Celui du quartier Montmartre.

– Oui. Je vous écoute.

– Je peux vous poser quelques questions ?

– Bien sûr, je vous en prie.

– Il a quatre pièces, n'est-ce pas ?

– Euh… non, trois… plus la cuisine.

– Et les chambres donnent où ? Sur la rue ?

– Non, C'est la salle de séjour qui donne sur la rue.

– Ah ? Elle donne sur la rue ?

– Oui. Mais la rue est très calme.

– Très calme, vous êtes sûr ? Et la cuisine est à côté ?

– La cuisine est à côté du séjour, oui.

– Et la salle de bains est où ?

– Entre les deux chambres.

– Bien, merci. Je peux le voir quand ?

– Tout de suite si vous voulez…

### Sortie 2, p. 16

a. Quai G. Le train à destination de Mâcon va partir. Veillez à la fermeture des portes, attention au départ.

b. Votre attention s'il vous plaît ! Les passagers du vol AF 452 pour Tokyo sont invités à se rendre en salle d'embarquement.

c. Attends ! J'ai pas de ticket, t'en as un ?

d. – Vous allez où ? – Bonjour, je vais au 126 rue Laennec. – Non, désolé, mais je vais pas de ce côté ! – Mais…

e. J'ai jamais pu supporter quelqu'un qui fume le cigare pendant qu'on mange ! Non, monsieur ! Je regrette mais c'est plus que désagréable. Garçon, vous pouvez me changer de table, s'il vous plaît ?

f. – Je regrette, messieurs dames, mais tout est complet. – Comment ça complet ? Mais on a réservé depuis plus de quinze jours ! – Ah bon, vous avez réservé ? Fallait le dire tout de suite. C'est à quel nom ? – Meurice. – Meurice… voilà, c'est la chambre 112.

### Sortie 3, p. 16

– Un autre auditeur en ligne… c'est Nicole, je crois… Nicole vous êtes là ?

– Oui, bonjour.

– Alors Nicole, vous voulez apporter un témoignage, je crois.

– Enfin un témoignage… je voudrais dire, voilà, je trouve que tout le monde se plaint en ce moment ! Moi, je suis révoltée ! On proteste, on râle… pourquoi pas des bombes ? Non, j'sais pas…

– Nicole, vous, vous n'avez pas envie de râler ?

– Non !

– Vous avez des enfants, Nicole ?

– Oui, j'ai une petite fille de 10 mois, et je trouve ça formidable. Bien sûr, la vie n'est pas toujours toute rose, j'ai beaucoup de travail, mais quoi ! On peut pas toujours se plaindre !

## UNITÉ 3

### Bagage 1b, p. 18

1. Quoi ? Ça m'étonnerait, tu parles !

2. Le chocolat suisse est meilleur, ça c'est sûr.

3. Il a pas dû arriver, j'crois.

4. Mais évidemment, voyons !

5. Il te faut encore travailler, ça est évident.

**Bagage 4, p. 20**

– Bonjour, je suis Sabine Deschamps, du journal *Le Progrès*. Vous acceptez de répondre à quelques questions ?
– Bien sûr, mademoiselle !
– On sait que vous êtes passionné de voitures anciennes. Je peux vous demander comment ça a commencé ?
– Je crois que j'ai toujours aimé les voitures… À vingt ans j'ai eu ma première voiture et je n'ai pas pu me décider à la revendre quand j'en ai acheté une autre, voilà comment ça a commencé…

**Parcours 1, p. 21**

– Bonjour, je suis Sabine Deschamps, du journal *Le Progrès*. Je peux vous poser quelques questions ?
– Bien sûr !
– On sait que vous êtes passionné de cuisine et que vous avez déjà essayé les meilleurs restaurants. Pouvez-vous expliquer pourquoi vous avez ce goût pour la cuisine ?
– C'est à cause de ma mère.
– À cause ?
– Ou grâce à elle comme vous voulez. Elle m'a donné ce goût de bien manger, ou plutôt de toujours essayer de bien manger. Avec elle j'ai appris à être gourmand.
– Gourmet ou gourmand ?
– Pour moi, c'est presque la même chose.
– Vous avez essayé combien de restaurants ?
– Oh là là ! Quand on aime on ne compte pas… Plus de mille, en tout cas.
– En France seulement ?
– Non, à l'étranger aussi : surtout en Suisse et en Belgique, et aussi au Luxembourg.
– Qu'est-ce que vous aimez manger ?
– Tout.
– Vous mangez souvent chez vous ?
– Bien sûr !
– Vous faites vous-même la cuisine ?
– Évidemment !
– Pouvez-vous me montrer le menu de votre collection que vous préférez ?
– Non, je ne l'ai pas ici : je ne me promène pas avec !
– Où est votre collection ?
– C'est un secret !

**Sortie 3, p. 22**

Alors c'est un professeur qui rend les copies d'examen. Il dit à une étudiante :
– Mademoiselle, je regrette, mais vous avez zéro !
L'étudiante est surprise :
– Zéro ? Mais j'ai répondu la même chose que mon amie Sabine qui a 18.
Alors le prof lui explique qu'elle a répondu *presque* la même chose :
– Pour la question n° 9, votre réponse est *un peu* différente.
– Pour une question seulement et j'ai zéro ?
– Eh oui, mademoiselle.
Alors l'étudiante demande ce que cette question a de si important, et le professeur dit que c'est la réponse qui est importante, pas la question.
– Ma réponse ? Elle est différente de la réponse de Sabine ?
– Oui et non…
[L'étudiante] : – Je ne comprends pas…
[Le professeur] : – C'est simple : à la question 9, Sabine a répondu : « Je ne sais pas. »
[L'étudiante] : – Et moi, qu'est-ce que j'ai répondu ?
[Le professeur] : – Vous avez répondu : « Moi non plus. »

## PREMIÈRE ESCALE

**À l'office de tourisme, p. 25**

E : Bonjour, c'est à vous ?
H : Oui, je crois…
E : Je vous écoute.
H : Voilà, on vient d'arriver dans la région, on cherche un hôtel…
E : Vous n'avez rien réservé ?
H : Si, on a un hôtel, mais il ne nous plaît pas.
E : Ah bon ? je peux vous demander où vous êtes ?
H : Oui, à l'hôtel des Granges.
E : Tiens ! c'est un bon hôtel, pourtant !
H : Oui, mais c'est à cause du…
f : Papa, tu demandes si on peut faire du VTT ?
H : Oui, minute…
F : On peut faire des randonnées, par ici ?
E : Oui, bien sûr, voici une carte avec plusieurs circuits.
H : Bon, pour l'hôtel…
E : Alors vous avez ici la liste des hôtels, mais ce soir, tout va être complet, je pense… en cette saison, vous savez, surtout un samedi soir… Vous ne pouvez pas rester à l'hôtel des Granges au moins ce soir ?
H : Si, enfin non, c'est-à-dire, c'est parce que…
f : Papa, regarde, y a des cours de natation à la piscine…
F : Mais tu sais déjà nager !
f : Tu rigoles ? Je nage comme une casserole !
E : Bon, si vous ne pouvez pas aller à l'hôtel, il y a la possibilité des chambres chez l'habitant.
H : Ah ? Et c'est bien ?
E : Il y en a à tous les prix, des plus simples, vous voyez ici, aux plus chères : celle-là est dans un château du XVIIᵉ.
F : Moi j'adore tout ce qui est ancien ! Ça doit être extra de dormir dans un château, non ?
H : Mais ça va être comme à l'hôtel… On ne pourra pas y rester à cause du…
f : Papa ! Papa ! Regarde ! Tu vas être content ! Il y a un jardin à visiter !
H : Mais je savais, voyons ! C'est pour ça qu'on est venu ici !
F : Bon alors ce soir, on dort où ?
H : Ben on va voir… je peux prendre la brochure là, sur les chambres chez l'habitant ?
E : Bien sûr, c'est pour vous.
H : Merci.

## UNITÉ 4

**Bagage 4b, p. 30**

– Tu ne trouves pas que tu es excessive ? Tu exagères toujours ! Ras-le-bol à la fin !
– Et toi, tu as vu ta tête ? Tu t'es regardé dans une glace ? Hein ? Une vraie catastrophe !
– Répète un peu ce que tu viens de dire !
– Oui. Ta tête : une vraie catastrophe !
– Elle ne te plaît pas, ma tête ? Ah, Elle plaît pas ? Et toi, tu as vu la tienne ?
– Arrête de crier ! Qu'est-ce qu'ils vont dire les voisins ?
– Les voisins, je m'en moque ! Ils peuvent penser ce qu'ils veulent, ça m'est strictement égal !
– Mais calme-toi et arrête de hurler ! Je te préviens que si tu continues, je m'en vais, et tu ne me reverras plus jamais ! Je te préviens !
– C'est ça, retourne chez ta mère, espèce de…!
– Et toi, chez la tienne, espèce de nul !
– Idiote !
– Imbécile !

**Parcours 1, p. 31**

« Et voici maintenant notre grand feuilleton de l'été. Résumé du premier épisode : Angèle avait divorcé et habitait maintenant avec sa fille Catherine qui avait 16 ans. Catherine était partie depuis une semaine pour faire un grand tour de l'Europe en train. Comme sa copine Anna ne pouvait pas venir avec elle, Catherine était partie seule. Un soir tard, Catherine avait téléphoné et Angèle avait entendu sa fille lui dire qu'elle avait peur, qu'ils l'obligeaient à rester avec eux et qu'ils la menaçaient. Elle hurlait presque au téléphone, et Angèle lui avait demandé de se calmer. Sa fille avait alors seulement eu le temps de lui dire qu'elle se trouvait avec eux à Lausanne.
Qui "eux", qui étaient ces gens ? Angèle était allée à la police pour tout raconter, mais on lui avait répondu qu'il ne fallait pas avoir peur, que sa fille allait certainement revenir dans quelques jours, et qu'elle devait attendre un peu. Angèle avait alors décidé de partir à Lausanne pour chercher sa fille elle-même. »

**Sortie 2, p. 32**

L'amour est enfant de bohème,
Il n'a jamais, jamais connu de loi ;
Si tu ne m'aimes pas, je t'aime,
Et si je t'aime, prends garde à toi !

**Aventure 2, p. 33**

Non, nous, il y a longtemps que… attends, la dernière c'était il y a trois ans. Et c'était en public ! On s'est tout dit ce jour-là ! Après, on s'est excusés et depuis ça va. Mais j'en ai eu une autre avec ma mère, il n'y a pas longtemps ! Enfin… pas grave.

## UNITÉ 5

**Bagage 3b, p. 35**

– Il a dû rater son bus.
– Je ne crois pas. S'il avait raté son bus, il nous aurait téléphoné avec son portable !
– Alors, il est probable que sa montre ne marche pas.
– Je ne crois pas. Si sa montre ne marchait pas, il s'en serait sans doute aperçu !

**Parcours 3, p. 36**
**a.** – Où rêvez-vous d'aller en vacances ?
– Au Canada, pour le froid, la neige, les forêts, enfin tout, quoi...
– Je comprends. Et vous y allez cet été ?
– Non, pas du tout, c'est seulement un rêve. Cet été, je vais partir en Corse avec mes parents. Ce sera assez classique.
**b.** – Où rêvez-vous d'aller en vacances ?
– À Los Angeles, aux États-Unis. À cause de tout ce que j'ai vu à la télé.
– Ah bon. Et vous y allez cet été ?
– Non, je ne vais nulle part cet été. Je vais travailler et faire des économies pour me payer le billet d'avion. Je partirai peut-être l'an prochain. On verra !
**c.** – Où rêvez-vous d'aller en vacances ?
– En Nouvelle-Calédonie, à Nouméa. Parce que là-bas, il y a les îles, la mer. Ma tante y est allée et c'était super !
– Je vois. Et vous y allez cet été ?
– Je ne peux pas partir si loin parce que j'ai trop peur de prendre l'avion. Non, je reste ici à Genève, et... je me baignerai dans le lac. Ce sera moins exotique, mais tant pis !

**Parcours 5b, p. 37**
– Je n'ai plus d'argent, Marcel...
– Quoi Paul ? Tu as déjà tout dépensé ? Ce n'est pas possible !
– Si, si. tout. Il me reste seulement 500 euros sur mon compte.
– Mais ils ont dû se tromper, à ta banque ! Qu'est-ce que tu as fait ? Tu as acheté un château ?
– Même pas... J'en ai donné un peu à droite et à gauche, je suis allé dans les meilleurs restaurants, euh, j'ai acheté des vêtements, euh... Je ne sais pas... L'argent est parti tout seul... comme ça...
– Mais alors Paul, comment tu aurais fait si tu n'avais pas gagné le gros lot ?

**Aventure 3, p. 39**
– Alors ? Tu l'as eu ?
– Non, pas encore, je l'aurai ce soir... C'est long...
– Mais, tu vas l'avoir, ton bac, tu verras ! Moi aussi, le mien, je l'aurai ce soir...
– Attends, tu n'as pas passé le baccalauréat, toi !
– Non, mais j'ai acheté un billet de loterie !

# UNITÉ 6

**Parcours 3b, p. 43**
– Moi, je fais une collection de timbres français, de préférence des timbres rares avec des défauts.
– Vous les préférez vraiment avec des défauts ?
– Ah oui ! Un timbre avec un petit défaut n'a pas de prix. Il est beaucoup plus cher que les autres parce qu'il est plus rare.
– Ça m'étonnerait !
– Si, si, je le sais bien ! Trouver un timbre avec un défaut, c'est comme gagner le gros lot !
– Ça, c'est drôle. Il y a autre chose que vous préférez avec des défauts ?
– Oui, presque tout. J'achète seulement des choses qui ont des défauts. Comme ça, je peux exiger une réduction sur le prix.

– Vous avez raison : un petit défaut, c'est l'idéal !

**Sortie 3, p. 44**
– Alors, on joue au Loto, en Côte d'Ivoire ? Est-ce qu'il y a des jeux comme ceci pour essayer de gagner beaucoup d'argent ?
– Oui, absolument. Parce que le premier jeu qui a été introduit, c'est la Loterie nationale. En fait, tout le monde a ce rêve de devenir riche, un jour.
– Et toi, si tu gagnais un million de francs ou un million d'euros, qu'est-ce que tu ferais ?
– Eh bien avant tout, quand on gagne de l'argent, parce que vous savez, en Afrique, on n'est pas seul : on a la famille au sens élargi du terme, c'est-à-dire que quand vous avez une famille, ce n'est pas seulement vous, votre femme et vos enfants : c'est aussi les parents de votre femme, au sens élargi du terme, et de même, du côté de votre famille paternelle.
– C'est-à-dire que ça englobe les frères, les sœurs, les oncles, les tantes.
– Exactement.
– Donc, si tu gagnais un million de francs ou un million d'euros, toute la famille en profiterait ?
– Devrait en profiter, ça, c'est une obligation... à moins que je ne fasse pas part de mon bonheur, que je ne dise rien à personne.

**Aventure 3, p. 45**
– Ils sont tous comme ça ! Ils m'énervent !
– Mais non, tu exagères, il y en a qui sont moins autoritaires.
– Tu parles ! Parce qu'ils sont plus vieux, ils se croient tout permis ! Mais nous aussi, les jeunes, on sait choisir et décider.
– Tu crois que tu seras comme eux quand tu en seras un ?

# DEUXIÈME ESCALE

**À la gare, p. 48 – 2. Compréhension orale**
**a.** – Le train n° 107 à destination de Tarare partira quai n° 5.
– Arrivée du train n° 1737 en provenance d'Ambérieux quai n° 13.
– Le train n° 97 à destination de Villefranche partira quai n° 9.
– Arrivée du train n° 1575 en provenance de Saint-Étienne quai n° 11.
**b.** – Bonjour, monsieur. Je voudrais aller à Lille.
– Quel jour ?
– Aujourd'hui, par le premier train.
– Il y a un train qui part théoriquement à 10 h 17, donc dans 20 minutes. Ça vous va ?
– Oui, très bien. Mais excusez-moi, pourquoi avez-vous dit « théoriquement ».
– Parce qu'il y a une grève. Donc, ce n'est pas sûr. Mais vous pouvez prendre un billet.
– Bon, mais si le train ne part pas à cause de la grève ?
– Vous prendrez le suivant, à 13 h 05. Il faudra que vous changiez la réservation. C'est tout...

– C'est tout ! C'est tout ! Mais c'est inadmissible, ça ! Vous, les Français, vous faites tout le temps grève ! C'est incroyable à la fin !
– Ne vous énervez pas, madame, et vous exagérez un peu : ce n'est pas tout le temps... Je vous comprends, mais moi, je n'y peux rien ! Alors, un aller simple ou un aller-retour ?
– Mais si le train ne part pas, vous me rendez mon argent ?
– Bien sûr, mais attention : je ne peux vous rembourser votre billet que s'il n'est pas composté. Alors, un aller simple ou un aller-retour ?
– S'il n'est pas composté... Euh... Simple, en 1ʳᵉ classe.
– Vous avez une carte de réduction ?
– Non.

# UNITÉ 7

**Bagage 1b, p. 50**
– Dites, vous avez vu ça, tous ces accidents ?
– Oh moi, vous savez, personnellement...
– Quand même, c'est bien triste !
– Bah, on n'y peut rien, c'est comme ça...

**Bagage 4b, p. 52**
« Comme vous pouvez le constater en 1999, on pensait qu'elle allait rester stable, à son niveau minimum après plusieurs années de baisse lente mais sensible. On prévoyait qu'elle allait remonter un peu en 2000, puis qu'elle allait diminuer en janvier 2001... Pas de quoi s'inquiéter, donc. »

**Sortie 3, p. 54**
– Monsieur ! Monsieur ! N'ayez pas peur, c'est pour un sondage !
– Ah ! Encore un sondage !
– Oui, une petite question : vous êtes content de vivre à notre époque ?
– Écoutez, si ce n'est pas la fin du monde, on n'en est pas loin !
– Vous croyez vraiment que le pire est à craindre ?
– Et vous, vous trouvez que tout marche bien, peut-être ?
– Euh... tout, non... mais il ne faut pas exagérer.
– Et toutes ces catastrophes dans les journaux, à la radio, à la télé ?
– Vous n'espérez pas du tout que ça va s'arranger ?
– Il n'y a plus rien à espérer, c'est moi qui vous le dis !

**Aventure 2, p. 55**
– [bzzzzz.........]
– Non, il ne m'en faut pas beaucoup.
– [bzzzzz.........]
– Oui, juste un peu.
– [bzzzzz.........]
– Oh, c'est pour m'aider à finir le mois.
– [bzzzzz.........]
– Oui, je sais, on n'est que le 19.
– [bzzzzz.........]
– Écoute, sois gentil, juste un petit effort, quoi...
– [bzzzzz.........]
– Je te le rendrai le mois prochain, d'accord ?

## Unité 8

### Bagage 2c, p. 57

– Est-ce que vous êtes comme moi ? Moi, plus je mange, plus j'ai faim.

– Hmm, je vois… et plus vous avez faim, plus vous voulez manger.

– Et vous, non ?

– Moi, si. Mais pour autre chose : plus je fume et plus j'ai envie de fumer. J'avais 15 ans quand j'ai commencé à fumer.

– Et plus on vous dit que vous devriez arrêter, moins vous avez envie de le faire.

– C'est exactement ça.

– C'est comme moi. Et vous avez d'autant plus envie de continuer qu'on vous dit que ce n'est pas prudent, que c'est dangereux pour la santé.

– Voilà. Il faut appeler les choses par leur nom : je suis intoxiqué… C'est plus fort que moi : il faut que je fume. Mais j'arrête de fumer vingt-cinq fois par jour !

– Moi aussi, je suis intoxiqué mais je m'arrête de manger huit ou dix fois par jour !

### Parcours 1, p. 59

a. On consomme d'autant plus qu'on a plus d'argent.

b. À mesure que les gens vivent plus vieux, les enfants et leurs parents deviennent des étrangers.

c. La consommation varie en fonction de la confiance des gens.

d. J'avais pris la décision de ne plus fumer. Eh bien, j'ai repris hier.

e. Ce qui était moderne hier est devenu ancien aujourd'hui.

f. J'avais pensé vous apporter des livres, mais vous lisez trop.

g. Mon grand-père doute encore que l'homme ait marché sur la Lune en juillet 1969.

h. Je ne suis pas intoxiquée, mais j'ai besoin de mes vingt petits cafés tous les jours…

i. Il m'a dit qu'il n'approuvait pas absolument mon projet, mais qu'on allait quand même essayer.

### Aventure 1, p. 61

– Moi, je la verrais avec beaucoup de couleurs. D'autant plus de couleurs qu'on serait à la campagne. Le bon air, le soleil, tu vois ?

– Oui, il faut quelque chose qui donne envie de vivre, d'oublier le temps qui passe.

– Alors, l'homme serait là, assis sur son cheval, l'air heureux.

– Et notre bouteille serait là, pas trop grande, au coin, à droite, à l'entrée de la forêt.

– D'accord, mais où est-ce qu'on mettrait la formule : « L'abus d'alcool est dangereux pour la santé… Consommez avec modération » ? On ne peut pas l'éviter, tu le sais bien…

### Aventure 2, p. 61

« Bravo ! Vous avez gagné ! Ne soyez pas méfiant. Je vous le répète : vous avez gagné ! Mais quoi, me direz-vous ? Ah, c'est là où ça devient intéressant et c'est d'autant plus intéressant pour vous que vous êtes la seule personne à avoir gagné ce formidable, cet extraordinaire ordinateur portable, dernière génération. Vous doutez encore ? Téléphonez au 0 800 76 76 76 avant minuit ! Au revoir. »

## Unité 9

### Parcours 3b, p. 65

– Il coûte combien, ce verre ?

– 8 euros et demi.

– Holà, c'est cher !

– Non, à ce prix, c'est une occasion. Il est ancien. Il est beau, n'est-ce pas ?

– Mais regardez, il est abîmé, là, sur le bord.

– Où ? Ça ne se voit pas, ça. C'est rien.

– Ouais, c'est pour ça que je l'ai vu tout de suite !

– Écoutez, s'il vous intéresse vraiment, je vous le fais à 8 euros. Vous collectionnez les verres ?

– Moi, non. C'est pour offrir à une amie. Allez, faites-moi un meilleur prix. Regardez : il a un petit défaut, là. Vous voyez ?

– Bon, 7 euros et demi. Mais c'est bon marché, et à ce prix-là, je commence à perdre de l'argent, moi.

– Non. Vous faites encore une bonne affaire. Disons 6 euros et demi à condition que je vous achète aussi ce second verre. Il coûte combien celui-là ?

– 6 euros seulement. Mais c'est pour m'en débarrasser.

– Je comprends que vous vouliez vous en débarrasser : il est un peu détérioré, c'est dommage !

– Vous le voulez gratuitement peut-être ?

– Non, n'exagérons pas ! 5 euros, ça vous va ?

– D'accord.

### Parcours 5, p. 65

– Pardon, madame, c'est pour une enquête. Vous achèteriez cet appareil de télévision si on baissait son prix de 160 euros ?

– Ah, il va y avoir des soldes ? C'est un vieux modèle, ça ? Je n'aurais pas cru…

– Non, il est nouveau, il vient de sortir. Je voudrais seulement savoir si vous achèteriez cet appareil de télévision si on baissait son prix de 160 euros.

– Euh, ah non ! S'il ne coûtait plus que 380 euros, je penserais immédiatement que c'est un appareil de mauvaise qualité. Ça, c'est sûr !

– Et vous, monsieur ?

– Ah moi, je crois que j'attendrais qu'il baisse encore un peu !

– Selon vous, la qualité ne dépend pas du prix demandé ?

– Non… Euh bon, bien sûr, en cas de prix vraiment réduit, je me méfie un peu de la qualité quand même. Mais autrement, non… Mais dites, si vous me faites une réduction de 160 euros, et aussi, à condition que vous repreniez le mien 160 euros, je crois que ça commence à m'intéresser ! D'accord ?

– Mais monsieur, je ne vends rien. Je fais seulement une enquête sur les prix.

– Tant pis…

### Sortie 1, p. 66

[Elle] – Tu crois vraiment que… ? Enfin, elle est pas un peu grosse ?

[Lui] – Mais non, c'est super ! Avec ça, tu peux faire beaucoup de tasses d'un seul coup !

[Le vendeur] – Oui, six tasses… ou trois grandes tasses, ça dépend.

[Elle] – Mais c'est trop cher ! Et puis dans la cuisine, tu vas la mettre où ?

[Lui] – Attends ! Tu n'as même pas demandé le prix, et tu dis déjà… Vous la faites à combien ?

[Le vendeur] – Seize cents francs ! Dans l'commerce, vous trouvez pas un truc comme ça à moins de deux mille cinq cents francs.

[Lui] - Neuf.

[Le vendeur] – Neuf cents francs ? Vous plaisantez !

[Lui] – Non, je veux dire neuf… Dans les magasins, à deux mille cinq cents francs, c'est des machines neuves. Celle-là, eh ben… elle est pas neuve.

[Elle] – Ça doit faire du bruit, non ?

[Le vendeur] - J'peux pas vous dire quel bruit ça fait, je l'ai pas essayée mais en tout cas, si elle est pas neuve, elle est pas vieille : elle est encore sous garantie.

[Elle] – Mais Patrick, je te répète que ça va prendre trop de place dans la cuisine, et en plus elle est trop chère !

[Lui] – Bon, vous nous la faites à combien ?

[le vendeur] – Pour la dame, je veux bien descendre à quatorze cents.

[Elle] – Et pis on prend pas tant de café que ça !

[Lui] – Tous les matins, ça fait pas mal !

[Elle] – Oui mais pas six tasses ! Non, pas question d'acheter ça, enfin, Patrick !

[Le vendeur] – Bon, écoutez, treize cents, mais…

[Elle] – Et c'est pas toi qui vas la nettoyer, cette machine ! T'as vu comme elle est compliquée ?

[Le vendeur] – Compliquée ? Mais non ! Et il y a le mode d'emploi !

[Elle] – Je veux dire compliquée à nettoyer ; à utiliser, je sais pas…

[Le vendeur] – Bon, pour vous madame, je descends à douze cents, mais c'est mon dernier prix.

[Lui] – D'accord pour douze cents. On vous paie par chèque ?

(Ils s'éloignent et parlent à mi-voix)

[Elle] – (riant) Alors t'as vu ? Je l'ai eue à douze cents !

[Lui] – (riant) Bien joué ! Toi, quand tu veux quelque chose… Bon, il y a autre chose que tu… ne veux pas et qu'on pourrait acheter pas cher ?

### Aventure 1, p. 67

« Centre commercial Parly VI, bonjour ! Ceci est un message pour nos meilleures clientes. Nos magasins sont ouverts tous les jours, du lundi au samedi, de 8 heures 30 à 20 heures. Pendant ce mois de janvier, le mois des soldes, nos magasins seront ouverts jusqu'à 22 heures, du mercredi au vendredi. Toujours à votre service, Parly VI vous informe qu'aujourd'hui vendredi, dernier vendredi du mois, nos réductions vont de 50 à 75 % – oui, vous avez bien entendu ! – de 20 à 22 heures. Nous vous attendons... sauf si vous n'aimez pas les soldes, ce qui nous étonnerait beaucoup. À très bientôt, donc. »

### Aventure 2, p. 67

– Moi, je ne dis pas que les soldes, ça ne m'intéresse pas, mais ce n'est pas le prix que je regarde d'abord. Ce n'est pas ça le plus important.
– Oui, je suis comme vous, mais il faut aussi que la couleur me plaise...
– C'est vrai, la couleur, et puis, je réfléchis le temps qu'il faut, je pose des questions au vendeur, j'essaie, je compare. Vous comprenez, c'est *[bruit]* d'abord qui est importante... le prix vient ensuite. À quoi ça sert de payer pas cher si elle n'est pas bonne ?

## TROISIÈME ESCALE

### Dans les cimetières de Paris, p. 70 – Compréhension orale

(*À l'office du tourisme de Paris*).
– Bonjour, est-ce que je peux vous aider ?
– Oui. Bonjour. Nous voudrions voir La Fayette.
– Lafayette ? Les Galeries Lafayette ? C'est facile. Vous voyez : c'est sur le boulevard Haussmann, métro Chaussée-d'Antin, lignes 7 ou 9.
– Euh, pardon... Non, ce n'est pas ça. Nous sommes américains, vous comprenez ?
– Ah... Vous venez d'arriver ?
– Pardon ?
– Vous êtes arrivés quand à Paris ?
– Ah, euh, ce matin.
– Et vous ne voulez pas aller aux Galeries Lafayette ? C'est un grand magasin, vous savez, très intéressant !
– Non, nous voulons voir, comment dites-vous ?... Là où se trouve La Fayette.
– Ah, je comprends : vous voulez parler du général La Fayette ?
– C'est ça ! Nous, Américains, nous aimons beaucoup La Fayette. Il a aidé notre pays à gagner la guerre d'indépendance en 1781. Nous voulons voir sa, euh...
– Sa tombe ?
– Oui ! Vous savez où elle est, s'il vous plaît ?
– Attendez... Oui, voilà. Elle se trouve au cimetière Picpus, vous voyez : au sud-est de Paris. C'est un petit cimetière.
– Et sa tombe est vraiment là ?
– Exactement : c'est là qu'il est enterré. Vous pouvez y aller très facilement par le métro : c'est la ligne 1 ou 9. Ou par le RER A. Et vous descendez à « Nation », la station « Nation ». Votre hôtel est où ?
– À Montparnasse.
– Alors, il vaut mieux prendre la ligne 6 et descendre directement à la station Picpus. C'est plus pratique pour vous.
– Nous pouvons y aller cet après-midi ?
– Bien sûr. À partir du 15 avril, c'est ouvert de 14 à 18 heures. Mais vous avez aussi une visite guidée à 14 heures 30 et une autre à 16 heures : je vous la recommande.

## UNITÉ 10

### Bagage 2b, p. 73

1. – Bonjour ! Entrez, entrez ! Ça va ? mais ne restez pas devant la porte, voyons... n'ayez pas peur, on va pas vous manger !
– Bonjour... Euh... oui, ça va. Je...
2. – Encore des fleurs ? Ouais... moi je préfère le vin !
– Ben oui, mais les fleurs, je les ai trouvées en bas, dans ton jardin : y avait pas de vin !
3. – Bon ! Alors tu entres ou tu restes à la porte ?
– Ben je ne sais pas, j'ai pas beaucoup de temps, je passais juste pour te rendre tes disques.
4. Bonjour monsieur, j'espère que je ne vous dérange pas, je passe pour proposer...
– Ça ne m'intéresse pas, non merci !

### Bagage 6c, p. 74

1. – Bon, allez ! On commence à s'ennuyer ici ! Je m'en vais ! Tchao !
– Mais attends ! T'as pas pris le café !
– Le café, ça m'énerve, et vous aussi ! Salut !
– Mais qu'est-ce qu'il a, lui ?
2. – Je crois que je vais partir maintenant... je pourrai prendre le dernier métro...
– Ah bon ? Vous partez déjà ?
– Oui, non, enfin, je peux aussi prendre un taxi.
– Bien sûr !
– Mais ça va être difficile d'en trouver un au milieu de la nuit.
– Mais non, on téléphonera !
– D'un autre côté, je ne veux pas vous déranger...
3. – Ouf ! Il est déjà 11 heures, on y va ?
– Attends, je raconte comment on a raté...
– Mais il est tard ! On y va, je te dis. Allez, bonsoir à tous, merci beaucoup et à bientôt ! Au revoir !
– Mais attends...
4. – Bien, je dois partir maintenant. Madame, monsieur, je vous remercie pour cette excellente soirée.
– Mais c'était un plaisir...
– À très bientôt j'espère, merci encore ; bonne nuit.
– Au revoir.

### Aventure 1, p. 77

« Bonjour ! Dites, j'suis ennuyée là... euh c'est Catherine. Voilà, je vous explique : ce soir, on va être treize à table et... j'sais bien que ça se fait pas d'inviter au dernier moment, mais si vous pouviez venir, ce serait bien... Vous m'appelez dès que vous pouvez pour me dire ? Merci. »

### Aventure 2, p. 77

– C'est pas vraiment comme celui du mois dernier, tu te souviens ? Chez...
– Si je me souviens ! Formidable ! Qu'est-ce qu'on s'est bien amusés chez eux ! La conversation était passionnante, et vraiment marrante, en plus !

– Et en plus, elle fait super bien la cuisine !
– Et le vin ! Non mais t'as goûté leur vin ! Un bordeaux 95 !
– Oh oui, je me souviens, quel vin !
– Mais dis, c'est quand, le prochain ? On va l'attendre longtemps, tu crois ?

## UNITÉ 11

### Bagage 1c, p. 78

– Alors, qui va gagner selon vous ? Nantes ou Calais ?
– Calais bien sûr !
– Qu'est-ce qui vous fait penser ça ?
– C'est que l'équipe de Calais a plus envie de gagner.
– Pour quelle raison ?
– Eh bien, c'est simple : ils y croient vraiment ! Il faut dire qu'ils ne sont pas des professionnels, eux ! Allez Calais !

### Bagage 2c, p. 79

– Vous comprenez, personne ne m'aide !
– Vous voulez dire que vous n'êtes aidée par personne ?
– Oui, je ne suis pas aidée, et tout le monde m'énerve !

### Sortie 1, p. 82

a. C'est un vieux couple qui reçoit un vieux copain à dîner. Toutes les fois que le mari parle à sa femme, il lui dit « mon amour », « mon lapin », « mon chou », etc. À un moment, pendant que la femme est à la cuisine, le vieux copain s'étonne :
– C'est formidable, après trente ans de mariage, de dire encore « mon amour » ou « mon chou » ou « ma biche »...
– C'est que, répond le mari, j'ai oublié comment elle s'appelle.
b. C'et un journaliste célèbre qui interviewe à la télévision une actrice qui a écrit un roman et qui a reçu un prix de littérature. Il pense que cette actrice, qui est très belle, est trop stupide pour écrire un livre. Il lui dit :
– Votre roman est vraiment très beau, mais enfin... qui vous l'a écrit ?
Et elle répond :
– Merci, mais... qui vous l'a lu ?

### Aventure 1, p. 83

« Allô ! C'est le journal ! On n'a toujours pas trouvé votre article ici. Pouvez-vous nous dire quand il a été envoyé, par qui, comment ? »

### Aventure 2, p. 83

a. C'est arrivé sans prévenir. Ça a été le vrai, le complet, quoi ! Et depuis je suis toujours amoureux.
b. La première où j'ai travaillé, c'était très sympathique, mais elle était trop petite et j'avais peur de me retrouver au chômage, alors j'ai changé. Celle où je suis maintenant est plus grande, je pense que ma situation est plus sûre.

## UNITÉ 12

### Bagage 1c, p. 84

– Tu sais quoi ? J'm'ai, pardon, je me suis décidé à prendre des leçons de français.
– Ah bon ? Quelle idée de prendre des leçons ?

– Pour améliorer mon français, tiens !
– D'accord. Mais dans quel but tu veux l'améliorer ?
– Pour que mes collègues me comprennent mieux.
– Ils ne te comprennent pas ?
– Si, mais quand j'écris, c... c'est pas bien clair, tu vois. Alors j'voudrais mieux écrire de façon que...
– De façon à ?
– Oui, c'est ça, de façon à être mieux compris... et puis aussi, j'ai l'intention de demander une promotion...
– Ah ah ! Tu veux prendre des cours pour devenir chef, c'est ça ?

## Parcours 2, p. 87

Ne dites pas : « Je m'en rappelle », mais dites : « Je m'en souviens ou je me le rappelle ».
Ne dites pas : « C'est un espèce de bateau », mais dites : « C'est une espèce de bateau ».
Ne dites pas : « Je me demande qu'est-ce que tu fais », mais dites : « Je me demande ce que tu fais ».
Ne dites pas : « C'est les gens que j'ai vus hier », mais dites : « Ce sont les gens que j'ai vus hier ».
Ne dites pas : « Il est en colère après moi », mais dites : « Il est en colère contre moi ».
Ne dites pas : « La cravate fait sérieux », mais dites : « La cravate donne un genre sérieux ».
Ne dites pas : « Oui, c'est bien de ce film dont il parle », mais dites : « Oui, c'est bien de ce film qu'il parle » ou « C'est bien ce film dont il parle ».
Ne dites pas : « C'est lui dont sa femme n'est pas là », mais dites : « C'est lui dont la femme n'est pas là ».
Ne dites pas : « Après qu'il soit parti... », mais dites : « Après qu'il est parti...»
Ne dites pas : « Il est allé au médecin », mais dites : « Il est allé chez le médecin ».
Ne dites pas : « Je m'excuse », mais dites : « Je vous prie de m'excuser » ou « Excusez-moi je vous prie ».
Ne dites pas : « Je préfère la campagne que la banlieue », mais dites : « Je préfère la campagne à la banlieue ».

## Sortie 4, p. 88

J'suis snob... J'suis snob
C'est vraiment l'seul défaut que j'gobe
Ça demande des mois d'turbin
C'est une vie de galérien
Mais quand je sors avec Hildegarde
C'est toujours moi qu'on r'garde
J'suis snob... Foutrement snob
Tous mes amis le sont
On est snobs et c'est bon
Chemises d'organdi, chaussures de zébu
Cravate d'Italie et méchant complet vermoulu
Un rubis au doigt... de pied, pas çui-là
Les ongles tout noirs et un très joli p'tit mouchoir
J'vais au cinéma voir des films suédois
Et j'entre au bistro pour boire du whisky à gogo
J'ai pas mal au foie, personne fait plus ça
J'ai un ulcère, c'est moins banal et plus cher.

## Aventure 1, p. 89

« C'est madame Granger. Voilà, il est neuf heures... j'essaie de vous appeler depuis un moment parce que je ne sais pas si nous nous sommes bien compris l'autre jour, mais vous êtes invité chez nous ce soir. Bref, on vous attend... Comme j'ai peur de n'avoir pas été assez claire quand j'en ai parlé, je vous appelle, d'abord pour vous rappeler que vous êtes invités, et pour vous dire que même si vous trouvez ce message tard dans la soirée, vous pouvez venir. Nous sommes avec plusieurs amis et on va se mettre à table, mais la soirée ne finira pas avant minuit ou une heure. »

## Aventure 2, p. 89

– Moi, j'en fais beaucoup.
– En français ?
– En français, je crois, pas trop... Non, en anglais.
– Moi, j'en fais surtout quand j'écris.

## QUATRIÈME ESCALE

### Au téléphone, p. 91 – Compréhension orale

– Allô ? Denis ? C'est Julien
– Ah, désolé, vous devez faire erreur.
– Excusez-moi, vous n'êtes pas Denis ?
– Non, mais attendez, je reconnais votre voix... et je connais un Julien... Julien Peretti.
– Mais c'est moi !
– Ah ! ici c'est Daniel Davoust.
– Daniel ! Salut ! Mais comment ça se fait que...?
– Ah ça ! C'est pas à moi qu'il faut le demander, c'est toi qui as appelé.
– Attends, mais oui ! Je me suis trompé... Sur mon agenda, ton numéro est à côté de celui de Denis...
– Bon, alors si c'est une erreur je raccroche !
– Attends ! Déconne pas ! Ça fait un moment dis donc qu'on s'est pas vus ! Qu'est-ce que tu deviens ?
– Oui ça fait un moment, depuis que je suis parti en Bretagne.
– Et tu y es toujours ?
– Ben non, tu vois, je suis revenu. En fait, je suis resté presque un an là-bas, mais ça n'a pas marché...
– Ah bon...
– Et toi, comment ça va ?
– Ça va ça va, pas de changement quoi !
– La vie de famille ? Ça te plaît toujours ?
– Oui, tu sais que j'ai deux filles maintenant.
– Mais oui, tu venais d'avoir la deuxième quand je suis parti en Bretagne. Dis donc, t'aurais pu m'appeler !
– Toi aussi ! T'étais trop occupé en Bretagne !
– Oh tu sais ce que c'est ! Mais maintenant que je suis de retour, faut qu'on se voie !
– C'est ça. On se fera une petite bouffe un de ces jours. On se rappelle, d'accord ?
– Attends ! Quand on dit un de ces jours, ça veut dire jamais, alors on

décide maintenant !
– Allez d'accord. Alors attends, je regarde.

## UNITÉ 13

### Bagage 3, p. 96

1. Vous croyez que cette décision est la meilleure ? Moi, j'en doute un peu.
2. Vous avez tout à fait raison.
3. C'est certain comme 2 et 2 font 4.
4. Il ne me semble pas qu'il faille choisir cette solution.
5. Permettez-moi d'être méfiant.
6. Ça ne fait aucun doute.
7. Il n'est pas certain que ce projet réussisse.
8. Non mais, sans blagues, je voudrais bien voir ça !

### Parcours 3, p. 97

– Monsieur, s'il vous plaît, je fais une enquête pour mon journal...
– Vous voulez mon opinion sur quoi ?
– Je vais vous poser une question : que pensez-vous de la rumeur publique ?
– La rumeur publique ?
– Oui, la rumeur publique, les bruits qui courent, ce qu'on entend ici ou là, vous voyez ?
– Oh, si on devait croire tout ce qu'on raconte... Moi, je ne crois que ce que je vois.
– Mais vous voyez des choses à la télé. Vous y croyez ?
– Justement, à la télé on interroge des gens et ils répondent, comme moi je vous réponds. C'est du temps perdu, si vous voulez mon avis.
– Mais à la télé, il y a aussi des experts, des gens sérieux qui ont des choses à dire.
– Si on devait croire ce que disent les experts...
– Vous pensez que vous êtes bien informé ?
– Trop informé, vous voulez dire ! J'apprends à la télé, à la radio, dans les journaux et les magazines des choses qui ne servent à rien et qui ne valent rien.
– Le bruit court qu'on va changer de gouvernement, ça ne vous intéresse pas ?
– Si vous me dites : « Un nouveau gouvernement vient d'être mis en place »... alors oui, ça peut m'intéresser.
– Eh bien, justement, c'est fait !
– Vraiment ? Ce n'est pas une blague ? Au revoir : je vais tout de suite acheter le journal.

### Aventure 1, p. 99

« Bonjour. Nous sommes une société immobilière moderne et dynamique. Nous vous laissons ce message pour que, plus tard (trop tard !), vous ne disiez pas : "Ah, si j'avais su... !" ou bien : "J'aurais dû faire ça plus tôt !", ou encore : "J'aurais mieux fait de les appeler tout de suite !" Il ne nous semble en effet pas possible que vous puissiez passer à côté des excellentes affaires que nous vous proposons. Nous avons entendu dire que vous cherchiez à changer d'appartement... Alors, appelez-nous vite au 01 45 25 35 65. »

### Aventure 2, p. 99

« D'accord, on se retrouve dans un quart d'heure. Je te propose celui d'Air

France. C'est plus pratique : on ne peut pas se tromper, c'est devant la porte F. »

## UNITÉ 14

### Bagage 2b, p. 101
– Vous savez que l'euro baisse ?
– Oui, et alors ?
– Eh bien, ça provoque une augmentation des exportations !
– Vous voulez dire que l'euro baisse tellement que les exportations augmentent ?
– Exactement. Par conséquent, la consommation des Européens augmente aussi.
– Oui, et alors ?

### Aventure 1, p. 105
– Vous avez lu le dernier sur la question ?
– Oh, vous savez, j'en ai tellement lu…
– Oui, mais celui-ci apporte des réponses nouvelles.
– Oh, la plupart ne font que tourner autour de la question.
– Je vous répète que dans celui que je suis en train de lire, il y a quelque chose de vraiment nouveau.
– Je ne suis pas convaincu… pour ne pas dire que je reste méfiant.
– Bon, je vous le laisse : lisez-le vous-même. Il n'est pas long…

## UNITÉ 15

### Bagage 1c, p. 106
– S'il vous plaît, laissez-moi voir votre laissez-passer.
– Un laissez-passer ? Pour quoi faire ? J'ai une carte d'identité !
– Désolé, cette entrée est strictement réservée aux médecins et au personnel de l'hôpital.
– Mais je suis médecin !
– Ah, pardon ! Vous avez l'air si jeune ! Allez vous faire faire un laissez-passer à l'administration. Vous verrez : ils font ça en cinq minutes et revenez ici.

### Bagage 3b, p. 107
– Oh, dis donc, ça n'a pas l'air d'aller, toi !
– Non, je ne me sens pas bien.
– Qu'est-ce que tu ressens ?
– Je ne sais pas. Une impression bizarre…
– Tu n'as pas mal quelque part, par hasard ?
– Si, j'ai un peu mal à la tête et au ventre.
– Il faut que tu fasses appeler un médecin de l'hôpital !
– Surtout pas ! Je me méfie d'eux : avec leurs médicaments, ils me rendent malades !

### Parcours 1, p. 109
– Je n'ai pas de conseils à vous donner, mais, à votre place, je me ferais faire des examens très sérieux.
– Pourquoi ? Je ne suis pas malade !
– Si vous attendez d'être malade pour les faire faire…
– Actuellement, je n'ai pas le temps de me faire faire des examens.
– Vous dites ça, mais vous allez laisser le temps passer et, après, vous le

regretterez, mais il sera trop tard.
– On ne pourrait pas changer de conversation ?
– Non. Vous allez venir avec moi jusqu'à l'hôpital !

### Sortie 3, p. 110
KNOCK *(Se levant.)* : Donc, je compte sur vous, mon ami. Et rondement, n'est-ce pas ?
LE TAMBOUR, *(Après plusieurs hésitations.)* : Je ne pourrai pas venir tout à l'heure, ou j'arriverai trop tard. Est-ce que ça serait un effet de votre bonté de me donner ma consultation maintenant ?
KNOCK : Heu… Oui. Mais dépêchons-nous. J'ai rendez-vous avec M. Bernard, l'instituteur, et avec M. le pharmacien Mousquet. Il faut que je les reçoive avant que les gens n'arrivent. De quoi souffrez-vous ?
LE TAMBOUR : Attendez que je réfléchisse ! *(Il rit.)* Voilà. Quand j'ai dîné, il y a des fois que je sens une espèce de démangeaison ici. *(Il montre le haut de son épigastre.)* Ça me chatouille, ou plutôt ça me grattouille.
KNOCK *(D'un air de profonde concentration.)* : Attention. Ne confondons pas. Est-ce que ça vous chatouille ou est-ce que ça vous grattouille ?
LE TAMBOUR : Ça me grattouille. *(Il médite.)* Mais ça me chatouille bien un peu aussi.
KNOCK : Désignez-moi exactement l'endroit.
LE TAMBOUR : Par ici.
KNOCK : Par ici… où cela, par ici ?
LE TAMBOUR : Là. Ou peut-être là. Entre les deux.
KNOCK : Juste entre les deux ?… Est-ce que ça ne serait pas plutôt un rien à gauche, là où je mets mon doigt ?
LE TAMBOUR : Il me semble bien.
KNOCK : Ça vous fait mal quand j'enfonce mon doigt ?
LE TAMBOUR : Oui, on dirait que ça me fait mal.[…]
KNOCK : Ah ! Ah ! très important. Ah ! Ah ! Quel âge avez-vous ?
LE TAMBOUR : Cinquante et un, dans mes cinquante-deux.
KNOCK : Plus près de cinquante-deux ou de cinquante et un ?
LE TAMBOUR *(Il se trouble un peu.)* : Plus près de cinquante-deux. Je les aurai fin novembre.
KNOCK *(Lui mettant la main sur l'épaule.)* : Mon ami, faites votre travail aujourd'hui comme d'habitude. Ce soir, couchez-vous de bonne heure. Demain matin, gardez le lit. Je passerai vous voir. Pour vous, mes visites sont gratuites. Mais ne le dites pas. C'est une faveur.
LE TAMBOUR *(avec anxiété.)* : Vous êtes trop bon, docteur. Mais c'est donc grave, ce que j'ai ?
KNOCK : Ce n'est peut-être pas encore très grave. Il était temps de vous soigner. Vous fumez ?
*Knock ou le triomphe de la médecine,* Jules Romain, Gallimard, 1924.

### Aventure 1, p. 111
« Bonjour. Vous êtes bien au

05 56 89 91 21. Le laboratoire d'analyses médicales du Docteur Lenoir est ouvert tous les jours, de huit heures trente à dix-huit heures, sans interruption, sauf les dimanches. Aucun rendez-vous n'est pris. Présentez-vous au laboratoire à l'heure de votre choix… Vous serez immédiatement reçu(e) par une secrétaire compétente. Votre examen aura lieu au maximum quinze minutes plus tard. N'oubliez pas d'apporter l'ordonnance de votre médecin. Merci de votre attention. »

### Aventure 3, p. 111
« Non, pour cette sorte de médicaments, vous n'avez pas besoin que je vous en fasse une. C'est en vente libre dans n'importe quelle pharmacie. Je vous le répète : vous n'en avez vraiment pas besoin. »

## CINQUIÈME ESCALE

### Dans le métro, p. 113 – Compréhension orale
*(Au guichet de la station.)*
– Bonjour. Vous avez des billets ?
– Je suis là pour ça, vous savez…
– Pardon ?
– Je dis que mon travail, c'est de vendre des billets de métro. Vous en voulez combien ?
– Euh, un.
– Un billet ? Évidemment, avec un billet vous pouvez rester toute la journée dans le métro…
– Je peux rester dans le métro ?
– Oui, à condition de ne pas sortir des stations où vous descendez.
– Mais je veux sortir ! Je veux visiter Paris, pas le métro !
– Alors, il vous faut plus d'un billet. Comme ça, vous ne serez pas obligé de faire la queue à chaque fois.
– Faire la queue ?
– Ben oui, attendre que tous ceux qui sont avant vous soient servis.
– Ah ?! Alors, deux billets, s'il vous plaît.
– Vous êtes vraiment sûr que vous ne voulez que deux billets ?
– Euh, peut-être trois alors ! Combien coûte un billet ?
– Regardez devant vous : vous avez le prix du billet à l'unité. Ça vous fait 1 euro 50 pour un billet ou 4 euros 50 pour trois billets. Mais prenez plutôt un carnet : ça coûte moins cher que dix billets à l'unité.
– Oh là là, c'est compliqué pour moi. C'est quoi, un « carnet » ?
– Justement, c'est dix billets. Ça vaut douze euros cinquante cents. Évidemment, je peux vous vendre un seul billet. Mais vous pouvez aussi acheter un billet de tourisme valable deux, quatre ou sept jours. C'est plus pratique, mais c'est plus cher qu'un carnet. Je ne vous propose pas, bien sûr, la « carte orange » qui est valable un mois. Je doute que vous restiez un mois à Paris, hein ?! Vous voyez, vous avez le choix. Mais derrière vous, il y a des gens qui font la queue ! Il faut vous décider !

## UNITÉ 16

### Bagage 4c, p. 117
– Bonjour, monsieur. C'est pour quoi ?
– Bonjour. On m'a volé ma voiture.
– Dites, vous en êtes sûr ?
– Oui, absolument certain. Elle était fermée à clé sur le parking devant la maison, il y a une alarme, et en plus, je peux surveiller le parking, de ma fenêtre. Elle était là, je vous assure, avant que j'aille me coucher.
– Je vous crois. Bon, je vais enregistrer votre déposition. Alors, vous êtes monsieur ?
– Arthur Joyau, J.O.Y.A.U. J'habite 78 rue de la Seine.
– Arthur Joyau, 78 rue de la Seine. On vous a volé votre voiture quand ?
– Cette nuit.
– Dans la nuit du 13 au 14 mai. Vous en êtes sûr ?
– Oui, je l'avais laissée là, sur le parking, hier soir, vers 19 heures.
– C'est une voiture de quelle marque, quel modèle, et quelle couleur ? Vous avez les papiers de la voiture ?
– Non, Je les avais laissés dedans.
– Mais monsieur, il ne faut jamais les laisser dedans, même si vous la fermez à clé.
– Oui, je comprends. Euh, c'est une Peugeot...

### Parcours 3a, p. 119
1. – Non, madame, vous ne pouvez pas obtenir un permis de travail en Belgique. Ce n'est pas la peine d'en demander un.
– Pourquoi ?
– Parce que sans permis de séjour, pas de permis de travail. Vous êtes donc dans l'obligation d'avoir d'abord un permis de séjour. Voici un formulaire de demande.
2. – Madame, vous n'avez rien à déclarer ?
– Non.
– Vous pouvez ouvrir cette valise, là, s'il vous plaît.
3. – Je voudrais ouvrir un compte.
– Oui. Vous êtes déjà cliente chez nous ?
– Non, je viens d'arriver en Belgique.
– Mais vous travaillez ici ?
– Oui, je vais commencer à travailler la semaine prochaine, et il me faut un compte pour être payé.
– Je comprends, bien sûr. Est-ce que vous pouvez me remplir ce formulaire, madame ?

### Aventure 1, p. 121
« J'espère que je ne serai pas contrôlé, parce que je ne l'ai pas. Mais oui, je sais bien que je devrais toujours l'avoir sur moi quand je conduis, mais ce matin, je me suis changé, c'est d'ailleurs toi-même qui me l'as demandé, et je l'ai oublié dans la poche de ma veste. Alors, c'est de ta faute si je ne l'ai pas ! Tu n'avais qu'à ne pas me demander de me changer ! »

## UNITÉ 17

### Parcours 2b, p. 125
– Allô ? Christiane ? Devine ce qui m'arrive !
– Non, je ne sais pas. Qu'est-ce qui t'arrive ?
– Eh bien, tu sais, j'ai travaillé tout le mois dernier pour l'université de Lyon, et ils ne m'ont pas encore payée.
– Ton salaire a un peu de retard, il n'y a pas de quoi s'affoler !
– Mais je ne m'affole pas ! Je leur ai demandé pourquoi. Ils m'ont dit qu'il y a un règlement administratif et qu'ils ne vont pas me payer avant la fin avril. Tu te rends compte ?
– Si tard que ça ? C'est incroyable ! Ils exagèrent !
– Oui, c'est vrai... Vraiment, je suis bien à plaindre. Dis, tu peux me prêter de l'argent ?
– Tu as besoin de combien ?
– À peu près 200 euros. C'est possible ?
– Ça dépend. Quand est-ce que tu pourrais me les rendre ?
– Je ferai l'impossible pour te les rendre le plus rapidement possible.
– Bon, mais pas après le 15 avril, parce que moi aussi, j'ai mes problèmes, tu sais.
– D'accord, pas après le 15 avril, je te le promets.
– Bon. Alors, ça va. Passe me voir cet après-midi.
– Je savais que je pouvais compter sur toi. Merci.

### Aventure 2, p. 127
« Vous l'avez vu ? Non ? Ah, quel spectacle. Je n'en avais jamais vu un, en vrai ! J'ai regardé ça de ma fenêtre, il a duré, oh... deux heures, peut-être. En tout cas, il a fallu presque deux heures aux pompiers pour l'arrêter ! Heureusement que ce n'est pas dans notre immeuble que c'est arrivé, n'est-ce pas ? »

## UNITÉ 18

### Bagage 3b, p. 129
a. Joyeux anniversaire, joyeux anniversaire, joyeux anniversaire Léa, joyeux anniversaire.
b. À l'occasion de cette nouvelle année, c'est un plaisir pour moi de présenter à tous les habitants de la commune, mais surtout à vous, les anciens qui êtes notre mémoire, mes vœux les plus chaleureux...
c. Bonne fête maman !
d. Mon beau sapin, roi des forêts, que j'aime ta verdure.
e. ...Fin de notre journal, merci de nous avoir écoutés, joyeuses Pâques à tous, à demain.
f. Comme chaque année, le président de la République est présent pour assister à la cérémonie qui commence par le traditionnel défilé militaire sur les Champs-Élysées. Comment imaginer un 14 juillet sans défilé militaire ? Le président a pris place à la tribune aux côtés de...

### Parcours 3, p. 130
a. Pour conclure, nous sommes à la fois très heureux et fiers que vous ayez choisi de faire vos études dans notre université. Nous savons que vous aurez de gros efforts à faire car tous les cours ont lieu dans une langue qui vous est encore étrangère, mais qui le sera rapidement de moins en moins, et nous ne doutons pas que vous réussirez. Nous vous souhaitons à tous et à toutes un excellent séjour parmi nous.
b. Soyez persuadés que nous ne nous affolons pas pour rien. Bien au contraire ! Ce que je veux souligner aujourd'hui, c'est que l'environnement nous concerne tous et que chacun d'entre nous doit se convaincre et convaincre son voisin que la pollution est une question trop grave pour être laissée de côté. Sauver notre planète est notre responsabilité à tous. C'est pourquoi nous demandons qu'on prenne des mesures avant qu'il soit trop tard.
c. Je voudrais profiter de ce dernier repas en famille pour vous remercier tous de m'avoir accueillie si gentiment, et de m'avoir si patiemment corrigée quand je faisais des fautes de français. J'espère que vous aurez un jour l'occasion de visiter mon pays, et que j'aurai ainsi l'occasion de vous recevoir à mon tour, bien sûr, pas pour une année complète comme ça a été le cas ici, mais au moins pour quelques jours.
d. Cela fait 15 ans que nous en parlons à chaque été, quand il fait chaud, cela fait 10 ans que nous souhaitons que chaque habitant de la commune puisse apprendre à nager, cela fait 5 ans que nous avons réellement mis en route ce projet, elle est aujourd'hui enfin terminée ! Enfin ! Dans quelques minutes, je couperai le ruban, et dans moins d'une heure, les premiers seront déjà dans l'eau, bien qu'elle soit encore un peu froide.

## SIXIÈME ESCALE

### 2. Les services publics, p. 136 – Compréhension orale
– Vous avez tout rempli ?
– Oui, je crois.
– Ah, vous avez oublié de signer. Je vais vous demander une petite signature, là en bas.
– Ah oui, je n'avais pas vu. Je signe tout de suite.
– ... Merci. Bon, et vous avez une attestation de domicile ?
– Non, parce que je ne sais pas... Qui peut me délivrer une attestation de domicile ?
– Mais c'est écrit derrière ! Regardez : vous apportez une facture d'électricité ou de gaz à votre nom ! Revenez demain avec ça... Non, pas demain, c'est samedi, et le bureau sera fermé... Moi, je ne peux pas vous délivrer de permis de séjour si votre dossier n'est pas complet ! Et les photos d'identité, vous en avez trois ? Écoutez, lisez bien ce qui est écrit derrière pour avoir tous les papiers qu'on vous demande. Si vous ne comprenez pas très bien, faites-vous aider par un ami, ce n'est pas compliqué ! Au suivant !

# Mémento grammatical

Les nouveautés grammaticales étant introduites progressivement, ce mémento permet de regrouper les connaissances autour de notions grammaticales en en donnant une vision d'ensemble. Il reprend aussi certains apports de ESCALES 1.

# LES PRONOMS

**❶ SUJET :** *Je vais bien. Je pose la question à vous **qui** connaissez bien le problème.*

**❷ TONIQUE**
- Insistance : ***Moi,** je travaille le dimanche.*
- Après préposition : *C'est différent chez **eux**.*
- Après « c'est », « ce sont » : *C'est **vous** ? Ce sont bien **eux**.*

**❸ RÉFLÉCHI (avec verbe pronominal) :** *Je **m'**arrête de fumer. Ils **se** disputent souvent.*

**❹ COMPLÉMENT D'OBJET DIRECT (accusatif) :** *Je vais **le** préparer. C'est le modèle **que** vous préférez ?*

**❺ COMPLÉMENT D'ATTRIBUTION (datif, question « à qui ? ») :** *Il **lui** parle. Elle **leur** envoie une lettre.*

**❻ COMPLÉMENT DE LIEU (question « où ? ») :** *Il **y** va demain. C'est l'usine **où** elle travaille.*

**❼ COMPLÉMENT D'OBJET INDIRECT (question « de quoi ? ») :** *C'est un produit dangereux, il faut s'**en** méfier. C'est bien l'émission **dont** il m'a parlé.*

**ou COMPLÉMENT D'OBJET DIRECT AVEC ARTICLE INDÉFINI OU PARTITIF :** *Il **en** a acheté.* (en = des fruits, du vin...)
*Il va **en** acheter un.* (en = un ordinateur)

**ou COMPLÉMENT DE NOM :** *J'ai un ami **dont** le père habite en Chine.*

| | ❶ | ❷ | ❸ | ❹ | ❺ | ❻ | ❼ |
|---|---|---|---|---|---|---|---|
| **PRONOMS PERSONNELS** | je/j'<br>tu<br>il<br>elle<br>on*<br>nous<br>vous<br>ils<br>elles | moi<br>toi<br>lui<br>elle<br>soi/(nous)*<br>nous<br>vous<br>eux<br>elles | me/m'<br>te/t'<br>se/s'<br>se/s'<br>se/s'<br>nous<br>vous<br>se/s'<br>se/s' | me/m'<br>te/t'<br>le/l'<br>la/l'<br>(nous)*<br>nous<br>vous<br>les<br>les | me/m'<br>te/t'<br>lui<br>elle<br>(nous)*<br>nous<br>vous<br>leur<br>leur | | |
| **PRONOMS-ADVERBES** | ça | ça | se | ça | y | y | en |
| **PRONOMS RELATIFS** | qui<br>– | qui<br>quoi | –<br>– | que<br>– | à qui<br>à quoi<br>dont<br>auquel<br>à laquelle<br>auxquels<br>auxquelles | où | de qui<br>de quoi<br><br>duquel<br>de laquelle<br>desquels<br>desquelles |

\* « on » remplace souvent « nous » en langage familier parce qu'il est plus simple. \* **Nous, on** s'arrête là. = **Nous, nous nous** arrêtons là.

| **PRONOMS DÉMONSTRATIFS** | **Singulier** masculin<br>féminin | celui<br>celle | celui-ci<br>celle-ci | celui-là<br>celle-là | celui de...<br>celle de... | celui qui...<br>celle qui... | celui que...<br>celle que... |
|---|---|---|---|---|---|---|---|
| | **Pluriel** masculin<br>féminin | ceux<br>celles | ceux-ci<br>celles-ci | ceux-là<br>celles-là | ceux de...<br>celles de... | ceux qui...<br>celles qui... | ceux que...<br>celles que... |

| **PRONOMS POSSESSIFS** | (mon, ma, mes) | (ton, ta, tes) | (son, sa, ses) | (notre, nos) | (votre, vos) | (leur, leurs) |
|---|---|---|---|---|---|---|
| masculin singulier<br>féminin singulier<br>masculin pluriel<br>féminin pluriel | le mien<br>la mienne<br>les miens<br>les miennes | le tien<br>la tienne<br>les tiens<br>les tiennes | le sien<br>la sienne<br>les siens<br>les siennes | le nôtre<br>la nôtre<br>les nôtres<br>les nôtres | le vôtre<br>la vôtre<br>les vôtres<br>les vôtres | le leur<br>la leur<br>les leurs<br>les leurs |

## LA PLACE DES PRONOMS COMPLÉMENTS

**1.** Les pronoms personnels ❸ ❹ ❺ et les pronoms-adverbes « en » et « y » se placent AVANT le verbe ou l'auxiliaire du verbe au passé.
*Vous **les** avez rencontrés ? Je vais **y** aller demain. Je n'**en** ai pas acheté. Je peux **l'**essayer ?*

**2.** Quand il y a deux pronoms compléments :

| me, te<br>se<br>nous, vous | le, la<br>l' les<br>les | moi, toi,<br>lui, leur |
|---|---|---|

| m', t', s'<br>nous, vous,<br>leur | en<br>y |
|---|---|

*Il **me la** donne. Vous **les leur** envoyez ? Donnez-**le-moi** !  Il **lui en** a offert ? Je **vous y** invite.*

# L'EXPRESSION DU TEMPS

**1.** POUR EXPLIQUER QUAND : « MAINTENANT » OU « À CE MOMENT-LÀ » ?

Celui qui, en 1999, au cours d'une conversation, dit « l'année dernière » pense à l'année 1998.

Si, en 2001, il veut parler de cette conversation, il ne peut plus dire « l'année dernière », sinon son interlocuteur comprendra en 2000. Il doit donc employer une autre expression, qui signifie qu'il parle de l'année qui précédait le moment dont il parle ; il dira « l'année précédente ». Le tableau qui suit récapitule les expressions de ce type.

| PRÉSENT | PASSÉ | l'année dernière<br>il y a deux mois<br>hier<br>• *aujourd'hui* | l'année précédente<br>deux mois avant<br>la veille<br>• *ce jour-là* |
| | FUTUR | demain<br>dans deux jours<br>la semaine prochaine<br>le mois prochain | le lendemain<br>deux jours après<br>la semaine suivante<br>le mois suivant |
| PRÉSENT | PASSÉ | ce matin / ce soir<br>il y a peu de temps<br>• *en ce moment*<br>• *maintenant*<br>• *actuellement* | ce matin-là / ce soir-là<br>peu (de temps) avant<br>• *à ce moment-là*<br>• *alors*<br>• *à cette époque* |
| | FUTUR | bientôt / tout à l'heure<br>dans peu de temps | peu (de temps) après |

**2.** « AVANT », « PENDANT », « APRÈS »

**avant...** ← |      **pendant...**      | → **après...**
*avant de* (+ infinitif)      *après* (+ infinitif passé)
|←            →|

**de** huit heures.....................................à midi
**du** lundi...............................................**au** vendredi
**entre** huit heures.................................**et** midi
**à partir de /d'**....................................**jusqu'à / en...**

**3.** POUR INDIQUER L'ORDRE

commencer (par..)    continuer (par...)    finir (par...)
le début            la suite            la fin
d'abord            puis/ensuite      enfin
premièrement, deuxièmement, troisièmement...
             en dernier

**4.** « DEPUIS » OU « IL Y A » ?
MAINTENANT >
*Il travaille ici* **depuis** *trois mois.* (Il travaille encore ici : le verbe est au **présent**.)
|← -------------------- MAINTENANT
*Il est arrivé* **il y a** *trois mois.* (Il n'arrive plus : le verbe est au **passé composé**.)

| PASSÉ | PRÉSENT | FUTUR |
|---|---|---|
| avant / hier<br>**il y a** longtemps / deux ans / une heure<br>l'an / le mois **dernier**, la semaine **dernière**<br>dernièrement | aujourd'hui<br>à **cette** époque, **cette** semaine,<br>**cette** année<br>maintenant<br>actuellement | demain / après-demain<br>**dans** une minute / un mois / cinq ans<br>l'an / le mois **prochain**, l'année **prochaine**<br>prochainement |
| **il y a** un instant<br>... il est parti... il vient de partir... | en **ce** moment, maintenant<br>**il part...**<br>**il est en train de partir** | tout de suite, tout à l'heure, bientôt<br>**il va partir... il partira**<br>(on peut dire aussi : **il part demain**) |

# L'EMPLOI DES MODES

**1.** L'EMPLOI DU CONDITIONNEL

**• Pour le futur du passé et le discours indirect au passé**
– Ce sera difficile ! – Qu'est-ce qu'il a dit ? – Il a dit que ce serait difficile.
Maintenant, je pense que ce sera difficile ; avant, je pensais que ce serait facile.

**• Pour être poli**
Je voudrais un café, s'il vous plaît. Merci, mais je préférerais rester ici, si c'est possible. Vous pourriez me dire où est la poste ? Vous auriez un stylo, SVP ?

**• Pour proposer**
Qu'est-ce que vous diriez d'un petit café ? Vous auriez besoin de cet appareil ? Vous aimeriez travailler ici ? Ça vous dirait de faire une petite promenade ?

**• Pour conseiller ou suggérer**
Vous devriez choisir celui-ci... Il faudrait faire plus de sport. Il serait préférable de changer de lieu d'habitation. Il vaudrait mieux prendre l'avion du soir.

**• Pour imaginer**
Alors moi, je serais la maman et toi tu serais le papa et on habiterait dans une petite maison...

**• Pour regretter**
J'aurais dû mieux étudier... Je devrais fumer moins.

**• Pour reprocher**
Tu aurais dû mieux étudier... Tu devrais fumer moins.

**• Pour présenter une information comme peu sûre**
L'inflation pourrait reprendre.

**• Pour présenter une hypothèse ou une condition improbable**
Si on avait plus de temps, on ferait plus de sport.
On prévoit le beau temps, mais en cas de mauvais temps, nous irions à la salle des fêtes.

**• Pour présenter une hypothèse dans le passé**
Hier, si nous avions eu mauvais temps (en cas de mauvais temps), nous serions allés à la salle des fêtes.

**2.** L'EMPLOI DU SUBJONCTIF
*Il n'est pas possible de donner la liste complète des emplois du subjonctif, d'autant plus que dans certains cas il est possible de choisir entre indicatif et subjonctif selon ce qu'on veut dire. Voici quelques cas parmi les plus importants.*
*NB. Le subjonctif s'emploie toujours après « que » : Il faut absolument* **que** *vous veniez.*

**• Pour exprimer le doute**
– Je ne crois pas / ne pense pas / ne suis pas sûr / il ne semble pas qu'il fasse beau demain.
– Je doute / serais étonné qu'il soit déjà arrivé.

– Il est possible / impossible / il n'est pas possible qu'il fasse beau demain.
NB. Il est probable ➜ indicatif : *Il est probable qu'il fera beau demain.*

**• Pour exprimer la crainte**
– J'ai peur / je crains qu'il fasse mauvais demain.

**• Pour exprimer la volonté ou le souhait**
– J'exige / je veux / je voudrais / je souhaite / j'ai envie / j'aimerais qu'il vienne.
– Pourvu qu'il vienne !
NB. espérer ➜ indicatif : *J'espère qu'il viendra.*

**• Pour exprimer l'ordre, la défense, la nécessité, le besoin et l'obligation**
– J'exige / j'interdis / je défends qu'on prenne le repas ici.
– Il faut / il est nécessaire / j'ai besoin / il est obligatoire que tout le monde soit là.

**• Pour exprimer un avis sur un fait**
– C'est dommage / je regrette qu'il soit venu trop tard.
– Il est normal / important / étonnant / incroyable / urgent que tout le monde le sache.
– Je trouve bizarre / drôle / amusant / gentil que tu lui aies offert des fleurs.
– C'est ennuyeux / fatigant / agréable / désagréable / inadmissible que vous ne soyez jamais d'accord.
– Je refuse / j'accepte / j'aime (bien) / je préfère / je n'aime pas / je ne supporte pas / il vaut mieux que vous fumiez ici.

**• Pour exprimer une attente avec** *attendre que..., jusqu'à ce que..., avant que...*
– J'attends qu'il soit là. J'attendrais *jusqu'à ce qu'*il soit là.
– Je ne commencerai pas *avant qu'* il soit là.
NB. Normalement, *après que* ➜ indicatif, mais beaucoup de gens emploient le subjonctif. *(Il n'a plus rien dit* **après que** *tu sois partie* ; en français correct : *après que tu es partie.)*

**• Pour exprimer un but avec** *afin que...* **et** *pour que...*
– Afin que / pour que tout le monde le sache, j'ai mis une annonce.

**• Pour exprimer la concession avec** *bien que...*
– Il le savait, **bien que** je ne lui aie rien dit.
NB. *alors que...* ➜ indicatif : *Il le savait, alors que je ne lui avais rien dit.*

**• Pour exprimer une condition avec** *à condition que...*

## L'EXPRESSION DE LA QUANTITÉ

| 1. On peut compter | | | |
|---|---|---|---|
| zéro | un(e) | deux ou trois… | des… |
| pas de… | un(e) seul(e) | quelques… | beaucoup de… |
| | | (très) peu de… | de nombreux… |

**Vous avez combien de… ?**

| | | |
|---|---|---|
| je n'en ai pas | j'en ai deux ou trois | j'en ai cinq |
| j'en ai un/une (seul/e) | j'en ai quelques-uns | j'en ai beaucoup |

| 2. On ne peut pas compter | | | |
|---|---|---|---|
| pas de… | un (petit) peu de… | du… / de la… | beaucoup de… |
| ne… rien (du tout) | (très) peu de… | des… | |

**3. Quantités relatives**

pas assez de…     assez de…     trop de…

| le quart (1/4) | 50 % (pour cent) | la plupart des… | tout | le double |
|---|---|---|---|---|
| cinq fois moins | un sur deux | | tous / toutes | cinq fois plus |
| une partie de… | la moitié (1/2) | | l'ensemble de… | |

| 4. Comparer les quantités | | |
|---|---|---|
| – | = | + |
| moins de… que… | autant de… que… | plus de… que |
| inférieur à… | égal à… | supérieur à… |
| le moins de… | la même quantité de… | le plus de… |

**5. Quantités précises et imprécises**
**Précises :** exactement, précisément, juste.
**Imprécises :** environ, à peu près, quelques…, plusieurs, une dizaine.
**Grandes quantités imprécises :** des centaines, des milliers, des millions de…
* plein de… * des tas de…

## QUELQUES NOMINALISATIONS

La transformation des verbes en noms (la nominalisation) se fait selon différentes règles. Ce qui suit doit vous permettre de constater que, dans de nombreux cas, vous pouvez deviner un nom si vous connaissez le verbe (ou un verbe si vous connaissez le nom).

• **un oubli / oublier**
– une aide, un appel, un arrêt, le calme, le change (monnaie), le début, une demande, une dépense, une dispense, une dispute, un divorce, le doute, une drogue, une excuse, la fatigue, le goût, une menace, le mérite, une rencontre, un risque, la ruine, un souhait, un suicide, le transport, le travail, un voyage.
– un achat / acheter, un espoir / espérer, une collection / collectionner, une démission / démissionner, un ennui / ennuyer, un emploi / employer, un envoi / envoyer, un essai / essayer, une offre / offrir, un accueil / accueillir, la fin / finir, le choix / choisir, un débat / débattre, l'étude / étudier.

• **augmenter / une augmentation**
– accélérer, accepter, administrer, améliorer, annuler, autoriser, circuler, citer, consulter, désoler, détériorer, déclarer, exagérer, expliquer, habiter, hésiter, généraliser imaginer, inaugurer, interroger, inviter, limiter, obliger, occuper, préparer, présenter, protester, réclamer, recommander, réparer, réserver, situer, varier.

– diminuer / une diminution, décider / une décision, exprimer / une expression, progresser / une progression, interrompre / une interruption.

• **trembler / le tremblement**
– affoler, arranger, commencer, déranger, énerver, étonner, habiller, hurler, juger, loger, rembourser, remercier.
– payer / le paiement, tutoyer / le tutoiement, vouvoyer / le vouvoiement.

• **chômer / le chômage :** se marier, passer.

• **déjeuner / un déjeuner :** devoir, dîner, souper, savoir, sourire, se souvenir.

• **entrer / une entrée, sortir / une sortie :** arriver, garantir.

• **préférer / la préférence, se méfier / la méfiance :** assurer / une assurance, exiger / une exigence.

• **lire / la lecture, promettre / une promesse, défendre / la défense, attendre / une attente, partir / le départ, vivre / la vie.**

# La conjugaison

Pour connaître la conjugaison de tous les verbes utilisés dans ESCALES :
– cherchez le verbe dans l'index des verbes (page 158) : le numéro vous permet de trouver ci-dessous la conjugaison.
– quand une conjugaison ou une forme n'est pas indiquée, ce sont les règles générales qui s'appliquent.

## LES RÈGLES GÉNÉRALES

### A. Futur (simple)
– terminaisons : JE -AI, TU -AS, IL -A, NOUS -ONS, VOUS -EZ, ILS -ONT
– futur simple = infinitif + terminaisons
*Exemples :* parler ➜ parlerai ; louer ➜ louerai ; choisir ➜ choisirai ; prendr(e) ➜ prendrai
*Exceptions :* être, avoir, aller et faire, les verbes à l'infinitif en -*oir* : vouloir, pouvoir, devoir, savoir, falloir, valoir, voir, recevoir et envoyer.

### B. Imparfait
– terminaisons : JE -AIS, TU -AIS, IL -AIT, NOUS -IONS, VOUS -IEZ, ILS/ELLES -AIENT
– imparfait = forme du verbe avec NOUS au présent + terminaisons
*Exemples :* prendre ➜ nous **pren**ons ➜ je **pren**ais, nous **pren**ions…
écrire ➜ nous écrivons ➜ j'écrivais, ils écrivaient
*Exception :* être ➜ j'étais.

### C. Participe présent
= forme du verbe avec NOUS au présent + -ANT
*Exceptions :* avoir ➜ ayant ; être ➜ étant ; savoir ➜ sachant.

### D. Conditionnel présent
– terminaisons : comme l'imparfait
– conditionnel présent = infinitif (comme futur) + terminaisons
*Exemples :* parler ➜ parlerais ; choisir ➜ choisirais ; prendr(e) ➜ prendrais
*Exceptions :* celles du futur simple.

### E. Subjonctif présent
– terminaisons : JE -E, TU -ES, IL -E, NOUS -IONS, VOUS -IEZ, ILS -ENT
– subjonctif présent :
• forme avec ILS au présent ➜ forme pour JE, TU, IL, ILS ;
• forme avec NOUS au présent ➜ forme pour NOUS et VOUS (comme l'imparfait)
*Exemples :* ils **prenn**ent ➜ (que) je **prenn**e, tu **prenn**es, il **prenn**e, ils **prenn**ent
nous **pren**ons ➜ (que) nous **pren**ions, vous **pren**iez.

### F. Impératif = forme correspondante du présent
*Exemples :* tu prends ➜ prends,
vous prenez ➜ prenez
*Exceptions :* être ➜ sois, soyez ; avoir ➜ aie, ayons ; savoir ➜ sache, sachons.

### G. Futur proche (ou composé)
= auxiliaire ALLER + infinitif.

### H. Temps composés
passé composé, plus-que parfait, conditionnel passé, subjonctif passé = auxiliaire ÊTRE ou AVOIR au présent, à l'imparfait, au conditionnel, au subjonctif + participe passé
Le choix de l'auxiliaire aux temps du passé :
• **On utilise « être » :**
– pour les verbes : aller, retourner, (re)venir, (re)partir, arriver, (re)descendre, (re)monter, (r)entrer, (res)sortir, devenir, rester, tomber, passer*, naître (il est né), mourir (il est mort) ;
– pour tous les verbes pronominaux : *Elle s'est assise. Ils se sont disputés.*
* « passer » se conjugue avec « être » quand il n'a pas de complément d'objet direct : *Elles sont passées par Tahiti où elles ont passé de bonnes vacances.*
• **On utilise « avoir »** pour tous les autres verbes.

### I. Verbes réguliers à l'infinitif en -*er*
Présent : JE -E, TU -ES, IL -E, NOUS -ONS, VOUS -EZ, ILS -ENT
Participe passé : …-É
*Exceptions :* aller (voir § 3) et cas particuliers (§ 5 à 10 de la page suivante).

# LES CONJUGAISONS

*(Quand une conjugaison ou une forme n'est pas indiquée, ce sont les règles générales qui s'appliquent.)*

## 1. être
*Présent :* je suis, tu es, il est, nous sommes, vous êtes, ils sont. *Participe passé :* été
*Futur :* je serai, tu seras… . *Imparfait :* j'étais, tu étais…
*Impératif :* sois, soyez.
*Subjonctif :* je sois, tu sois, il soit, nous soyons, vous soyez, ils soient.

## 2. avoir
*Présent :* j'ai, tu as, il a, nous avons, vous avez, ils ont.
*Participe passé :* eu.
*Participe présent :* ayant. *Futur :* j'aurai.
*Impératif :* aie, ayez.
*Subjonctif :* j'aie, tu aies, il ait, nous ayons, vous ayez, ils aient.

## 3. aller
*Présent :* je vais, tu vas, il va, nous allons, vous allez, ils vont. *Futur :* j'irai, tu iras.
*Impératif :* va, allez. *Subjonctif :* j'aille, tu ailles, il aille, nous allions, vous alliez, ils aillent.

## 4. faire
*Présent :* je fais, tu fais, il fait, nous faisons*, vous faites, ils font. *Participe passé :* fait.
*Participe présent :* faisant*.
*Futur :* je ferai. *Imparfait :* je faisais*.
*Subjonctif :* je fasse, nous fassions.
\* prononcer « fesons », « fesant », « fesais »

## 5. appeler, épeler, rappeler
*Présent :* j' / il appelle, tu appelles, ils appellent.
*Futur :* j'appellerai.

## 6. acheter, lever
*Présent :* j' / il achète, tu achètes, ils achètent.
*Futur :* j'achèterai.

## 7. avancer, (re)commencer, divorcer, exercer, prononcer
*Présent :* nous commençons.
*Imparfait :* je/tu commençais, il commençait, ils commençaient.
*Participe présent :* commençant.

## 8. arranger, changer, déménager, déranger, exiger, interroger, juger, manger, nager, neiger, obliger, voyager
*Présent :* nous changeons. *Imparfait :* je / tu changeais, il changeait, ils changeaient.
*Participe présent :* changeant.

## 9. appuyer, employer, s'ennuyer, essayer, payer, tutoyer, vouvoyer
*Présent :* j' / il essaie, tu essaies, ils essaient.
*Futur :* j'essaierai.

## 10. envoyer
*Présent :* comme *essayer*. *Futur :* j'enverrai.

## 11. agir, choisir, finir, garantir, obéir, ralentir, réfléchir, se réjouir, remplir, réussir, vieillir
*Présent :* je / tu choisis, il choisit, nous choisissons, vous choisissez, ils choisissent.
*Participe passé :* choisi.
*Participe présent :* choisissant.

## 12. devenir, obtenir, prévenir, revenir, se souvenir, tenir, venir
*Présent :* je / tu viens, il vient, nous venons, vous venez, ils viennent.
*Futur :* je viendrai. *Participe passé :* venu.

## 13. dormir, mentir, (re)partir, (res)sentir, servir, (res)sortir
*Présent :* je / tu pars / dors, il part / dort, nous partons / dormons, vous partez / dormez, ils partent / dorment.
*Participe passé :* parti / dormi.

## 14. offrir, ouvrir
*Présent :* je / il offre, tu offres, nous offrons, vous offrez, ils offrent.
*Participe passé :* offert.

## 15. accueillir
*Présent :* j' / il accueille, tu accueilles, nous accueillons, vous accueillez, ils accueillent.
*Futur :* j'accueillerai. *Participe passé :* accueilli.

## 16. courir
*Présent :* je / tu cours, il court, nous courons, vous courez, ils courent.
*Futur :* je courrai. *Participe passé :* couru.

## 17. falloir, valoir
*Présent :* il faut ; il vaut, ils valent.
*Imparfait :* il fallait ; il valait. *Futur :* il faudra ; il vaudra.
*Participe passé :* fallu ; valu.
*Participe présent :* valant. *Subjonctif :* faille ; vaille.

## 18. apercevoir, devoir, recevoir
*Présent :* je / tu dois, il doit / reçoit, nous devons, vous devez, ils doivent / reçoivent.
*Futur :* je devrai. *Participe passé :* dû, reçu.

## 19. vouloir
*Présent :* je / tu veux, il veut, nous voulons, vous voulez, ils veulent.
*Impératif :* veuille, veuillez.
*Futur :* je voudrai.
*Participe passé :* voulu.
*Subjonctif :* je veuille, nous voulions.

**20. pouvoir**
*Présent :* je / tu peux, il peut, nous pouvons,
vous pouvez, ils peuvent.
*Futur :* je pourrai. *Participe passé :* pu.
*Subjonctif :* puisse.

**21. savoir**
*Présent :* je / tu sais, il sait, nous savons, vous savez,
ils savent. *Futur :* je saurai.
*Participe passé :* su. *Subjonctif :* sache.
*Impératif :* sache, sachez. *Participe passé :* sachant.

**22. (re)voir, prévoir**
*Présent :* je / tu vois, il voit, nous voyons, vous voyez,
ils voient.
*Futur :* je verrai / prévoirai. *Participe passé :* vu.

**23. s'asseoir**
*Présent :* je / tu m' / t'assois / assieds, il s'assoit / assied,
nous nous asseyons, vous vous asseyez, ils s'assoient.
*Impératif :* assieds-toi, asseyez-vous.
*Futur :* je m'assiérai. *Participe passé :* assis.
*Subjonctif :* je m'asseye, nous nous asseyions.

**24. pleuvoir**
*Présent :* il pleut. *Participe passé :* plu.
*Futur :* il pleuvra. *Imparfait :* il pleuvait.
*Subjonctif :* il pleuve.

**25. dire, interdire**
*Présent :* je / tu dis, il dit, nous disons,
vous dites / interdisez, ils disent. *Participe passé :* dit.

**26. écrire, décrire, inscrire**
*Présent :* j' / tu écris, il écrit, nous écrivons,
vous écrivez, ils écrivent. *Participe passé :* écrit.

**27. lire, élire, plaire**
*Présent :* je / tu lis, il lit, nous lisons, vous lisez,
ils lisent. *Participe passé :* lu, plu.

**28. suffire**
*Présent :* je / tu suffis, il suffit, nous suffisons,
vous suffisez, ils suffisent.
*Participe passé :* suffi.

**29. rire, sourire**
*Présent :* je / tu ris, il rit, nous rions, vous riez,
ils rient.
*Participe passé :* ri.

**30. conduire, construire, séduire, traduire**
*Présent :* je / tu conduis, il conduit, nous conduisons,
vous conduisez, ils conduisent.
*Participe passé :* conduit.

**31. croire**
*Présent :* je / tu crois, il croit, nous croyons, vous
croyez, ils croient. *Participe passé :* cru.

**32. boire**
*Présent :* je / tu bois, il boit, nous buvons, vous buvez,
ils boivent. *Participe passé :* bu.

**33. conclure**
*Présent :* je / tu conclus, il conclut, nous concluons,
vous concluez, ils concluent.
*Participe passé :* conclu.

**34. suivre**
*Présent :* je / tu suis, il suit, nous suivons, vous suivez,
ils suivent. *Participe passé :* suivi.

**35. vivre**
*Présent :* je / tu vis, il vit, nous vivons, vous vivez,
ils vivent. *Participe passé :* vécu.

**36. (re)prendre, apprendre, comprendre, surprendre**
*Présent :* je / tu prends, il prend, nous prenons,
vous prenez, ils prennent. *Participe passé :* pris.

**37. attendre, confondre, défendre, dépendre,
(re)descendre, entendre, perdre, prétendre, rendre,
répondre, vendre**
*Présent :* je / tu réponds, il répond, nous répondons,
vous répondez, ils répondent.
*Participe passé :* répondu.

**38. craindre, plaindre**
*Présent :* je / tu crains, il craint, nous craignons,
vous craignez, ils craignent. *Participe passé :* craint.

**39. mettre, admettre, permettre, promettre**
*Présent :* je / tu mets, il met, nous mettons,
vous mettez, ils mettent. *Participe passé :* mis.

**40. débattre**
*Présent :* je / tu débats, il débat, nous débattons,
vous débattez, ils débattent.
*Participe passé :* débattu.

**41. connaître, disparaître, paraître**
*Présent :* je / tu connais, il connaît, nous connaissons,
vous connaissez, ils connaissent.
*Participe passé :* connu ; disparu.

**42. interrompre**
*Présent :* je / tu interromps, il interrompt,
nous interrompons, vous interrompez,
ils interrompent.
*Participe passé :* interrompu.

**43. convaincre**
*Présent :* je / tu convaincs, il convainc,
nous convainquons, vous convainquez,
ils convainquent.
*Participe passé :* convaincu.

# Index des verbes

Sont présentés dans cet index tous les verbes utilisés dans ESCALES 1 et 2, sauf les verbes à l'infinitif en -er dont la conjugaison est régulière (voir Règles générales, p. 154).
Le nombre entre parenthèses vous permet de trouver la conjugaison du verbe (pages précédentes). Si vous n'y trouvez pas certaines formes ou certaines conjugaisons, ce sont les règles générales (p. 154) qui s'appliquent.

# Table des matières

**Crédits photographiques Escale 2 :**

Couverture : h : Tony Stone/F. Herhold ; b : Pluriel/ASA

p. 6h : Corel ; p. 6g : Goodshot/France & symbols ; p. 6bg (parfums) : Jerrican/Marlaud ; p. 6mh : Ask Images/J. Viesti; p. 6mm : Jerrican/Chauvet; p. 6mbg : Photo Disc/The Object Series n°25 ; p. 6mb : Jerrican/Fusteraga; p 6dh : Jerrican/Gable; p. 6dmg : Photo Disc/ The Object series n°25 ; p. 6dmd : Jerrican/Galia; p. 6db : Ask Images/C. Thibault ; p. 7g : Stone/K. Moskowitz ; p. 7mg : Stone/D. Durfee ; p. 7md : Stone/K. Mackintosh ; p. 7d : Rapho/J.M. Armani ; p. 7b : Corel ; p. 8h : Éditions Micro Application/Photos de France ; p. 8b : Stone/J. Cornish ; p. 10hg : illustration de Pierre Leroy/D.R. ; p. 10hd : Illustration Olivier Nadel ; p. 10mg : Collection Folio Classique, Illustration de Gérard Garouste© Adagp 2001 ; p.10md : Collection Folio Classique, Illustration de Tardi © Gallimard ; p. 10b : Hoa Qui/ G. Boutin ; p. 12 : Hoa Qui/J. Herault ; p. 13h : Jerrican/Gaillard ; p. 13mg : Jerrican/Emportes ; p. 13mm : Jerrican/Gordon ; p. 13md : Ask Images/Viesti/T. Kanzler ; p. 13bg : Jerrican/D.R.-SNCF ; p. 13bm : Stone/H. Camille ; p. 13bd : Jerrican/Berenguier ; p. 16h : Hoa Qui/ S. Grandadam ; p. 16m : Jerrican/Laine ; p. 13b : Stone/T. Macpherson ; p. 17g : Hoa Qui/P. Roy ; p. 17m : Hoa Qui/C. Vaisse ; p. 17d : Jerrican/Aurel ; p. 18 : Corel ; p. 20h : Ask Images/L. Weyl ; p. 20b : D.R. ; p. 21 : © Musée National de l'Automobile/Collection Schlumpf ; p. 23g : Hoa Qui/Plisson/Bouche ; p. 23d : Jerrican/Taylor/Fabricius ; p. 25hg : Marco Polo/Ph. Halle ; p. 25bg : Marco Polo/M. Coudert ; p. 26h : Gamma/Gabrielle/Treal ; p. 26b : Rapho/E. Luider ; p. 27 : Comstock ; p. 27b : Stone/M. Mouchy ; p. 28 : Keystone ; p. 29 : © Hergé/Moulinsart 2000 ; p. 30 : Hoa Qui/E. Bernager ; p. 31 : Stone/S. Lawless ; p. 32 : Mise en scène de Alfredo Arias, Opéra Bastille 1998, Enguerand/C. Masson ; p. 33 : Ask Images/M. Cristofori ; p. 34 : Jerrican/Labat ; p. 36h : Jerrican/Aurel ; p. 36b : Hoa Qui/V. Audet ; p. 37 : Jerrican/Valls ; p. 38h : Stone/D. Bosler ; p. 38b : Ask Images/L. Weyl ; p. 39g : Jerrican/Perquis ; p. 39d :Jerrican/Perquis ; p. 40 : D.R. ; p. 41 : Diaf/Iconos ; p. 42h : Hoa Qui/p. Body ; p. 41b : Ask Images/C. Thibault ; p. 43 : © La Poste/D.R. ; p. 44h : Stone/D. O'Clair ; p. 44b : Collection Kharbine-Tapabor ; p. 45h : Ask Images/M. Cristofori ; p. 45m : Stone/S. & N. Geary ; p. 45b : Jerrican/Labat ; p. 47g : Jerrican/Dianne ; p. 47d : Diaf/R. Mazin ; p. 48hg : Jerrican/Chandelle ; p. 48hd : Rapho/F. Ancellet ; p. 48b : Hoa Qui/P. Body ; p. 50 : Diaf/A. Le Bot ; p. 54 : Kipa/D. Lefranc ; p. 56 : © La Prévention Routière ; p. 56bd : Ask Images/C. Laurent ; p. 57 : Gamma ; p. 58 : Diaf/Gabanou ; p. 60h et b : Illustrations de François Lachèze ; p. 61h : Ask Images/T. Gilou ; p. 61b : Scoop/L. Beurdeley ; p. 62 : Jerrican/Limier ; p. 63h : Corel ; p. 63b : SNCF-CAV/J.M. Fabbro ; p. 64 : Urba Images/M. Castro ; p. 65h : Ask Images/M. Cristofori ; p. 65b : SDP/E. Cuvillier ; p. 66 : Hoa Qui/P. Reimbold ; p. 67b : Éditions Micro Application/Photos de France ; p. 69g : Jerrican/Achdou ; p. 69d : Jerrican/Lecourieux ; p. 70 : Jerrican/Dianne ; p. 71 : Rapho/F. El Koury : Œuvre d'Arman © Adagp 2001 ; p. 72 : Ask Images/M. Cristofori ; p. 73 : Ask Images/M. Cristofori ; p. 74 : Éditions Micro Application/Photos de France ; p. 75 : Ask Images/M. Cristofori ; p. 76 : Stone/Y. Marcoux ; p. 80 : Ask Images/M. Cristofori ; p. 81h : Opale/J. Foley ; p. 81b : Ask Images/P. S. Kristensen ; p. 82 : Illustration de Mourgue/D.R./J.L. Charmet ; p. 84 : Ask Images/M. Cristofori ; p. 85 : Sipa Press/Morris ; p. 87 : © Armelle et les crayons/Mairie de Paris, D.p. E. ; p. 88 : Ask Images/M. Cristofori ; p. 89 : Ask Images/M. Cristofori ; p. 91 : Jerrican/Mura ; p. 92h : Rapho/Dailloux ; p. 92bg : Jerrican/Aurel ; p. 92bd : Jerrican/Aurel ; p. 93 : SDP./E. Cuvillier ; p. 95 : Gamma/A. Benainous ; p. 96 : Ask Images/M. Cristofori ; p. 97 : Stone/Z. Kaluzny ; p. 98 : Roger-Viollet ; p. 99h : Jerrican/Peyronel ; p. 99b : Diaf/J. Sierpinski ; p. 102 : Les éditions Nathan remercient Télé 7 Jours pour sa collaboration à l'ouvrage ; p. 104 : Illustration de Sempé tirée de "La grande panique" © Éditions Denoël ; p. 104 : AFP/EPA-ANSA/A. Benci ; p. 105 : Stone/Geopress ; p. 106 : Ask Images/M. Cristofori ; p. 108 : Archipress/L. Boegly ; p. 110 : B.N.F./Archives Nathan ; p. 113g : Rapho/H. Donnezan ; p. 113d : Hoa Qui/M. Renaudeau ; p. 114g : Jerrican/Lerosey ; p. 114d : Jerrican/Daudier ; p. 115 : Jerrican/Rocher ; p. 116 : Hoa Qui/G. Guittard ; p. 117 : Ask Images/M. Cristofori ; p. 119 : Ask Images/C. Laurent ; p. 121g : Ask Images/M. Cristofori ; p. 121d : Diaf/J. Sierpinski ; p. 123 : Éditions Micro Application/Photos de France ; p. 124 : Diaf/A. Le Bot ; Illustration de Sempé tirée de " Sauve qui peut " © Denoël ; p. 126 : Corbis Kipa/J.P. Guilloteau ; p. 128 : Gamma/Anamorphose/Laine ; p. 129h : Diaf/Maximilian Stock ; p. 129m : Stone/G. Hunter ; p. 129bg : Stone/D. Armand ; p. 129bd : Diaf/G. Durand ; p. 131h : Gamma/H. Collart ; p. 131m et b : Archives Nathan ; p. 132h : Archives Nathan ; p. 132b : Roger-Viollet ; p. 135g : Jerrican/Daudier ; p. 135d : Gamma/A. Buu ; p. 136hg : Gamma/A. Le Bot ; p. 136hd : Jerrican/Limier ; p. 136m : Gamma/Photo News/Lecuyer : p. 136b : Jerrican/Lerosey ; p. 137h : SDP/Benelux Press ; p. 137b : Diaf/Maximilian Stock.

Imprimé en Italie par Grafica Editoriale Printing S.r.l. Bologne (Italy)

N° éditeur 10082210 (I) 15 CSBR 90 Janvier 2001